नक्सलवाद उन्मूलन, पुलिस प्रशासन
और
वर्तमान परिद्रश्य

डा0 विनोद कुमार टण्डन

First Published in June 2023

ISBN: 978-93-93385-37-6

BLUEROSE PUBLISHERS
www.BlueRoseONE.com
info@bluerosepublishers.com
+91 8882 898 898

Distributed by: BlueRose, Amazon, Flipkart

सुकमा जिले में नक्सल संरचना

उतर बस्तर डिविजन
बस्तर
पश्चिम बस्तर डिविजन
दन्तेवाड़ा
दक्षिण बस्तर डिविजन
दरभा डिविजन
नदी
गादीरास
सुकमा
बीजापुर
गोविन्दपाल
मुण्डपाल
शबरी नदी
छिंदगढ़
किस्टाराम
ओडिशा
तेलंगाना
आन्ध्रप्रदेश
ओडिशा
05
15
15

सुकमा जिले में अर्द्धसैनिक बल और पुलिस प्रशासन की तैनाती

विनोद कुमार टण्डन का जन्म 12 जुलाई 1981 में रायपुर जिले (वर्तमान सारंगढ़–बिलाईगढ़) के ग्राम जैतपुर में हुआ। माता जी श्रीमती रामेश्वरी देवी एवं पिता श्री भागवत प्रसाद हैं। वर्ष 1996 में उच्च विद्यालय पटेवा जिला महासमुंद से मैट्रिक, वर्ष1998 में हिन्दु उच्चतर माध्यमिक विद्यालय रायपुर से बारहवीं, वर्ष 2001 में छत्तीसगढ़ महाविद्यालय रायपुर से स्नातक, वर्ष 2004 में लोकप्रशासन विषय से स्नातकोतर एवं (UGC) NET-JRF उतीर्ण हुए। वर्ष 2003 बैच संघ लोक सेवा आयोग परीक्षा के द्वारा प्रथम श्रेणी के राजपत्रित अधिकारी (समूह–'क' के केन्द्रीय सेवा) में चयनित होकर केन्द्रीय रिर्जव पुलिस बल में सहायक कमाण्डेंट के पद पर नियुक्त हुए। आधारभूत प्रशिक्षण के पश्चात् देश के विभिन्न **उग्रवाद ग्रस्त** उतर–पूर्वी राज्यों जैसे मणिपुर, असम और नागालैण्ड, **आंतकवाद ग्रस्त** जम्मु–कश्मीर तथा **नक्सल प्रभावित** क्षेत्र छत्तीसगढ़, ओडिसा में अपनी सेवायें दी जिसमे से नौ वर्ष का कार्यकाल छत्तीसगढ़ के **अति नक्सल प्रभावित जिला सुकमा और दंतेवाड़ा** की थी। छत्तीसगढ़ मे तैनाती के दौरान "**नक्सलवाद उन्मूलन में पुलिस प्रशासन की भूमिका (जिला–सुकमा छ.ग. के विशेष संदर्भ में)**" शीर्षक पर प्रतिष्ठित विश्वविद्यालय प0 रविशंकर शुक्ल, जिसके शोध केन्द्र एस0 आर0 सी0 एस0 कला एवं वाणिज्य महाविद्यालय, दुर्ग (छ.ग.) से शोध कार्य (Ph.D.) पूर्ण किये और उसी अनुभव के आधार पर "**नक्सलवाद उन्मूलन के प्रयास और इस पर पुलिस प्रशासन की भूमिका और वर्तमान परिदृश्य**" पुस्तक लेखन का कार्य पूर्ण किये। वर्तमान में डा0 विनोद कुमार टण्डन द्वितीय कमान अधिकारी के रूप मे केन्द्रीय रिर्जव पुलिस बल मे सेवारत हैं।

आभार

सर्वप्रथम प्रस्तुत पुस्तक को पूरा करने के क्रम में परम पूज्य **राजा बालक दास गुरू** के प्रति चरण–वंदन करता हूँ। मनुष्य जब लक्ष्य को पाने के लिए अग्रसर होता है तो मार्ग में अनेक कठिनाईयाँ आती ही है ऐसे में उसे कुशल निर्देशन, प्रेरणा एव सहयोग की आवश्यकता होती है ताकि वह मार्ग से विचलित ना हो एवं अपने लक्ष्य को प्राप्त करे। ऐसे ही कुशल मार्गदर्शन के लिए **परम आदरणीया शोध निर्देशिका डॉ.(श्रीमती) अल्का मेश्राम**, प्राचार्य, शासकीय इंदिरा गांधी कला एवं वाणिज्य महाविद्यालय वैशाली नगर, भिलाई (छ.ग.) एवं **सह–निर्देशक डॉ. डी. एन. सूर्यवंशी** (पूर्व प्राचार्य) एस. आर. सी. एस. कला एवं वाणिज्य महाविद्यालय, दुर्ग (छ.ग.) का हृदय से आभार व्यक्त करता हूँ जिनके उचित निर्देशन में यह पुस्तक लेखन का कार्य पूर्ण हो सका। **इस बात को स्वीकार करने मे मुझे जरा भी गुरेज नहीं कि, इस शोध कार्य के विषय शैली और शब्द इन्हीं दोनों निर्देशकों की देन है मैं तो सिर्फ इस शोधपत्र के मूल भावना, क्षेत्रीय कार्य और दौरे तथा आकड़े जुटाने और पुस्तक रूपान्तरण का कार्य मात्र किया हूँ क्योंकि मैं प्रशिक्षित लेखक (Professional Writer)** नहीं हूँ अतः दोनो निर्देशकों ने समय–समय पर आने वाली कठिनाईयों का निराकरण कर मुझे अध्ययन हेतु सदैव प्रेरित किया। एस. आर. सी. एस. कला एव वाणिज्य महाविद्यालय के राजनीति विज्ञान विभाग के **विभागाध्यक्ष डॉ. प्रमोद यादव, डॉ. नन्द कुमार वैष्णव, डॉ आयशा अहमद** एवं अन्य प्राध्यापकों का मैं आभारी हूँ जिन्होंने शोध कार्य को पूर्णता प्रदान करने हेतु मेरा आत्मविश्वास को संबल प्रदान किया। मैं आभारी हूँ शोध केन्द्र के **ग्रंथपाल श्री व्ही. के. लाल** एवं अन्य कार्यालयीन स्टॉफ का जिन्होंने शोध कार्य हेतु मेरा सहयोग किया। **पंडित रविशंकर शुक्ल विश्वविद्यालय, रायपुर** के ग्रंथपाल एवं समस्त अधिकारी व कर्मचारी तथा अकादमिक विभाग के समस्त अधिकारियों का जिन्होंने समय–समय पर सहयोग किया, उनका मैं हृदय से आभार व्यक्त करता हूँ। मैं आभारी हूँ सुकमा जिले में सी0आ0पी0एफ0 के तैनात वाहिनियों के कमाण्डेंट, सुकमा के पुलिस अधीक्षक, जिला प्रशासन के समस्त अधिकारी व कर्मचारियों, बस्तर क्षेत्र के जनप्रतिनिधियों, सामाजिक एवं मानवाधिकार कार्यकर्ताओं, पत्रकारों, आत्मसमर्पित नक्सलियों एवं आम नागरिकों का जिन्होने अपना अमूल्य समय देकर मेरे पुस्तक लेखन को आगे बढ़ाने मे सहयोग प्रदान किया, साथ ही मैं आभारी हूँ **श्री संदानंद दातें (आई0पी0एस0)** तत्कालीन पुलिस महानिरीक्षक, सी0 आर0 पी0 एफ0 छ.ग. सेक्टर, श्री रणदीप राणा (पुलिस उप महानिरीक्षक), **श्री डी0 पी0 उपाध्याय**, पुलिस उप महानिरीक्षक सी0 आर0 पी0 एफ0 दंतेवाड़ा, श्री एम0 धिनाकरण कमाण्डेंट सी0 आर0 पी0 एफ0, श्री प्रशांत कुमार द्वितीय कमान अधिकारी एवं जितेन्द्र कुमार सहायक कंमाण्डेंट का जिन्होंने मुझे पुस्तक लेखन में सहयोग प्रदान किये।

मैं आभारी हूँ जवाहर लाल नेहरू विश्वविद्यालय के सेवानिवृत प्राध्यापक **श्री कमल चिनाय एवं विभागाध्यक्ष श्रीमती अनुराधा चिनाय** का जिन्होंने इस शोध कार्य हेतु अपने निवास स्थान नई दिल्ली आमंत्रित कर इस विषय पर मेरा ज्ञान वर्धन किया और मुझे उनके द्वारा लिखित पुस्तक **Armd Conflict** की प्रति भेंट किये। जवाहर लाल नेहरू विश्वविद्यालय के अंतराष्ट्रीय

राजनीति के भारतीय और विदेशी शोध छात्रों का आभारी हुँ जिन्होने मुझे शोध कार्य मे सहयोग प्रदान किया और साक्षात्कार दिया।

जवाहर लाल नेहरू वि0वि0 परिसर

सेवानिवृत प्राध्यापक श्री कमल चिनाय

अंतराष्ट्रीय राजनीति विषय के भारतीय और विदेशी शोधरत् छात्रगण

मै आभारी हूँ सामाजिक कार्यकर्ता **बेला भाटिया** एवं कवि **वरवरा रॉव** का (हालांकि वो मुझे नहीं जानते परंतु विषय वस्तु और बस्तर के आदिवासियों के हालात पर एक शोधार्थी के रूप में उनसे बस्तर के जंगलों में लंबी चर्चा हुई) मैं आभारी हूँ उन 550 उतरदाताओं का जिन्होनें मुझे साक्षात्कार दिया किन्तु शोध अध्ययन के विधा को पालन करते हुए केवल 300 उतरदाताओं को शामिल किया जा सका, साथ ही क्षमा प्रार्थी हूँ उन 250 बचे हुए सुकमा के उतरदाताओं का जिनके विचार शोध कार्य मे शामिल नहीं किया जा सका किन्तु उनके विचारों को इस पुस्तक लेखन में स्थान देने का हर संभव प्रयास किया गया है।

मैं परिवार के प्रत्येक सदस्य के प्रति भी हृदय से आभार व्यक्त करता हूँ जिनकी प्रेरणा व आर्शीवाद मुझे सदैव प्राप्त होते रहा विशेष रूप से पूज्यनीय **पिता श्री भागवत प्रसाद**, माताजी **श्रीमती रामेश्वरी देवी**, मेरी धर्मपत्नी **श्रीमती रजनी**, मेरे दो छोटे बच्चे जिनका मेरे शोध कार्य के समय तत्कालिन उम्र कमशः 06 वर्ष व 03 वर्ष मात्र के मेरी सुपुत्री मनस्वी एवं पुत्र प्रियदर्शी का जिन्होनें इस शोध कार्य और पुस्तक लेखन को पूरा करने में अपनी सुख सुविधाओं का परित्याग किया वह भी ऐसे समय में जब उनको पिता की जरूरत थी तो मैं सेवा से अवकाश प्राप्त कर जगलों में भटककर आकड़े इकट्ठे करता था फिर भी उन्होने कभी भी मेरी अनुपलब्धता की शिकायत नहीं किये।

मैं आभारी हूँ शौर्य कंप्यूटर्स के संचालक **श्री समीर मेहता**, डा0 भुपेन्द्र जी एवं अतिथि लेखकों जैसे **बस्तर के पत्रकार गण** और सामाजिक कार्यकर्ता सर्वश्री **हेमन्त पोयाम जी, बप्पी राय, प्रभात सिंह, मंगल कुंजाम, मेघराज सिंह खालसा** (संयुक्त राज्य अमेरिका), **सुनिल जाटवर** एवं अनेकों स्थानीय स्तर के पत्रकारों का जो बस्तर सहित पूरे छत्तीसगढ़ और देश–विदेश के विभिन्न क्षेत्रों के Ground Zero की पत्रकारिता कर You Tube Channels, Online News and Social Media जैसे विभिन्न माध्यमों से घटना स्थल और हालात का जीवंत प्रसारण और प्रदर्शन करते हैं। केन्द्रीय रिजर्व पुलिस बल के साथी गणों का जिन्होनें अपना अमूलय समय देकर तन्मयता एवं धैर्यपूर्वक मेरे पुस्तक लेखन का कार्य पूर्ण करने में मेरा भरपूर सहयोग किया।

मैं आभार व्यक्त करता हूँ BlueRose Publishers का जिन्होने इस पुस्तक को प्रकाशित किया है।

डा0 विनोद कुमार टण्डन
लेखक

पेन्शनबाड़ा छात्रावास, रायपुर में रहकर महाविधालयीन शिक्षा पूर्ण करने का सौभाग्य मिला। छ.ग. के दूरस्थ इलाके जैसे बस्तर के विभिन्न जिलों, सरगुजा क्षेत्र के विभिन्न जिलों के विद्यार्थियों के साथ पढ़ाई करके उनकी समस्याएं जानने का अवसर मिला इसी क्रम मे छात्र राजनीति मे शामिल होकर छ.ग. के समस्त जिलों के दौरा का अवसर प्राप्त हुआ और नक्सल प्रभावित क्षेत्र कि समस्याओं के प्रत्यक्षदर्शी बनने का अवसर मिला। इसी समय अबुझमाड़, नारायणपुर जिला मुख्यालय से 05 किलोमीटर पहले नक्सलियों ने हमारे वाहन को पुलिस वाहन समझ रोकना चाहा और कुल्हाड़ी वैगरह से वार और पत्थर, पेड़ से सड़कबाधा उत्पन्न किया जबकि उस समय मैं नौकरी मे नहीं केवल स्नातकोतर का विद्यार्थी था किन्तु समझदार वाहन चालक के सूझ–बुझ से वहाँ से सुरक्षित निकलने में हम सफल हुए उस घटना की स्मृति मेरे मन में आज भी झलकती है। नक्सल प्रभावित क्षेत्रों मे 09 साल सेवा करने के पश्चात् ग्रामीणों और पुलिस की समस्याओं और प्रशासनिक कमियों के बारे में भी जानने का अवसर मिला इससे स्पष्ट रूप से प्रतीत हुआ कि इस विषय पर जितने भी सुधार कार्य चल रहे हैं और पुस्तक लिखे गये हैं या शोध कार्य हुए हैं वो कहीं न कहीं **अपूर्ण, एकपक्षीय या आदर्शनात्मक** प्रतीत होते हैं जिसका व्यवहार मे लागु करना दुरहकार्य है और इससे समस्या का समाधान अप्रासांगिक प्रतीत होते हैं तो अनुकूल, व्यवहारिक और जमीनी कार्य के प्रति नागरिकों, शासन–प्रशासन मे जागरूकता लाने की प्रेरणा और उद्देश्य इस पुस्तक लेखन का प्रयास मात्र है।

कुछ पिछले अध्ययन का विवरण इस प्रकार है:–

- ❖ **नक्सलिज्मः** "डेवलपमेंट एण्ड डिस्कोंटेन्ट" योजना वाल्यूम 51. 28 फरवरी 07 (भारत सरकार) इस लेख में विभिन्न विचारकों / अध्ययनकर्ताओं द्वारा विषयवार अध्ययन कर लेख प्रकाशित है जिसमें प्रमुख हैं :–
- ❖ **रूरल अनरेस्ट**–डॉ. बन्दोपाध्याय
- ❖ **नक्सलाईट मुवमेंट इन इंडिया**–प्रकाश सिंह
- ❖ **ग्रे हाऊन्डस**–एम.एस.भांकर
- ❖ **एन. इन्टेग्रेटेड स्ट्रेट्जी**–आर.के. भोन्सले
- ❖ **इंडियास गारडीयन नॉट**–अजय कुमार मेहरा
- ❖ **सिक्योरिटी एण्ड द.एज. ऑफ ग्लोबल टेरर**–ए.एस.केलकर
- ❖ **वायलेंस सेट्रेल रिपोर्ट**–देवेन्द्र मिश्रा एवं सुभाष शर्मा
- ❖ **सच्चर कमिटी रिपोर्ट**–इंम्तियाज अहमद
- ❖ **वुमन एण्ड प्लान**–देवकी जैन

विवरणिका

क्रमांक	विवरण	पृष्ठ संख्या
अध्याय– 1	प्रस्तावना और अध्ययन क्षेत्र का परिचय	12-36
अध्याय– 2	अध्ययन विषय का राजनीतिक एवं प्रशासनिक महत्व	37-40
अध्याय– 3	पुस्तक लेखन के उद्देश्य और पूर्व परिकल्पनाएं	41-43
अध्याय– 4	लेखन कार्य में लेखक का अनुभव और लेखन पद्धति	44-48
अध्याय– 5	नक्सलवाद ऐतिहासिक परिप्रेक्ष्य में	49-62
अध्याय– 6	छत्तीसगढ़ मे नक्सलवाद और पुलिस प्रशासन का तुलनात्मक अध्ययन और विश्लेषण	63-68
अध्याय– 7	नक्सलवाद और पुलिस प्रशासन की अद्यतन स्थिति	69-75
अध्याय–8	नक्सलवाद के उन्मूलन में पुलिस प्रशासन की भूमिका (संदर्भ जिला सुकमा छ.ग.)	76-88
अध्याय–9	नक्सलवाद उन्मूलन में जनकल्याणकारी योजनाओं का प्रभाव (संदर्भ जिला सुकमा छ.ग.)	89-105
अध्याय–10	जिला सुकमा के मूलनिवासियों, क्षेत्र मे कार्यरत शासकीय सेवकों, सामाजिक कार्यकर्ताओं एवं अन्य नागरिकों की राय और उनका विश्लेषण	106-117
अध्याय–11	अतिथि लेखकों / पत्रकारों / समाजसेवियों के विचार	118-141
अध्याय–12	निष्कर्ष एवं सुझाव	142-153
परिशिष्ट	1. नक्शे, ग्राफ इत्यादि 2. समाचार पत्रों के अभिप्रमाणित छायाप्रति 3. प्रकाशित लेख 4. लेखक द्वारा साक्षात्कार लेते हुए छायाचित्र	154-164

अध्याय—01
प्रस्तावना और अध्ययन क्षेत्र का परिचय

"भूमि और वन से संबंधित जनजातीय अधिकारों का सम्मान किया जाना चाहिए, लोगों को अपनी प्रतिभा के अनुरूप विकसित होने का अवसर प्रदान किया जाना चाहिए और हमें उन पर कोई चीज थोपने से बचना चाहिए। हमें हर तरह से उन्हें प्रोत्साहित करने की कोशिश करनी चाहिए ताकि वे अपनी परम्परागत कलाओं और संस्कृति का संवर्धन कर सके।"

पं. जवाहर लाल नेहरू

भारत की प्राचीन व्यवस्था पर नजर डालने से स्पष्ट होता है कि यहाँ 600 से अधिक स्थानीय रियासतें होने के कारण यहाँ की सामाजिक संस्कृति **'अनेकता में एकता हमारी विशेषता'** की कहावत को चरितार्थ करती रही है। भारत को 1893 में स्वामी विवेकनंद द्वारा शिकागो के सर्वधर्म सम्मेलन में उनके भाषण को सुनने के बाद **'भारत को विश्व के आध्यात्मिक गुरू'** की संज्ञा प्रदान की गई थी। भारत की अकूत प्राकृतिक संपदा को देखकर इसे पूरा विश्व **'सोने की चिड़िया'** के रूप में जानता था जबकि कुछ विदेशी दार्शनिकों ने भारत के तत्कालीन सामाजिक परिवेश को देखकर इसे **'मदारी और सपेरों का देश'** कहा था एवं इसे चारों तरफ से लूटने का भरसक प्रयास किया गया और आदिकाल से भारत के ज्ञात इतिहास से स्वतंत्रा प्राप्ति तक विदेशी आक्रमणकारियों ने अनेकों बार धन प्राप्ति हेतु भारत को लूटा और अवसर मिलने पर सत्तासीन शासक के रूप में भारत की क्षेत्रिय, सामुदायिक, सांस्कृतिक और कबीलीआई एवं रूढ़ीवादी परंपराओं को भी प्रभावित किया और इसी विदेशी शासन काल मे विभिन्न धर्मा का उदय, उत्थान और पतन हुआ फिर भी भारत की मूल संस्कृति और सभ्यता को कोई भी मिटा नहीं सका।

रवतंत्रता के पूर्व भारत में अनेकों वर्षों तक जैसे वैदिक काल से ही विदेशी आक्रमणकारियों की जातिवादी–ब्राह्मणवादी लूट व शासन, मुगल साम्राज्य और ब्रिटिश हुकूमत के समय भारत की आंतरिक स्थिति अशिक्षा, अंधविश्वास से ग्रस्त और जनजागरूकता तथा वैज्ञानिक तकनीकों के अभाव में भाग्यवाद पर आश्रित भारत का सामाजिक ढाँचा समकक्ष देशों से तुलनात्मक दृष्टि से अत्यधिक कमजोर था। यदि यह मान भी लिया जाए कि आदिकाल के आक्रमणकारियों के भारत शासन में अत्याधिक वर्षों तक मूल भारत वंशियों ने उन विदेशी आक्रमणकारी शासकों के आर्थिक नियमों, धार्मिक मान्यताताओं और प्रशासनिक व्यवस्थाओं को स्वीकार कर भी लिया किन्तु कुछ विदेशी साम्राज्यवादी ताकतें जैसे ब्रिटेन जैसे देश भारत में 200 वर्षों तक शासन करती रही, हालांकि कुछ भारतीय रियासतें परंपरागत और अनुवांशिक रूप से किसी भी देशी या विदेशी शासकों के शासन–सत्ता के सहभागी, नौकरीपेशा, व्यापारीगण उन देशी या विदेशी शासकों के साथ बने रहे किन्तु भारत के आदिवासी क्षेत्रों में जहाँ परंपरावादी सामाजिक सभ्यता, अशिक्षा और अंधविश्वास का बहुत ज्यादा प्रभाव था वहाँ स्थिति बद से बद्तर ही बनी रही। इन क्षेत्रों में बड़े व्यापारी, लोकसेवक, जनप्रतिनिधि, वन अधिकारी और पुलिस अधिकारियों का प्रभाव किसी राजा से कम नहीं आंका जाता था। इन क्षेत्रों के स्थानीय नागरिकों का मानसिक व शारीरिक शोषण, बेगार तथा अत्याचार एक गुलाम की तरह निरंतर हो रहा था जो दूरसंचार व मीडिया के अभाव के कारण उसी स्थान पर दफन हो जाता था जिसकी जानकारी किसी को भी नहीं हो पाती थी और इन सब परिस्थितियों को गरीब एवं असहाय आदिवासी अपने भाग्य की होनी मानकर सहते रहते थे। जिसमें भारत के वर्तमान में जितने भी नक्सलवादी क्षेत्र जो दूरदराज जंगलों में स्थापित हैं, चाहे भारत का कोई भी राज्य हो, चाहे कोई भी क्षेत्र हो जहाँ जंगल, पहाड़ हैं और यातायात के साधनों का अभाव था, ऐसे क्षेत्रों में आदिवासी या जनजातियां अपने मौलिक और पारंपरिक जीवन जीते आ रहे थे, चूंकि वे आदिम युग के परिवेश में निवास करते थे एवं उनकी सभ्यता व संस्कृति भी उसी के अनुरूप थी। इसलिए उन्हें **आदिवासी (Indigenious)** की संज्ञा प्रदान की गई है। जब 1947 में भारत स्वतंत्र हुआ तब भारत के प्रथम प्रधानमंत्री पंडित नेहरू ने तत्कालिक रियासतदारों के अधीनस्थ क्षेत्र और भाषावाद को आधार मानकर राज्यों का पूर्नगठन व नामकरण किया। 01 नवम्बर 1956 को अविभाजित मध्यप्रदेश की स्थापना हुई। इसके पूर्व यह क्षेत्र सी.पी. एंड बरार के अंतर्गत आता था और इसकी राजधानी नागपुर हुआ करती थी। अविभाजित मध्यप्रदेश के समय प्रथम मुख्यमंत्री पंडित रविशंकर शुक्ल नियुक्त हुए थे। वे छत्तीसगढ़ के रायपुर क्षेत्र के

निवासी थे। उनके समय से ही छत्तसीगढ़ में जो वनाच्छादित क्षेत्र बस्तर संभाग है, में आदिवासियों का बाहुल्य था और जो गरीबी, अंधविश्वास, अशिक्षा और बेरोजगारी जैसी अनेक गंभीर समस्याओं से ग्रस्त थे। इस तरफ प्रारंभ से ही जनप्रतिनिधियों एवं नौकरशाहों की रूचि उदासीन रही और इन क्षेत्रों की सदैव उपेक्षा की गई। जब मध्यप्रदेश में द्वारका प्रसाद मिश्र मुख्यमंत्री बने तब उनके कार्यकाल में बस्तर संभाग के जगदलपुर के **राजा प्रवीर चन्द्र भंजदेव** जो स्थानीय आदिवासियों के लिए भगवान की तरह थे, उनके ही साथ उनके पुलिस अंगरक्षकों के रूप मे थे, राजा प्रवीर चन्द्र भंजदेव उन्ही के साथ मुठभेड़ में उनके निवास में मारे गए। इस घटना ने तत्कालीन समय में पूरे मध्यप्रदेश के आदिवासियों के आक्रोश को बढ़ा दिया था और स्थानीय आदिवासी इतने अधिक आक्रोशित हो गए थे कि वे शासन के विरूद्ध आंदोलन के लिए ऊतारू थे। इस घटना ने एक तरफ जहाँ सभी आदिवासियों को नाराज कर दिया तो दूसरी तरफ उनकी इस नाराजगी का लाभ उठाकर आंध्रपदेश की सीमा से लगे हुए छ.ग. के क्षेत्रों में नक्सलियों ने प्रवेश कर स्थानीय आदिवासियों की भावना का लाभ उठाते हुए उनके हितैशी बनकर शासन के विरूद्ध, विशेष कर वन अधिकारियों एवं पुलिस को अपना दुश्मन समझकर उन पर निशाना साधना शुरू किया और इन घटनाओं ने छत्तीसगढ़ के बस्तर संभाग में नक्सलियों को पैर पसारने में मदद किया साथ ही यही घटना स्थानीय आदिवासियों के नक्सलवाद को सहयोग व सहानुभूति का कारण बना। चूंकि 1967 में ही पश्चिम बंगाल के नक्सलबाड़ी गाँव में चारू मजूमदार के नेतृत्व में बड़े जमींदारों के विरूद्ध नक्सली गतिविधियों का सुत्रपात हो चुका था। जिसका प्रभाव धीरे–धीरे आंध्रप्रदेश, बिहार, छत्तीसगढ़, उड़ीसा आदि क्षेत्रों में बढ़ने लगा। जिसमें छ.ग. का बस्तर संभाग प्राकृतिक व भौगोलिक दृष्टि से नक्सलियों के विस्तार के लिए अनुकूल था। इसलिए यहाँ नक्सलवाद की जड़े मजबूत होती गई और शासन की जनकल्याणकारी नीतियों व कार्यक्रमों का लाभ यहाँ के स्थानीय नागरिकों को नहीं मिल पाया। **जो राशि शासन द्वारा आंबटित की जाती थी, वह स्थानीय जनप्रतिनिधियों, व्यापारीयों, ठेकेदारों व अधिकारियों तक ही सीमित रह जाती थी।** परिणामस्वरूप इस क्षेत्र में गरीब और अधिक गरीब तथा अमीर और अधिक अमीर होते गए। शोषण के शिकार स्थानीय युवक नक्सलियों के हमदर्द, सहयोगी बनकर प्रत्यक्ष व अप्रत्यक्ष रूप से उनके साथ जुड़ते गए। जितनी भी सरकारें आई उन्होंने नक्सलवाद को जड़ से समाप्त करने के लिए केवल बंदूक का सहारा लिया और वे आदिवासियों के जख्मों पर नमक छिड़कते गए परिणामस्वरूप आदिवासियों का बहुत बड़ा वर्ग नक्सलवादी घटनाओं में लिप्त हो गया। बस्तर संभाग में आये दिन नक्सली वारादात एक सामान्य बात हो गई, कभी पुलिस मुखबिरी के शक में स्थानीय नागरिक शिकार होते थे तो कभी वन अधिकारी व पुलिस अधिकारी तथा व्यापारी व ठेकेदार इनका शिकार होते गए जिसका प्रमुख कारण भारत के अन्य क्षेत्रों के तुलना मे सामानान्तर विकास का अभाव स्पष्ट रूप से स्थानीय जनमानस में घर कर गया था।

०१ नवम्बर 2000 को विकास के नाम नवगठित छत्तीसगढ़ राज्य भारत के नक्शे में 26वें राज्य के रूप में अस्तित्व में आया। उस समय पूरा छत्तीसगढ़ क्षेत्र गरीबी, बेरोजगारी, विद्युत संकट, श्रम पलायन, अशिक्षा और जनजागरूकता के अभाव से ग्रस्त था। छत्तीसगढ़ के **प्रथम मुख्यमंत्री अजीत जोगी** ने अपने पहले संबोधन में कहा था कि **"छ.ग. एक धनी प्रदेश है, परंतु यहाँ गरीब लोगों का निवास है। इस अभिशाप को हम सब मिलकर दूर कर सकते हैं"** उनका यह कथन उनके संक्षिप्त तीन वर्ष के कार्यकाल में भले ही पूरा नहीं हो सका परंतु उनके बाद 2003 के छत्तीसगढ़ के प्रथम विधानसभा चुनाव में पहली बार भाजपा सरकार सत्ता में आई और **मुख्यमंत्री डॉ. रमन सिंह** के नेतृत्व में अपने

कार्य और विकास के आधार पर लगातार तीन बार अर्थात पंद्रह वर्षों तक छत्तीसगढ़ में सत्ता में रहकर छत्तीसगढ़ को भारत के सभी प्रदेशों में सबसे तेजी से विकसित होने वाला राज्य बनाने में सफल रहे। जिसमें शिक्षा, कृषि, सड़क, स्वास्थ्य, विद्युत आपूर्ति जैसे क्षेत्रों में अपने उल्लेखनीय कार्यों के कारण राष्ट्र स्तर पर अनेक पुरूस्कार प्राप्त किये। इनके अनेक उपलब्धियों के साथ ही छत्तीसगढ़ के राजनांदगाँव जिले में 12 जुलाई 2009 को **एस.पी. वी. के. चौबे** को **38 पुलिस जवानों** के साथ नक्सलियों ने अम्बुश लगा कर सभी की हत्या करना तथा 06 अप्रैल 2010 को सी.आर.पी.एफ. (केन्द्रीय रिजर्व पुलिस बल) के **76 जवानों** को दंतेवाड़ा के जंगलों में घात लगाकर मौत के घाट उतारना और 25 मई 2013 के बस्तर के झीरम घाटी में नक्सलियों ने कांग्रेस के परिवर्तन यात्रा पर ताबड़तोड़ हमला कर 35 नेताओं और कार्यकर्ताओं को मौत के घाट उतार दिया था। इस हमले में कांग्रेस के तत्कालीन प्रदेश अध्यक्ष **नंद कुमार पटेल**, पूर्व केबिनेट मंत्री **विद्याचरण शुक्ल**, पूर्व मंत्री **महेन्द्र कर्मा**, पूर्व विधायक **उदय मुदलियार** को नक्सलियों ने अपना निशाना बनाया था। **संदर्भित क्षेत्र सुकमा जिला** के जिलाधीश **एलेक्स पॉल मेनन** को 05 मई 2012 को नक्सलियों द्वारा अपहरण करके 12 दिनों तक अपने आधिपत्य में रखा गया था। इन घटनाओं के कारण छत्तीसगढ़ के विकास में बहुत बड़ी बाधाएं आती रही है। यदि छत्तीसगढ़ से नक्सली समस्या का अंत होता है, तो इसके विकास में और अधिक तेजी आ सकती है। जिसमें संदर्भित क्षेत्र सुकमा जिला नक्सली घटनाओं में सबसे अधिक प्रभावित है। इसका अंदाजा इस बात से लगाया जा सकता है कि जहां के कलेक्टर का अपहरण हो सकता है वहां आम नागरिक की क्या स्थिति होगी? अतः छत्तीसगढ़ में राज्य निर्माण के बाद जहाँ विकास और सफलता के अनेकों अध्याय लिखे गए हैं वहीं नक्सली वारदातों ने इस प्रदेश के आदिवासी बाहुल्य जिलों में विकास की गति को नकारात्मक रूप से प्रभावित किया है। जिसमें संदर्भित क्षेत्र जिला सुकमा (छ.ग.) भी एक है, जो आंध्र प्रदेश की सीमा से लगा हुआ है। जहां आसानी से नक्सली इस प्रदेश से उस प्रदेश में आना—जाना कर सकते हैं और अपने को सुरक्षित रखते हैं। इन सब के बावजूद राज्य शासन द्वारा राज्य निर्माण के बाद बस्तर संभाग के सभी सात जिलों ने विकास में अनेक सफलताएँ अर्जित की है। आज यह क्षेत्र विकास का मोहताज नहीं है, शिक्षा के विस्तार ने यहां के स्थानीय निवासियों में **सलवा जुडूम** (स्वस्फूर्त जनआंदोलन) के माध्यम से नक्सलियों के विरूद्ध बहुत महत्वपूर्ण कार्य किए हैं। जिससे नक्सलियों में हताशा व्याप्त हुई है। शासन द्वारा पंचायत के माध्यम से अनेक विकास कार्य कराये जा रहे हैं तथा बड़े—बड़े इनामी नक्सलियों को आत्मसमर्पण के लिए प्रोत्साहित किया जा रहा है। राज्य शासन की नीति के अनुरूप उन्हें समर्पण के बाद सुरक्षा, नौकरी, खेती एवं अन्य सभी सुविधाएं मुहैया कराई जा रही है। जिससे बहुत से नक्सलियों ने आत्मसमर्पण भी किया है। पूर्व मुख्यमंत्री डॉ. रमन सिंह ने कहा था कि जो भी नक्सली अपने रास्ते से भटक गए हैं यदि वे आत्मसमर्पण करते हैं तो हम उन्हें गले लगाकर मुख्यधारा में जोड़कर प्रदेश के विकास में उनका सहयोग प्राप्त करने के लिए तैयार हैं।

प्रदेश के पूर्व मुख्यमंत्री डॉ. रमन सिंह ने प्रदेश के विकास में विशेषकर आदिवासी क्षेत्र में नक्सली घटनाओं को रोकने के लिए शिक्षा को सबसे बड़ा हथियार माना था। इसके लिए उन्होंने आदिवासी क्षेत्रों के प्रतिभावान छात्रों के लिए राष्ट्रीय एवं राज्य स्तर की सेवाओं में लोक सेवकों के रूप में भर्ती के लिए अवसर प्रदान करने के लिए नई दिल्ली में छत्तीसगढ़ भवन के पास प्रतियोगी परीक्षाओं की कोचिंग में सम्मिलित होने के लिए छात्रावास का निर्माण राज्य सरकार की ओर से कराया है। जिसमें इस वर्ग के छात्र को निःशुल्क निवास करने एवं अन्य सुविधाएं प्रदान की जाती है। यह एक महत्वपूर्ण कदम है। इससे इस क्षेत्र के प्रतिभावान

छात्रों को लाभ प्राप्त हो रहा है। **वर्तमान मुख्यमंत्री भूपेश बघेल ने सत्ता में आने के बाद आदिवासी क्षेत्रों के विकास में एक नया अध्याय जोड़ते हुए जगदलपुर में टाटा द्वारा अपने स्टील प्लांट की स्थापना के लिए जो जमीन आदिवासियों से प्राप्त की थी। वर्तमान सरकार द्वारा उन संबंधित आदिवासियों को जमीन के पट्टे वापस कर एक महत्वपूर्ण कार्य किया है।** जिसमें उन आदिवासियों को अपने भरण–पोषण के लिए खेती करने का अवसर प्राप्त हुआ है। इस प्रकार अध्ययन क्षेत्र में नक्सली प्रभाव को कम करने के लिए अनेक सकारात्मक प्रयास शासन द्वारा किये जा रहे हैं। जिसमें केन्द्र व राज्य सरकारें दोनों की योजनाएं साथ–साथ क्रियान्वित हो रही है।

प्रदेश के पूर्व मुख्यमंत्री डॉ. रमनसिंह ने विकास के लिए शिक्षा को **रीढ़ की हड्डी** मानकर यह नारा दिया था कि कि **शिक्षा मूलमंत्र, आधार लोकतंत्र** इसी कड़ी में भाजपा शासन के समय जगदलपुर के तत्कालीन कलेक्टर **जी. एस. मिश्रा ने** यहां के स्थानीय निवासियों के लिए एक कार्यक्रम चलाया था जिसका नारा था **'गुड़ की डली, सोया की बड़ी'** जिसके सकारात्मक परिणाम को देखते हुए इसका काफी प्रचार व प्रसार किया गया। इस उपलब्धि के लिए तत्कालीन राष्ट्रपति श्रीमती प्रतिभा देवी सिंह पाटिल द्वारा उन्हें सम्मानित भी किया गया था। आज बस्तर संभाग विकास का मोहताज नहीं है जिसमें संदर्भित क्षेत्र सुकुमा जिला भी सम्मिलित है।

भारत में जबसे नक्सली समस्या पैदा हुई है, उसी समय से इसे नजर अंदाज किया जाता रहा है। परंतु इसका विस्तार इतनी तेजी के साथ बढ़ता गया कि आज भारत के लगभग 16 राज्यों में इसने पैर पसारकर सबसे बड़ी समस्या के रूप में विकराल रूप धारण कर लिया है। जिसमें छत्तीसगढ़ प्रदेश को सबसे अधिक नक्सल प्रभावित राज्य के रूप में देखा जाता है, प्रायः नक्सलवाद के बारे में यह आम धारणा है कि यह हिंसक अपराधियों का एक गिरोह है जो अपने निहित स्वार्थ साधन हेतु निर्दोषों की हत्याएँ, लूटपाट और मारकाट के द्वारा समाज में अशांति फैलाते हैं, ठीक इसके विपरीत दूसरे विचारकों के अनुसार नक्सलवाद एक राजनीतिक विचारधारा है जो मार्क्सवाद, लेनिनवाद और माओ–त्से–तुंग सिद्धांत से संचालित और अनुशासित है, चूँकि पश्चिम बंगाल के नक्सलबाड़ी जिले में हुए आदिवासी किसानों के सशस्त्र विद्रोह से इसकी बुनियाद अनुप्रमाणित है, इसलिए इस विचारधारा को मानने वाले नक्सलवादी कहे जाने लगे फलतः इस विचारधारा के अनुयायी **'नक्सली'** और इनका राजनीतिक दर्शन चीनी क्रांति के माओ–उत–सुंग से प्रेरित राजनीतिक नाम **'माओवाद'** पाप्त कर गया।

नक्सली वह हैं जो सन् 1947 के भारत की आजादी को झूठी आजादी मानता है और सत्तारूढ़ कांग्रेस या भाजपा को यहाँ तक की भारतीय कम्युनिस्ट पार्टी जो लोकतांत्रिक राजनिति में विश्वास करती है को भी जमींदारों और दलाल बुर्जुआ वर्ग के हितों का प्रतिनिधित्व करने वाली पार्टियां मानते है। इनका मत है कि दीर्घकालिक सशस्त्र संघर्ष के जरिए ही सच्ची आजादी मिल सकती है और अपने संघर्ष का उद्देश्य सही अर्थों में जनता की लोकशाही कायम करना मानते हैं। **वास्तव में भारत में जनता का कोई भी ऐसा समूह नहीं है जिसे नक्सलाइट कहा जाता है। यह भाषा शब्द आन्दोलन के विरोधियों द्वारा नक्सल समर्थकों को अपमानित करने के लिए गढ़ा गया है।** फिर भी हम जिसे नक्सली कहते हैं वे 1947 की आजादी को शर्म का नाम देते हैं। वे भारत को अर्द्धसामंती तथा अर्द्धऔपनिवेशक मुल्क के रूप में देखते है जिसे सच्ची आजादी पाने के लिए चीन के समान सशस्त्र संघर्ष करना होगा। नक्सलवादी सच्चे, ईमानदार, साहसी और आत्मबलिदानी होते हैं। व्यापक

भ्रष्टाचार के प्रति प्रतिरोध, निःस्वार्थता और बेहद दमित, पीड़ित तबके के साथ भी पूरी तरह घुलमिल जाने की उसकी क्षमता बेजोड़ होती है।

बहरहाल, **नक्सलवाद** कोई **वाद** नहीं है, कोई वाद है तो **'मार्क्सवाद'** है, **'लेनिनवाद'** है, इस प्रकार मार्क्सवाद एवं लेनिनवाद की नीतियों एवं सिद्धान्तों में विश्वास करने वाले तथा उसे अमल में लाने वालों को नक्सली कह सकते हैं।

❖   **छत्तीसगढ़ राज्य में नक्सलवादी आन्दोलन :–**

सन् 1960 के दशक के अन्त में और 70 के दशक के आरम्भ में नक्सलबाड़ी के विद्रोह से प्रेरणा पाकर छ.ग. में सर्वप्रथम सुकमा, बीजापुर, दंतेवाड़ा, कांकेर, आदि जिलों में नक्सली आन्दोलन प्रारम्भ हुआ। इस आन्दोलन को भूमिपतियों ने भूमिहार और मुसहर संघर्ष का रूप देना चाहा। तत्कालीन परिवेश में छ.ग. के बीजापुर, सुकमा दंतेवाड़ा जगदलपुर जिलों में यह आन्दोलन गति पकड़ने लगा। इन जिलों में यह संघर्ष, जिसकी जड़ें भूमि सम्बन्धों की स्थिति और वर्तमान सामाजिक परिस्थितियों की गहराई में है, एक नये ढर्रे के रूप में उभरूा हुए और वहां एक नये किस्म की स्थानीय नेतृत्व ने जनता के बढ़ते हुए असमंजश को लोकप्रिय रूपों में अभिव्यक्त करने की कोशिश की। वे नेतागण स्थानीय परिस्थितियों की उपज थे, जो नक्सलवाड़ी और माओ–त्से–तुंग से प्रभावित थे और मार्क्सवाद की थोड़ी बहुत जानकारी भी रखते थे। सी. पी. आई. (एम.) के पूर्व नेताओं के साथ जुड़कर और सी. पी. आई. (एम. एल.) के निर्देशन में इस स्थानीय नेतृत्व ने सुकमा जिले में जुझारू किसान आन्दोलनों के एक नये दौर का सूत्रपात किया यह दौर पूर्णतः भूमिगत और गैरकानूनी गतिविधियों का दौर के रूप में जो छापामार कार्यवाहियों तथा क्रान्तिकारी कमेटियों के द्वारा फसल तथा जमीन दखल करने के लिए जनसमुदाय को लामबन्ध करने तथा हथियार जब्त करने व क्रूर भूमिपतियों एवं दुश्चरित्र लोगों की सफाया नीति के कारण जिले में धीरे–धीरे किसान आन्दोलनों के इतिहास में अपना महत्वपूर्ण स्थान बना लिया। मजदूरी में वृद्धि के आन्दोलन हुए तथा बड़े पैमाने पर गैर मजरूआ जमीनों को गरीब मजदूर–किसानों ने दखल कर लिया। किन्तु सन् 76 के आते–आते महत्वपूर्ण नक्सली नेताओं की हत्या तथा भयंकर पुलिस दमन के कारण यह आन्दोलन अपना उत्साह बहुत हद तक खो चुका था।

भूमिपतियों की फसलें, बन्दूकें तथा अवैध भूमि की जप्ती व्यापक पैमाने पर होने लगी। बहुत से गांवों में तो समानान्तर सरकार तथा ''जनता का राज'' की घोषणा भी की जा चुकी थी। बड़ी संख्या में इस क्षेत्र में भूमिपति तथा खेतिहर मजदूर मारे गए। चोरी–डकैती जैसे संगठित अपराध तथा बलात्श्रम, अत्याचार एवं महिलाओ के शोषण एवं बलात्कार इस इलाके की महत्वपूर्ण समस्या रहे हैं। इस आन्दोलन ने ग्रामीणों को थाने में शिकायत दर्ज कराने की फजीहत तथा उसके लिए रिश्वत तथा अन्य खर्चों के हाथ से बचाया। ऐसा इसलिए संभव हो सका कि आन्दोलन से प्रभावित गांवों में क्रांतिकारी कमेटियों द्वारा गरीब जनता की समस्याओं, शिकायतों का निपटारा किया जाने लगा था। फलतः पुलिस प्रशासन का अस्तित्व नक्सली आन्दोलन से प्रभावित गांवों में अप्रासंगिक हो गई। इस प्रकार छत्तीसगढ़ में आर्थिक रूप से शोषित, पीड़ित वर्ग ने नक्सली घटकों के ही खुले जनसंगठन, बिहार राज्य किसान सभा, मजदूर संग्राम समिति तथा आई. पी. एफ. को मुख्य मंच बनाया तथा यह आज भी सतत् उसके नेतृत्व में निर्णायक और जुझारू लड़ाई की ओर अग्रसर हैं। 24 सितम्बर, 1981 को **विक्रम प्रखण्ड** में किसान सभा की एक विशाल रैली आयोजित की गई। **टेंगर साव** नामक कार्यकर्ता की गिरफ्तारी के विरोध में जनता की भीड़ ने विक्रम

प्रखण्ड के पिरही गांव में 30 अक्टूम्बर, 1981 की सुबह सुरेन्द्र प्रसाद, चन्द्रावती देवी तथा राम अवध प्रसाद की गोली मारकर हत्या कर दीं। इसके बावजूद आन्दोलन थमा नहीं और यह आंदोलन जो एक सामान्य घटना से प्रारंभ हुआ था आज एक वट वृक्ष के रूप में अपनी जड़े जमा चुका है जो केन्द्र व राज्य सरकार दोनों के लिए सबसे बड़ी विकराल समस्या बन चुकी है। जिसके समाधान व निराकरण के लिए दोनो सरकारें सतत रूप से प्रयासरत हैं।

❖ **संदर्भित क्षेत्र (जिला सुकमा, छ.ग.) का संक्षिप्त परिचय :—**

मध्य प्रदेश से अलग होकर 01 नवम्बर 2000 में छत्तीसगढ़ राज्य की स्थापना की गई थी। राज्य स्थापना पूर्व छ.ग. के अदंरूनी इलाके प्रशासनिक रूप से पहुँचविहीन थे, इन्ही कारणों से इन इलाकों में नक्सलियों ने पैठ जमा लिया था जिसके उन्मूलन के लिये राज्य शासन के द्वारा पुलिस विभाग को सशक्त करते हुये छ.ग. के पहुंचविहीन क्षेत्रों में पुलिस थानों एवं कैम्पों का निर्माण एवं प्रतिनक्सलवाद में अप्रशिक्षित राज्य पुलिस एवं आवश्यक रूप से राज्य पुलिस की संख्या बल जैसी कमियां दूर करने अर्द्धसैनिक बलों की माँग केन्द्र सरकार से कर अर्द्धसैनिक बलों की तैनाती की जाती रही और अभी भी निरंतर तैनाती चल रही है और नये नये कैम्प खुल रहे हैं।

तत्कालीन मुख्यमंत्री डॉ. रमन सिंह के द्वारा 15 अगस्त 2011 में 07 नये जिलों के गठन की घोषणा की गई थी एवं जनवरी 2012 को दन्तेवाड़ा से अलग कर सुकमा जिले का निर्माण किया। सबरी नदी के तट पर स्थित सुकमा जिला न केवल बस्तर संभाग, बल्कि छत्तीसगढ़ के भी दक्षिणी छोर का सबसे आखिरी जिला है। इसकी सीमाएं ओडिशा और आध्रप्रदेश से लगी हुई है। नये जिले में तीन तहसीलें छिदंगढ़, सुकमा और कोन्टा है। यह नया जिला भी सघन वन प्रांतो से परिपूर्ण हैं।

कलेक्टर भवन, सुकमा (छत्तीसगढ़) जिला चिकित्सालय, सुकमा (छत्तीसगढ़)

सुकमा जिले के छिन्दगढ़ तहसील में दुरमा जल प्रपात दर्शनीय है। नवगठित सुकमा जिला के कुल भौगोलिक क्षेत्रफल 3,33,530 (तीन लाख तैंतीस हजार पाँच सौ तीस) हेक्टेयर है। इसमें 27,776 (सताईस हजार सात सौ छिहत्तर) हेक्टेयर का वन क्षेत्र भी शामिल है। नये जिले में कुल 43 ग्राम पंचायतें और तीन नगर पंचायत क्षेत्र–सुकमा, कोन्टा और दोरनापाल शामिल हैं। जिले में कुल एक हजार 25 आँगनबाड़ी केन्द्रों का भी संचालन किया जा रहा है। वर्ष 2011 की जनगणना के अंतरिम आंकड़ों के अनुसार नये सुकमा जिले की कुल जनसंख्या लगभग दो लाख 49 हजार 841 है। इनमें एक लाख 22 हजार 447 पुरूष और एक लाख 27 हजार 393 महिलाएं शामिल हैं। सुकमा जिले में 725 प्राथमिक शालाओं सहित 212 मिडिल शालाओं, 19 हाईस्कूलों, 12 हायर सेकेण्डरी स्कूलों, दो कॉलेजों, 101 आश्रम शालाओं और 25 छात्रवासों का संचालन किया जा रहा है। सुकमा जिले में 03 पुलिस अनुविभागीय कार्यालय सहित 14 थाना एवं 02 पुलिस चौकी संचालित है, इनके साथ ही सुरक्षा बलों के 11 वाहिनियों की 44 कंपनियों को जिला सुकमा की सुरक्षा व्यवस्था के जिम्मेदारी का निर्वहन करने के लिये तैनात किया गया है।

सुकमा जिला बनने से पूर्व 06 अप्रैल 2010 में नवसलियों के द्वारा देश के सबसे बड़े सुरक्षा बल पर हमला करते हुये वर्तमान जिला–सुकमा क्षेत्र के थाना–चिन्तागुफा के अन्तर्गत ग्राम–ताड़मेटला में 76 जवानों को शहीद कर दिया गया था। मई 2010 में नक्सलियों के द्वारा सुकमा–जिले के थाना–गादीरास के ग्राम–चिंगावरम के पास में नागरिक बस को निशाना बनाते हुये कुल 26 लोगों की हत्या किये थे। वर्ष 2014 में सुकमा जिले के थाना चिन्तागुफा में नक्सलियों के द्वारा सुरक्षा बलों को निशाना बनाते हुये ग्राम–कसालपाड में सुरक्षा कुल 14 जवान शहीद किये थे। इन घटनाओं के बावजूद सुकमा जिले में पुलिस प्रशासन अपनी जिम्मेदारियों का सफलतापूर्वक निर्वहन करते हुये केन्द्र एवं राज्य शासन की महत्वाकांक्षी योजनाओं को धरातल पर अमल करवाने में अपनी अहम भूमिका निभा रही है, जैसे कि सुकमा–जिले में राष्ट्रीय राजमार्गों के निर्माण, पहुँचविहीन ग्रामों तक सड़कों के निर्माण के साथ सुकमा जिले में संचालित नक्सल गतिविधियों पर अकुंश लगाने में महत्वपूर्ण भूमिका अदा कर रही है।

❖ **जनजातियाँ** :–

जिले में प्रमुख रूप से निवासरत जनजातियों में गोड़, मुरिया, मारिया, ध्रुवा, हलबा, तेलगा, मुड़ियामी, माधर सहित दोरला जनजातियाँ एवं उपजनजातियाँ निवास करती है। गोड़, हलबा, राउत, महार आदि जनजातियाँ उतर बस्तर से दक्षिण बस्तर की तरफ बसने वाली जनजातियाँ हैं इसके अलावा सुकमा शहर, दोरानापाल एवं कोंटा तहसील मुख्यालय में सभी मिश्रित जातियों, धर्मानुयायियों और व्यवसायी पूर्नवासित होकर आने वालों की बसाहट है।

❖ **पर्यटन स्थल** :–

भेजी के मंदिर, ग्राम रामाराम स्थित चिटमिटिन माता मंदिर, छिदंगढ़ तहसील में दुरमा जलप्रपात, ग्राम नेलानार में सबरी नदी मगरमच्छ और टाइगर प्रॉन (झिंगा मछली) के लिए प्रसिद्ध हैं और ये दर्शनीय स्थल है। जिला मुख्यालय सुकमा सबरी नदी के तट पर बसा हुआ है। 2013–14 में वन विभाग द्वारा **तुलग बांध** को पर्यटन की दृष्टि से विकसित **तुलग जलाशय** का रूप दिया गया जहां नौका विहार की पर्याप्त व्यवस्था की गई है। प्रस्तावित अर्न्तराज्यीय **पोलावरम् बॉध** भी सुकमा जिला के कोंटा तहसील में आने वाला है जिससे निसंदेह पर्यटन को और भी बढ़ावा मिलेगा।

रामा–रामीन मंदिर, सुकमा (छत्तीसगढ़)

सबरी नदी, सुकमा (छत्तीसगढ़)

दुरमा जलप्रपात, सुकमा (छत्तीसगढ़)

तुंगल जलाशय, सुकमा (छत्तीसगढ़)

❖   **सुकमा जिले के पर्व एवं त्योहार :–**

स्थानिय भाषा–बोली में त्योहार को **पन्डुम** कहा जाता है जो स्थानीय फसल चक्र, मौसम परिवर्तन, फसल उपयोग और उपभोग पर आधारित है इसका उद्देश्य प्राचीन कृषि प्रणाली को यहाँ की मूल निवासियों द्वारा उद्घोषणा और प्रचार है ताकि ज्ञान प्रत्येक स्थानीय कृषक तक पहूँच सके। वैसे तो स्थानीय उतरदाताओं से वार्तालाप करने पर लगभग 45 प्रकार के त्योहारों (पन्डुम), फसल चक्र, शादी–विवाह, जीवन–मृत्यु जैसे सामाजिक जीवन चक्र का वर्णन मिलता है। **जिनमें   महत्वपूर्ण हैं–**

❖   **सेम पन्डुम–** यह पर्व माह दिसम्बर और जनवरी मे मनाया जाता है जिसमे ग्रामीणों का मानना है कि जो सब्जी उगाते हैं, सामान्यतः सब्जियों में सेम कि सब्जी पहले तैयार हो जाती है इसी आधार पर सब्जियों को खाने की शुरूआत सेम पन्डुम (त्योहार) के नाम से मनाया जाता है।

❖   **गड़ी पन्डुम–** यह पर्व फरवरी माह मे मनाया जाता है, जिसमें ग्रामीण अपने–अपने पूर्वजों की पूजा करते हैं ।

❖   **पेन पन्डुम–** यह पर्व मार्च माह मे मनाया जाता है जिसमें ग्रामीण **महुआ पेड़** की पूजा करके ही महुआ फल को तोड़ने की शुरूआत करते है।

❖   **आम／मरका पन्डुम–** यह पर्व अप्रैल माह मे मनाया जाता है जिसमें ग्रामीण आम और चिरौंजी पेड़ की पूजा करके ही आम के फल को उपयोग मे लाते हैं ।

❖   **विला पन्डुम–** यह पर्व मई या जून माह में पाँच से सात दिनों तक के लिए मनाया जाता है जिसमे ग्रामीणों का मानना है कि अब से गर्मी का मौसम शुरू हो गया है।

❖   **तेंदुपत्ता पन्डुम–** यह पर्व मई माह में अलग–अलग क्षेत्रों मे अलग–अलग दिन मनाया जाता है जिसमें ग्रामीण **तेंदुपत्ता के वृक्ष की पूजा** करके तेंदुपता को तोड़ने की शुरूआत करते हैं।

❖   **बीज्जा पन्डुम या भूमि पूजन–** यह पर्व जून माह मे मनाया जाता है जिसमे ग्रामीण अपने खेत की पूजा करते है मूलतः यह खेतों की जुतायी   और बीजारोपण की शुरूआत है।

❖   **ओला पन्डुम–** यह पर्व 25 जुलाई को मनाया जाता है जिसमे ग्रामीण प्राकृतिक फल को खाने से पहले पूजा करते हैं।

❖   **कड़ी पन्डुम–** यह पर्व अगस्त माह मे मनाया जाता है यह खेती की तिथि समाप्त कर लेने को इंगित करता है ।

❖   **कुर्मी पन्डुम–** यह पर्व सितम्बर माह मे मनाया जाता है जिसमें सभी लोग मिलकर भुट्टा (मक्का) को खाने से पहले पूजा करते हैं ।

❖   **नया पन्डुम (नवाखाई)–** यह पर्व अक्टूबर माह मे तब मनाया जाता है जब धान के पौधे में फली आ जाए ।

❖   **कोदता पन्डुम–** यह पर्व अक्टूबर माह मे तब मनाया जाता है, जब धान का पौधा पूर्णतः तैयार हो जाये।

❖   **मंड़ई–** मंड़ई एक ग्राम दिवस के रूप मे मनाया जाता है, इस पर्व मे उस परिक्षेत्र के सभी गॉव अलग–अलग दिनों मे इस पर्व को मनाते हैं जिससे कि सामाजिक और प्रशासनिक व्यवस्था का संदेश सभी लोगों के बीच पहूँच सके।

- ❖   **जात्रा**– यह पर्व रथ यात्रा के समरूप बस्तर रियासत का संस्करण है, ज्ञात हो कि बस्तर रियासत ऐतिहासिक स्वरूप में त्तकालिन वारंगल क्षेत्र और उड़ीसा के नवरंगपुर क्षेत्र के बीच वैवाहिक संबंध स्थापित होने के फलस्वरूप सांस्कृतिक संस्करण से विकसित त्योहार है।

- ❖   **बस्तर दशहरा**– यह विश्व के ज्ञात त्योहारों में सबसे लम्बी अवधि अर्थात 75 दिनों तक चलने वाला त्योहार है। यह मूलतः उड़ीसा के रथ यात्रा, पूर्व बौद्धों की यात्रा का समागम स्वरूप है, जो बस्तर राजा के दैविक मान्यता स्वीकार्य हो जाने के कारण राजा के प्रशासनिक व सामाजिक संदेशों का ग्रामीण स्तर पर प्रचार करना है।

- ❖   **विश्व आदिवासी दिवस**– 'संयुक्त राष्ट्र संघ' के द्वारा 9 अगस्त को विश्व आदिवासी दिवस घोषणा के पश्चात् आदिवासी क्षेत्रों में यह इतना विख्यात हो चुका है कि यह एक आदिवासी त्योहार (पन्डुम) का स्थान ले चुका है इस त्योहार के इतनी तेज गति से आदिवासी क्षेत्रों में प्रचारित–प्रसारित होने का कारण टुकड़ों में बटे आदिवासी समाज को राष्ट्रीय एवं अंतर्राष्ट्रीय स्तर पर एकीकरण का अवसर प्रदान करता है और आदिवासी समाज के आदिकालीन वंचित अधिकारों की प्राप्ती हेतु जनजागरूकता लाना है। यह त्योहार आदिवासी समाज में शिक्षा के विकास के साथ तेजी से विकसित हो रहा है।

- ❖   **उपजः–**

जिले में मुख्यरूप से धान, मक्का, कोदो, कुटकी, सरसों, हरी सब्जियाँ मुख्य उपज है और वर्तमान में आधुनिक कृषि के तहत फार्म हाउस जैसे कृषि परंपरा विकसित हो रहा है।

- ❖   **वनोपजः–**

सागवान, साल और बॉस (बम्बु), जैसी इमारती लकड़ी एवं महुआ, टोरा, इमली, तेंदुपत्ता एवं फल, बेल, गोंद, चार और चिरौंजी प्रमुख बनोपज हैं।

- ❖   **वनिक फल और सब्जियाँः–**

बोड़ा, बोहार, अनेकों प्रकार के मशरूम प्रजातियां, बॉस (बम्बु शुट्स), पेय पदार्थ–सल्फी, आम, अमरूद, जामुन इत्यादि ।

- ❖   **खनिज ः–**

जिले में टिन, कोरंड्म, गार्नेट, ग्रेनाईट आदि प्रमुख खनिज पाए जाते हैं।

जिला बनने के बाद यहाँ जिला स्तर पर सभी प्रमुख विभागों के मुख्यालय बनने से यहाँ का विकास तेजी के साथ हो रहा है, चूंकि बस्तर संभाग का यह क्षेत्र सबसे अधिक नक्सल प्रभावित होने के कारण यहाँ विकास की गति तुलनात्मक दृष्टि से धीमी है। अंतर्राज्यीय सीमावर्ती जिला होने के कारण नक्सलियों को यहां पर वारदात करके अपने सुरक्षा के लिए पड़ोसी प्रांत में आने–जाने में कोई परेशानी नहीं होती है इसलिए यह अधिक संवेदनशील क्षेत्र है परंतु वर्तमान समय में आंध्र प्रदेश, उड़ीसा और छत्तीसगढ़ तीनों प्रदेश के उच्च पुलिस अधिकारियों की संयुक्त मुहिम से नक्सली घटनाओं में कमी आई है। फिर भी छ. ग.शासन के लिए सुकमा, दंतेवाड़ा और बीजापुर और नारायणपुर चारों जिले अति संवेदनशील श्रेणी में रखे गए हैं क्योंकि यहाँ भौगोलिक एवं प्राकृतिक क्षेत्र नक्सलियों के छुपने के लिए अनुकूल है और यातायात के साधनों का पर्याप्त अभाव है इसलिए इस जिले में आज भी

अप्रत्यक्ष रूप से नक्सलियों की समांतर सरकार चल रही है और आम नगारिक नक्सली चेतावनी को गंभीरता से लेते हैं।

❖ **अध्ययन क्षेत्र सुकमा जिले की समसामयिक जानकारी :–**

❖ **तालिकाः– 01**

क्षेत्रफल जनसंख्या तथा कार्यशील जनसंख्या, जिला–सुकमा वर्ष 2016–17 तहसीलवार जनसंख्या, दस वर्षीय जनसंख्या वृद्धि, घनत्व तथा लिंगानुपात!

क्र.	जिला / तहसील	भौगोलिक क्षेत्रफल (वर्ग कि. मी. में)	कुल ग्राम (संख्या)	आबाद ग्राम (संख्या)	ग्राम पंचायत	जनपद पंचायत	नगर निगम	नगर पालिका	नगर पंचायत
1	तहसील–कोन्टा	3820.59	255	241	57	1	0	0	2
2	तहसील–छिन्दगढ़	848.71	78	78	46	1	0	0	0
3	तहसील–सुकमा	966.49	52	52	52	1	0	1	0
4	जिला–सुकमा	5635.79	371	371	155	3	0	1	2

क्र.	जिला / तहसील	राजस्व निरीक्षण सर्कल	पटवारी हल्के	सामान्य आरक्षी थाना (दिसम्बर)	यातायात आरक्षी केन्द्र (दिसम्बर)	विद्युतीकृत ग्राम	पेयजल सुविधा युक्त ग्राम
1	तहसील–कोन्टा	3	25	12	1	129	—
2	तहसील–सुकमा	2	20	32	1	52	—
3	तहसील–छिन्दगढ़	2	24	2	—	78	—

❖ **तालिकाः– 02**

भौगोलिक स्थिति

क्र.	जिला / तहसील का नाम	अक्षांश	देशान्तर	भौगोलिक क्षेत्रफल (हेक्टेयर में)
1	जिला–सुकमा	18.390930	81.658810	563579 हेक्टेयर
2	तहसील–कोन्टा	17.809466	81.383145	382059 हेक्टेयर
3	तहसील–छिन्दगढ़	18.5353405	81.750407	84871 हेक्टेयर
4	तहसील–सुकमा	18.390930	81.658810	96649 हेक्टेयर

❖ तालिकाः– 03

औसत वर्षा (मि.मी. में)

क्र.	जिला / तहसील का नाम	वर्ष				
		2012-13	2013-14	2014-15	2015-16	2016-17
1	तहसील–कोन्टा	2336.2mm	1378.4mm	1032.2mm	13210.0mm	1189.4mm
2	तहसील–सुकमा	-	-	-	1991.5mm	1517.2mm
3	तहसील–छिन्दगढ़	-	-	-	1543.0mm	1502.2mm

❖ तालिकाः– 04

तापमान, जिला–सुकमा संदर्भ वर्ष 2016–17

क्र.	माह / वर्ष	तापमान	
		न्यूनतम	अधिकतम
1	2016-17	25°C	46°C

❖ तालिकाः– 05

क्षेत्रफल जनसंख्या तथा कार्यशील जनसंख्या, जिला–सुकमा संदर्भ वर्ष 2016–17
तहसीलवार जनसंख्या, दस वर्षीय जनसंख्या वृद्धि, घनत्व तथा लिंगानुपात

क्र.	जिला / तहसील	जनसंख्या 2001			जनसंख्या 2011			10 वर्षीय जनसंख्या वृद्धि			जनसंख्या घनत्व प्रति वर्ग कि.मी.		लिंगानुपात (प्रति हजार पुरुषों पर स्त्रियाँ)	
1	तहसील–कोन्टा	पुरूष	स्त्री	योग	पुरूष	स्त्री	योग	पुरूष	स्त्री	योग	2001	2011	2001	2011
2	तहसील–छिन्दगढ़	113 696	117 589	231 285	124 048	126 111	250 159	9-105	7-24728	816	41-04	44-39		1017
3	तहसील–सुकमा			554 75	318 98	329 93	648 91			16-97	64-978	67-141		1034
4	जिला–सुकमा			105 928	535 51	520 45	105 596			0-31	26-27	27-639		972

❖ तालिकाः– 06

क्र.	जिला / तहसील	ग्रामीण जनसंख्या 2001			ग्रामीण जनसंख्या 2011			नगरीय जनसंख्या 2001			नगरीय जनसंख्या 2011			स्त्री पुरूष अनुपात 2001		स्त्री पुरूष अनुपात 2011	
		पु0	स0	यो	पु0	स0	यो	पु0	स0	यो	पु0	स0	यो	ग्रा0	नग	ग्रा0	नग0
1	जिला– सुकमा	113696	117589	231285	108937	113020	221957	0	0	0	151111	130091	282202	1034	0	1037	866
2	तहसील– सुकमा				24745	26220	50965	0	0	0	7153	6773	13926			1060	947
3	तहसील– कोन्टा				45593	45727	91320	0	0	0	7958	6318	14276			1003	794
4	तहसील– छिन्दगढ़				38599	41073	79672	0	0	0	0	0	0			1064	0

❖ तालिकाः– 07

आयु समूहानुसार जनसंख्या, जिला–सुकमा संदर्भ वर्ष 2016–17

क्र.	आयु समूह बर्ष	कुल जनसंख्या			ग्रामीण जनसंख्या			नगरी जनसंख्या			अ0 ज0	अनुसूचित जाति
		पुरुष	स्त्री	योग	पुरुष	स्त्री	योग	पुरुष	स्त्री	योग		
1	कुल जन0	12055	12222	2277	10947	11174	22121	1253	1146	2399	20804	246
2	0-4	17409	16209	33618	15989	14896	30885	1705	1473	3178	30152	288
3	05-09	15263	14226	29489	13845	12895	26740	1596	1392	2988	25853	310
4	10-14	11378	12634	24012	9957	11474	21431	1404	1227	2631	20345	266
5	15-19	11085	12724	23809	9381	11202	20583	1557	1438	2995	19233	306
6	20-24	11127	10689	21816	9334	9132	18466	1613	1359	2972	17164	280
7	25-29	9114	8985	18099	7599	7797	15396	1347	1073	2420	14269	236
8	30-34	9054	9140	18194	7793	8136	15929	1194	977	2171	14794	203
9	35-39	7952	7779	15731	7077	7077	14154	912	746	1658	13020	180
10	40-44	6910	6775	13685	6156	6111	12267	787	681	1468	11416	143
11	45-49	4737	4523	9260	4194	3944	8138	555	532	1087	7564	114
12	50-54	3101	3517	6618	2948	3138	5636	509	370	879	5257	85
13	55-59	2329	3029	5358	2019	2747	4766	296	299	595	4251	52
14	60-64	1203	1832	3035	1025	1687	2712	164	164	328	2382	32
15	65-69	688	1031	1719	589	930	1519	89	108	197	1298	21
16	70-74	239	351	590	188	309	497	40	41	81	410	6
17	75-79	268	397	665	217	325	542	37	57	94	443	7
18	80+	136	48	184	129	46	175	53	8	61	142	1
19	Non Avil	12055	12222	2277	10947	11174	22121	1253	1146	2399	20804	246
	योग	124048	126111	250159	108937	113020	221957	15111	13091	28202	208797	2776

❖   तालिकाः– 08

अनुसूचित जाति जनसंख्या 2011, जिला–सुकमा संदर्भ वर्ष 2016–17

क्र.	जिला / तहसील	योग	पुरूष	स्त्री	ग्रामीण	नगरीय
1	जिला–सुकमा	2776	1437	1339	1335	1441
2	तहसीह–सुकमा	875	445	430	303	572
3	तहसील–कोन्टा	1442	764	678	573	869
4	तहसील–छिन्दगढ़	459	228	231	459	0

❖   तालिकाः– 09

अनुसूचित जन जाति जनसंख्या, जिला–सुकमा संदर्भ वर्ष 2016–17

क्र.	जिला / तहसील	योग	पुरूष	स्त्री	ग्रामीण	नगरीय
1	जिला–सुकमा	208797	102290	106507	196028	12769
2	तहसीह–सुकमा	47838	23051	24787	42964	4874
3	तहसील–कोन्टा	95433	47653	47780	87538	7895
4	तहसील–छिन्दगढ़	65526	31586	33940	65526	0

❖   तालिकाः– 10

जनसंख्या समूहानूसार ग्रामों का वर्गीकरण, जिला–सुकमा संदर्भ वर्ष 2016–17

क्र.	जिला / तहसील	वीरान	जनसंख्या समूहानुसार ग्रामों की संख्या						
			200 से अधिक	200–499	500–999	1000–1999	2000–9999	10000 से अधिक	कुल ग्राम
1	तहसील–कोन्टा	12	101	128	77	47	18	0	383
2	तहसील–छिन्दगढ़	0	4	13	17	11	7	0	52
3	तहसील–सुकमा	12	93	98	33	15	2	0	253
4	जिला–सुकमा	0	4	17	27	21	9	0	78

❖ तालिकाः– 11

कृषि एवं सम्बद्ध सेवायें भूमि उपयोग, जिला–सुकमा संदर्भ वर्ष 2016–17

क्र.	जिला/तहसील	भूमि उपयोग				फसलों का क्षेत्रफल (हेक्टेयर में)				
		क्षेत्रफल ग्रामीण पत्रक के अनुसार	वनक्षेत्र (राजस्व +वन)	कृषि के लिए जो भूमि उपलब्ध नहीं	अन्य आकृष्ट भूमि जिनमें परती भूमि शामिल नहीं	परती भूमि	परती भूमि	निरा क्षेत्र फल	कुल क्षेत्र फल	द्विफस ली
1	सुकमा/छिन्दगढ़	89531	19483	11375	9904	2852	2880	430 27	435 45	508
2	सुकमा/सुकमा	85385	24808	11207	13786	2110	1601	318 73	324 30	557
3	सुकमा/कोन्टा	190983	97368	31687	25825	4080	2454	295 69	295 71	2
योग		365899	141659	54269	49515	9042	6935	104 469	105 546	1067

❖ तालिकाः– 12

आकारानुसार कृषि जोतों की संख्या, जिला – सुकमा संदर्भ वर्ष 2016–17

क्र	जिला/तहसील	सीमांत एक हेक्टेयर से कम		लघु एक हेक्टेयर से अधिक		अर्द्ध मध्यम दो हेक्टेयर से अधिक या चार हेक्टेयर से कम		मध्यम चार हेक्टेयर से अधिक 10 हेक्टेयर से कम		वृहद दस हेक्टेयर से अधिक		योग	
		संख्या	क्षेत्रफल	संख्या	क्षेत्रफल	संख्या	क्षेत्रफल	संख्या	क्षेत्रफल	संख्या	क्षेत्रफल	संख्या	क्षेत्रफल
1	सुकमा/ छिन्दगढ़	3441	169 5 - 451	3032	448 3 - 41	3354	891 1 - 881	2242	1385 9 -97	856	1672 9 -2	1292 5	4567 9 -94
2	सुकमा/ सुकमा	2367	138 - 397	2229	323 7-3	2343	615 8- 74	1922	1190 4 -98	706	1119 5 -7	9567	3263 5 -10
3	सुकमा/ कोन्टा	1390	772 - 032	3251	466 8 - 75	4734	117 05 - 45	2306	3496 6 -72	332	5875 -87	1201 3	5798 8 -82
योग		7198	260 5 - 88	8512	123 89 - 5	1043 1	267 76 - 07	6470	6073 1-67	1894	3380 0-8	3450 5	1363 03 - 86

❖ तालिकाः– 13

प्रमुख फसलों के अंतर्गत क्षेत्रफल (हेक्टेयर में), जिला – सुकमा संदर्भ वर्ष 2016–17

क्र.	जिला/ तहसील	धान चावल	गेहूँ	ज्वार	मक्का	कोदो कुटकी	अन्य	योग अनाज	छालें					
									चना	तुअर	उड़द	लाख तिवड़ा	अन्य	योग दाले
	सुकमा छिन्दगढ़	35246	2	89	1195	3645	515	40692	0	193	207	0	648	1048
	सुकमा सुकमा	23905	0	23	862	4157	751	29698	0	122	140	0	870	1132
	सुकमा कोन्टा	22373	0	827	655	3391	65	27311	0	127	191	0	612	930
योग		81524	2	939	2712	11193	1331	97701	0	442	538	0	2130	3110

तालिका – 13 निरंतर (हेक्टेयर में)

क्र.	जिला/ तहसील	गन्ना	योग फल	योग साग सब्जी	योग मिर्च मसाले	अन्य खाद्य फसलें	योग खाद्यान	तिलहन						
								सोया बीन	तिल	मूंग फली	राम तिल	राई एवं सरसों	अन्य	योग तिलहन
1	सुकमा छिन्दगढ़	0	15	395	32	25	467	0	588	0	180	159	0	927
2	सुकमा सुकमा	3	104	331	47	191	676	0	477	0	5	107	1	590
3	सुकमा कोन्टा	0	1	611	50	0	662	0	646	0	0	5	0	651
योग		3	120	1337	129	216	1805	0	1711	0	185	271	1	2168

❖ तालिकाः– 14

प्रमुख खनिजों का खनन एवं उत्खनन (लाख रू. में), जिला–सुकमा संदर्भ वर्ष 2016–17

क.	जिला / वर्ष	प्रमुख खनिजों का नाम	इकाई	उत्पादन(मे. टन)	मूल्य (रूपयों)
1	District-Sukma 2016-17	टिन	किलोग्राम	2363.400 किग्रा	119099.00

❖   तालिकाः– 15

पशु चिकित्सालय / औषधालयों की संख्या

क्र	जिला / वर्ष	चिकित्सालय	औषधालय	उपचारित पशु	बधिया पशु	टीकाकरण	कृत्रिम गर्भाधान किये गये पशुओं की संख्या
1		पशु चिकि0 सुकमा	–	6463	235	28548	83
2		–	पशु औष0 गादीरास	4470	454	91644	0
3		–	पशु औष0 कुड़केल	3100	212	6140	0
4		पशु चिकि0 छिन्दगढ़	–	8985	1809	50967	126
5		–	पशु औष0 कोडरीपाल	3382	422	0	0
6	सुकमा वर्ष 16 – 17	पशु चिकि0 तोंगपाल	–	15912	1081	87160	263
7		–	पशु औष0 पुसपाल	3777	77	0	0
8		पशु चिकि0 कोन्टा	–	14481	1436	94348	271
9		–	पशु औष0 गौलापल्ली	1716	457	3657	0
10		–	पशु औष0 गगनपल्ली	0	0	0	0
11		पशु चिकि0 दोरनापाल	–	4586	221	28795	0
12		–	पशु औष0 दुब्बाटोटा	1420	112	11705	0
13		–	पशु औष0 जगरगुण्डा	1191	72	8901	0
योग				69483	6588	411865	743

❖   तालिकाः– 16

गौण खनिजों का उत्पादन (जिला–सुकमा संदर्भ वर्ष 2016–17)

क्र	जिला / वर्ष	गौण खनिजों के नाम	इकाई	उत्पादन (मे. टन)	मूल्य (रूपयों में)
1	District-Sukma 2016-17	श्रेत	घनमीटर	101031	2020620.00
2	District-Sukma 2016-17	सामान्य पत्थर	घनमीटर	4800	494400.00

❖   तालिकाः– 17

उद्योगों की संख्या एवं नियोजन संख्या (जिला–सुकमा संदर्भ वर्ष 2016–17)

क्रं	जिला / वर्ष	उद्योग केन्द्र के माध्यम से			खादी ग्रामोद्योग के माध्यम से			कुल स्थापित उद्योग		
		संख्या	नियोजित व्यक्ति	औसत नियोजन	संख्या	नियोजित व्यक्ति	औसत नियोजन	संख्या	नियोजित व्यक्ति	औसत नियोजन
1	District-Sukma 2016-17	22	60	20	43	100	2	65	160	22

❖   तालिकाः– 18

समाजिक सेवायें साक्षर जनसंख्या जिला – सुकमा संख्या

क	जिला / तहसील	ग्रामीण			नगरीय			योग			अनुसूचित जाति			अनुसूचित जन जाति		
1	जिला सुकमा	35815	20427	56242	10843	7379	18222	46658	27806	74464	1004	688	1692	31951	19578	51529
2	तहसीह सुकमा	9016	5304	14320	5074	3814	8888	14090	9118	23208	316	234	550	8025	6161	14186
3	तहसील –कोन्टा	10717	5504	16221	5769	3565	9334	16486	9069	25555	541	329	870	11847	6529	18376
4	तहसील –छिन्दगढ़	16082	9619	25701	0	0	0	16082	9619	25701	147	125	272	12079	6888	18967

❖   तालिकाः– 19

चिकित्सा एंव स्वास्थ्य कर्मचारी जिला–सुकमा संदर्भ वर्ष 2016–17

क्रं.	वर्ष	चिकित्सा अधिकारी (राजपत्रित)			कर्मचारी			अन्य स्वास्थ्य कर्मचारी	योग
		एलोपैथिक	अन्य पद्धति	संक्रमण रोग	स्वा. कर्मचारी	नर्स	कंपाउडर्स		
1	2	3	4	5	6	7	8	9	10
1	तहसील–सुकमा 2016–17	6	1	0	19	3	2	0	31
2	तहसील–छिन्दगढ 2016–17	2	1	0	43	8	7	0	61
3	तहसील–कोन्टा 2016–17	3	1	0	24	10	5	0	43
	Total	11	3	0	86	21	14	0	135

❖ तालिकाः– 20

शैक्षिणक संस्थाओं में शिक्षकों की संख्या (शासकीय एंव अशासकीय)

क्रं.	वर्ष	प्राथमिक विद्यालय	माध्यमिक विद्यालय	हाई स्कूल	उच्चतर माध्यमिक विद्यालय	महाविद्यालय	व्यवसायिक संस्थायें	अन्य संस्थायें (विश्वविद्यालय)
1	2	3	4	5	6	7	8	9
शासकीय								
1	तहसील–सुकमा 2016–17	376	262	14	34	5	–	–
2	तहसील–कोन्टा 2016–17	410	181	7	26	–	5	–
3	तहसील–छिन्दगढ 2016–17	535	322	19	38	–	–	–
	योग	1321	765	40	98	5	0	–
अशासकीय								
1	तहसील–सुकमा 2016–17	6	16	0	54	–	–	–
2	तहसील–कोन्टा 2016–17	0	41	28	0	–	–	–
3	तहसील–छिन्दगढ 2016–17	0	44	0	0	–	–	–
	योग	6	101	28	54	–	–	–
Total		1327	866	68	152	5	5	–

❖ तालिकाः– 21

तालिका 9.7 चिकित्सा सुविधा–समस्त पद्धति

क्रं.	जिला / तहसील / वर्ष	चिकित्सालय एंव औषधालय							उपलब्ध शैय्यायें	
		एलोपैथिक	जिला अस्पताल	प्राथमिक स्वास्थ्य केन्द्र	उप स्वास्थ्य केन्द्र	आयुर्वेदिक	यूनानी	होम्योपैथिक	एलोपैथिक	अन्य पद्धति
1	तहसील–सुकमा 2016–17	24	1	3	21	5	0	0	118	0
2	तहसील–छिन्दगढ 2016–17	45	-	6	39	6	1	0	66	0
3	तहसील–कोन्टा 2016–17	42	-	7	35	12	0	2	72	0
	Total	111	1	16	95	23	1	2	256	0

❖ तालिकाः– 22

सड़को की लंबाई (कि.मी.में) जिला–सुकमा संदर्भ वर्ष 2016–17

क्र.	जिला / तहसील / वर्ष	पक्की सड़कें				कच्ची सड़के			योग	महा योग	सड़को से जुड़े आबाद ग्राम		वर्षा ऋतु में पहुँच विहीन ग्राम
		प्रधान मंत्री सड़क	लोक निर्माण विभाग	स्थानीय निकाय	योग	लोक निर्माण विभाग	स्थानीय निकाय	वन विभाग			500 या कम आबादी	500 से अधिक आबादी	
1	तहसील–सुकमा 2016–17	13	—	—	13	—	—	—	—	13	25	7	—
2	तहसील–छिन्दगढ़ 2016–17	17	—	—	17	—	—	—	—	17	43	23	—
3	तहसील–कोन्टा 2016–17	0	—	—	0	—	—	—	—	0	0	0	0
		30	—	—	30	—	—	—	—	30	68	30	0

❖ तालिकाः– 23

सार्वजनिक वितरण प्रणाली जिला–सुकमा संदर्भ वर्ष 2016–17

क्र.	जिला / तहसील / वर्ष	दुकानों की संख्या		उचित मूल्य की दूकान (संख्या)		
		सहकारी क्षेत्र	निजि क्षेत्र	शहरी	ग्रामीण	योग
1	तहसील–सुकमा 2016–17	38	—	5	33	38
2	तहसील–छिन्दगढ़ 2016–16	59	—	0	59	59
3	तहसील–कोन्टा 2016–17	63	—	6	57	63
	Total	160	—	11	149	160

❖ तालिकाः– 24

न्यायिक तथा प्रशासनिक अपराधिक घटनायें, जिला–सुकमा संदर्भ वर्ष 2016–17

क्र.	जिला / वर्ष (31 दिसम्बर की स्थिति में)	हत्या	हत्या का प्रयास	डकैती	डकैती की तैयारी	लूट पाट	अपहरण	गृह भेदन	चोरी (सामान्य)	चोरी (पशु)	दंगे	बला त्कार	विविध	अन्य	कुल अपराध (कालम 3 से 15)
1	District Sukma/ 2016-17	37	58	10	0	2	7	2	10	0	4	2	27	79	238

❖ तालिकाः– 25

साक्षरता का प्रतिशत संख्या

क्र.	जिला /तहसील	ग्रामीण			नगरीय			योग			अनुसूचित जाति			अनुसूचित जन जाति		
		पु.	स्त्री	योग	पु.	स्त्री	योग	पु.	स्त्री	योग	पु.	स्त्री	योग	पु.	स्त्री	योग
1	जिला – सुकमा	38.625	21.122	29.69	82.356	65.312	74.485	44.06	25.744	34.81	69.868	51.382.	60.95	31.24	18.38	24.679
2	तहसील–सुकमा	43.657	23.911	33.43	82.183	65.713	74.203	52.52	27.636	42.34	71.011	54.419	62.857	34.81	24.86	29.654
3	तहसील–कोन्टा	26.824	27.837	38.57	82.51	64.889	74.76	35.12	19.926	27.64	70.81	48.525	60.333	24.86	13.67	19.255
4.	तहसील–छिन्दगढ़	50.068	27.873	38.57	0	0	0	50.22	27.873	38.57	64.474	54.11	59.259	38.24	20.30	28.946

❖ तालिकाः– 26

शैक्षणिक संस्थाओं की संख्या (शासकीय एवं अशासकीय), जिला सुकमा संदर्भ वर्ष 2016–17

क्र.	जिला/ वर्ष	पुर्व प्राथमिक एवं प्राथमिक शाला	ग्रामो से प्राथमिक शाला की दूरी		माध्यमिक विद्यालय	हाई स्कूल	उच्चतर माध्यमिक विद्यालय	महाविद्यालय	व्यासायिक संस्थायें	अन्य संस्थायें (विश्व विद्यालय)
			ऐसे ग्रामों की संख्या जहां स्कूलों की दूरी 0 से 1 कि.मी. तक है	ऐसे ग्रामों की संख्या जहां स्कूलों की दूरी 1 कि.मी. से अधिक है						
शासकीय										
1	तहसील – सुकमा 2016–17	179	176	3	69	10	8	1	—	—
2	तहसील – कोन्टा 2016–17	288	285	3	62	9	5	—	1	—
3	तहसील – छिन्दगढ़ 2016–17	293	291	2	87	10	6	—	—	—
	योग	760	750	8	281	29	29	1	1	

अशासकीय

क्र.	तहसील								
1	तहसील — सुकमा 2016—17	4	4	0	0	2	1	—	—	—
2	तहसील — कोन्टा 2016—17	3	3	0	0	3	2	—	—	—
3	तहसील — छिन्दगढ़ 16—17	1	1	0	0	7	0	—	—	—
	योग	8	8	0	0	12	3	—	—	1
Total		768	760	8	281	41	22	1	1	—

❖   तालिकाः— 27

जिला मुख्यालय में आरक्षी दल की संख्या, जिला—सुकमा संदर्भ वर्ष 2016—17

क्र.	जिला/वर्ष (31 दिसम्बर की स्थिति में)	आरक्षी केन्द्रों की संख्या	अधीक्षक/ उप अधीक्षक/ सहायक अधीक्षक	निरीक्षक/ उप निरीक्षक/ सहायक निरीक्षक	सहायक उप निरीक्षक	मुख्य अधीक्षक/प्रधान अधीक्षक	अधीक्षक	अन्य	योग (कालम 4 से 9 तक)
1	District Sukma/2016-17	1 आर0 केन्द्र सुकमा	1,7,3,	1,8	18	35	530	—	602

❖   तालिकाः— 28

जिले में आरक्षी दल की संख्या (जिला मुख्यालय को छोड़कर) जिला—सुकमा संदर्भ वर्ष 2016—17

क्र.	जिला/वर्ष (31 दिसम्बर की स्थिति में)	आरक्षी केन्द्रों की संख्या	निरीक्षक	सहायक उप निरीक्षक	मुख्य/प्रधान आरक्षक	आरक्षक	अन्य (सहायक आरक्षक)	योग (कालम 4 से 8 तक)
1	जिला—सुकमा, 2016—17	18	7	58	97	474	789	1443

शैक्षणिक संस्थाओं में अनु. जातियों एवं जन जातियों के विद्यार्थियों की संख्या (शासकीय एवं अशासकीय) जिला– सुकमा संदर्भ वर्ष 2016–17

क्र. सं.	वर्ष	प्राथमिक विद्यालय		माध्यमिक		हाई स्कुल		उच्चतर माध्यमिक शालायें		महाविद्यालय		व्यवसायिक		अन्य संस्थायें (विश्व विद्यालय	
		अनु. जाति	अनु. जन जाति	अनु. जाति	अनु. जन जाति	अनु. जाति	अनु. जन जाति	अनु. जाति	अनु. जन जाति	अनु. जाति	अनु. जन जाति	अनु. जाति	अनु. जन जाति	अनु. जाति	अनु. जन जाति
शासकीय															
1	तहसील– सुकमा 2016–17	57	6019	48	2269	52	945	7	526	4	286	—	—	—	—
2	तहसील– कोटा 2016–17	140	8003	75	2061	43	994	11	329	—	—	1	40	—	—
3	तहसील– छिन्दगढ़ 2016–17	25	9297	17	3213	11	1320	9	596	—	—	—	—	—	—
	योग	222	23319	140	7543	79	3259	27	1448	4	286	1	40	—	—
अशासकीय															
1	तहसील– सुकमा 2016–17	43	328	21	94	11	62	1	21	—	—	—	—	—	—
2	तहसील– कोटा 2016–17	96	392	22	75	5	12	0	0	—	—	—	—	—	—
3	तहसील– छिन्दगढ़ 2016–17	14	328	10	124	0	0	0	0	—	—	—	—	—	—
	योग	153	1048	53	293	16	74	1	21	—	—	—	—	—	—
	Total	375	24367	193	7836	95	3333	28	1469	4	286	1	40	—	—

❖ तालिकाः– 30

नगर निगम/ नगर पालिका/ नगर पंचायतों की जनसंख्या –13
स्थानीय निकाय, जिला–सुकमा संदर्भ वर्ष 2016–17

क्र.	नगरीय निकाय का नाम	नगरीय निकाय का प्रकार	जनसंख्या (2011)	प्रक्षेपित जनसंख्या (मध्यावधि)					
				2012	2013	2014	2015	2016	2017
1	सुकमा	नगरीय पालिका परिषद्	13926	15318	16849	18583	20386	22424	24666
2	कोन्टा	नगरीय पंचायत							
3	दोरनापाल	नगरीय पंचायत	7059	7765	8842	9396	10336	11370	12508

❖ तालिकाः– 31

ग्राम पंचायतों एवं पंचायतों की संख्या, जिला–सुकमा संदर्भ वर्ष 2016–17

क्र.	जिला/तहसील/वर्ष	ग्राम पंचायत		जनपद पंचायत	
		संख्या	ग्राम	संख्या	ग्राम
1	तहसील–सुकमा 2016–17	32	52	1	52
2	तहसील–छिन्दगढ़ 2016–17	57	248	1	248
3	तहसील–कोन्टा 2016–17	57	92	1	92
	Total	146	392	3	392

★ संदर्भ ग्रंथ सूची ★

- बेहार, डॉ. राम कुमार, श्रीवास्तव नर्मदा प्रसाद, आदिवासी बस्तर का इतिहास एवं परंपराएं, बालाजी प्रिंटिंग प्रेस, राजमहल परिसर, जगदलपुर 1992 पृष्ठ 71.
- आमचो बस्तर, बस्तर संभाग का सामान्य परिचय 2013 पृष्ठ 5.
- तिवारी डॉ. वी. के., छत्तीसगढ़ का भौगोलिक अध्ययन, हिमालया पब्लिशिंग 2001, पृष्ठ 25.
- वर्मा डॉ.भगवान सिंह छत्तीसगढ़ का इतिहास मध्यप्रदेश हिन्दी ग्रंथ अकादमी 2001 पृष्ठ 38.
- ग्रियर्सन, एम. वी. मारिया गोड्स आफ बस्तर, आक्सफोर्ड यूनिवर्सिटी प्रेस, 1940, पृष्ठ 101.
- प्रोफेसर शर्मा, अरविंद, छ.ग. का राजनैतिक इतिहास, 1995 पृष्ठ 35.
- मनीश राय एवं बलराम, इन्द्रावती भूमिका, 1982, पृष्ठ. 22
- डॉ ब्रम्हदेव शर्मा, बेजुबान, 1995 पृष्ठ 35
- थुसु के. एन., द धुरवा ऑफ बस्तर, 1964, पृष्ठ 1
- ठाकुर केदारानाथ, बस्तर भूषण, 1908, पृष्ठ 1
- डीब्रे ई. ए., पोलिटिकल एजेंट, रायपुर की पुस्तक –छत्तीसगढ़ फ्युडेटरी स्टेट्स सन् 1908, पृष्ठ 25
- www.bastarintroduction.in.
- www.censusindisn.gov.in.
- www.censusindian. gov.jilapanchayat/bastar
- www.kondagaon.gov.in.
- www.narayanpur.gov.in
- www.dantrwada.gov.in.
- www.sukma.gov.in.
- www.bijapur.gov.in.
- www.kanker.gov.in.

अध्याय—02
अध्ययन विषय का राजनीतिक एवं प्रशासनिक महत्व

”पशु बल का बोलबाला संसार में हजारों वर्षों से रहा है और इसका कड़वा फल मानव जाति बराबर भुगत रही है। यह बात अंधे को दिखाई दे सकती है। इससे भविष्य में कुछ लाभ होने की आशा नहीं है। अगर अंधकार से प्रकाश पैदा हो सकता है तो घृणा से प्रेम उत्पन्न हो सकता है।”

नेल्शन मंडेला

पिछले अध्ययनों से यह ज्ञात होता है कि **आज तक जो भी पुस्तकें प्रकाशित किया गया है उनमें से कई पुस्तकें कल्पना (फिक्सन), सनसनी खेज बनाने जैसा या लेखक का किसी विचारधारा के प्रति झुकाव प्रकट करता है मसलन किसी में नक्सलियों का महिमा मंडन किया गया है तो किसी में लेखकों के विचारों का अनावश्यक थोपने प्रयास लगता है मसलन बहुतेरे लेखक आदिम जाति संस्कृति से पभावित ग्राम या कुलदेवी को किसी हिन्दू धर्म के देवी का प्रतिरूप लिख देते हैं या ग्राम बुढ़ा, बुढ़ादेव को भगवान शंकर का प्रतिरूप बता कहानी गढ़ देते हैं जबकि ग्राम के वरिष्ठ नागरिकों, पढ़े-लिखे शोधरत आदिवासी चिंतकों का मानना बिल्कुल उसके विपरीत है। आदिवासी सभ्यता का आज के समय के प्रतिष्ठित किसी भी धर्म से कोई वास्ता नहीं है अब तो ऐसे भी प्रमाण सामने आने लगे हैं कि आज के समय जो प्रतिष्ठित धर्म के किसी भी स्वरूप हैं वह आदिवासी संस्कृति के नकल ज्यादा प्रतित होते है। हालांकि अधिकतर लेखकों, पत्रकारों और साहित्यकारों ने बहुत से प्रमाणित पुस्तकें लिखे हैं उनका तहेदिल से मैं आदर करता हूँ और उन सभी का मैं पाठक और प्रशंसक हूँ।**

इस पुस्तक से संबंधित पुनरावलोकन निम्नलिखित प्रकार से है:–

सुमन्ता बैनर्जी ने अपने अध्ययन "विव्स फ्राम द अंडर साईड" में नक्सलवाद के प्रसार की चर्चा पुलिस प्रशासन के दृष्टिकोण से किया है जिसका मुख्य स्त्रोत कोलकाता पुलिस राजपत्र– 1967–1975 के विश्लेषण पर आधारित है तथा अशोक कुमार मुखोपाध्याय द्वारा संपादित डे पब्लिकेशन, कोलकाता इंडिया 2006, पेज 215, 15, 81 –295, 0696–3 में प्रकाशित है।

इस पुस्तक के अनुसार सीपीआई (माओवादी) ने 1967 से 75 के दौरान भारत के सरकारी प्रशासन से अछुते क्षेत्र पर प्रभाव जमाया और इस संदर्भ में तीन चुनौतियों/कार्यवाहियों का निर्धारण किया –

➢ **पहला,** राज्य अल्प समय वाला परिचालन तय कर सकती है। जिसका सफलता पूर्वक प्रयोग 1970 में कोलकाता में किया जा चुका है।

➢ **दूसरा.** ऐसे ही पृथकतावादी विचार पश्चिम बंगाल से बाहर भी फैल रहा है जैसे छत्तीसगढ़, बिहार, उड़ीसा, महाराष्ट्र, आंध्र प्रदेश, तमिलनाडु आदि।

➢ **तीसरा,** इसके अलावा नक्सली समस्या का सामाधान करने राज्य को लोकतांत्रिक व मानवीय तरीके अपनाने चाहिए जो आधारभूत रूप से जनता के उन विषयों से संबंधित हो जिसकों माओवादी प्रभावित करते हैं।

❖ **चक्रवती, सुदीप** ने "ट्रेवल्स इन नक्सलाईट कंट्री" नामक अपने अध्ययन में नक्सलवाद के नक्सलबाड़ी से प्रारंभ होने से वर्तमान अखिल भारतीय स्वरूप की चर्चा की है। इसके अतिरिक्त इसका महत्व इसलिए भी है कि यह नक्सल प्रभावित राज्यों की यात्रा कर छत्तीसगढ़ के विशेष संदर्भ में **सलवा जुडुम** के प्रभाव की भी चर्चा की है इसके अतिरिक्त माओवादी नेता, समर्थक, राजनीतिक एवं सुरक्षा बलों की भूमिका का भी चित्रण किया गया है।

❖ **नक्सल मुवमेंट–** "ऐ रिव्यूव ऑफ द प्लानिंग कमिशन एक्सपर्ट समिति रिपोर्ट – 18 जून 2008 – रजत कुमार काजर, व्याख्यात, जी.एम.महा.उड़ीसा

उपरोक्त समिति ने आंध्रप्रदेश, बिहार, छ.ग., झारखण्ड, उड़ीसा के चुनिंदा 20 जिलों का विस्तार पूर्वक वर्णन किया तथा स्वीकार किया की शिक्षा, सामाजिक, आर्थिक, स्वास्थ्य तथा यातायात के आधार पर भारत दो भागों में विभाजित है जिसका एक भाग भारत के मुख्य धारा का प्रतिनिधित्व करता है जो विकसित है तथा दूसरा भाग प्राचीन लैटिन अमरीकी देश का प्रतिनिधत्व करता है। इसके अतिरिक्त इस समिति ने पहली बार कहा है कि देशभर में 125 जिले पूर्णतः नक्सल प्रभावित हैं।

❖ **पी.एच.डी. थीसीय,** शीर्षक– ''भारत में नक्सलवाद'' द्वारा विवेक कुमार 2009– यह थीसिस कैप्टन कंवलजीत सिंह के लेख, शीर्षक ''नक्सलवाद असमानता का परिणाम'' से प्रेरित है। इस थीसिस में असमानता के निम्न बिन्दुओं का वर्णन है।

➤ ग्रामीण तथा शहरी

➤ कुलिनतंत्र तथा गरीबी

➤ नक्सलिज्मः ''डेवलपमेंट एण्ड डिस्कॉटेन्ट ''योजना वाल्यूम 51. 28 फरवरी 07 (भारत सरकार) इस लेख गें विगिन्न विचारकों/अध्ययनकर्ताओं द्वारा विषयवार अध्ययन कर लेख प्रकाशित है जिसमें प्रमुख है :–

• रूरल अनरेस्ट – डॉ. बन्दोपाध्याय

• नक्सलाईट मुवमेंट इन इंडिया – प्रकाश सिंह

• ग्रेहाउंडस – एम.एस.भांकर

• एन.इन्टेग्रेटेड स्ट्रेटजी – आर.के. भोसले

• इंडियास गारडीयन नॉट – अजय कुमार मेहरा

• सिक्योरिटी एण्ड द.एज. ऑफ ग्लोबल टेरर – ए.एस.केलकर

• वायलेंस सेन्ट्रल रिपोर्ट – देवेन्द्र मिश्रा एवं सुभाष शर्मा

• सच्चर कमेटी रिपोर्ट – इंम्तियाज अहमद

• वुमन एण्ड प्लान – देवकी जैन

उपरोक्त लेखों में समसामायिक घटनाओं के आधार पर अध्ययन किये गये हैं जो नक्सलवाद के प्रसार तथा सरकार की भूमिका का बहुआयामी चित्रण करते हैं।

❖ छत्तीसगढ़ में पुलिस प्रशासन व राजनीति– रायपुर, बस्तर संभाग का प्रतीक अध्ययन 2001 हेमलाल वर्मा, शासकीय महा. पाटन दुर्ग प्रस्तुत अध्ययन में छत्तीसगढ़ में पुलिस, प्रशासन और राजनीतिक के संबंध की समालोचनात्मक व्याख्या की गई है।

• इनसाइक्लोपिडिया आफ पोलिस इस इंडिया, वाल्यूम – 1
आषीश पब्लिकेशन हाऊस 8/81 पंजाबी बाग, नई दिल्ली
इस पुस्तक में सभी सुरक्षा बलों के कार्यो, संगठनों की विवेचना तथा प्रभावित क्षेत्र की समस्याओं की कानूनी पहलूओं के आधार पर वर्णन किया गया है।

• छत्तीसगढ : एन.एच.आर.सी. रिपोर्ट ऑन ''नक्सलाईट'' 6 अक्टूबर 2008
इस रिर्पोट में छत्तीसगढ़ में नक्सल प्रभावित क्षेत्रों में सलवा जुडुम के प्रभाव का वर्णन प्रशासनिक उदासिन्नता के संदर्भ में करते हुए जनजातियों के दिनचर्या का वर्णन परिवारिक, शिक्षा, शादी, धर्म, विश्वास आदि के साथ वर्णन किया गया है।

- अरूण, आदित्य (दैनिक भास्कर. 21 दिस. 1994) ने अपने लेख ''नक्सलवाद हिंसा में बढ़ावा देती हताशा के अन्तर्गत नक्सलवाद का ''छत्तीसगढ़ में प्रसार के कारण नक्सलबाड़ी घटना के साथ–साथ आंध्रप्रदेश के तेलंगना क्षेत्र में 1948–1951 तक चले संघर्ष को भी मानते है।

- मल्लिकार्जन (2002) ने अपने अध्ययन ''नक्सलाईट एण्ड नेगोशियेसस'' में बताया की नक्सलवादियों द्वारा सरकार से बातचीत की प्रेषक एक विचित्र सा द्वंद उत्पन्न करती है जो की नक्सलवादी विचारधारा के विपरीत है।

- शुक्ल, हीरालाल (1977) ने अपने अध्ययन – ''आदिवासी और नक्सलवाद के अंतर्गत नक्सलवाद'' में नक्सलवाद के छत्तीसगढ़ में प्रसार का छत्तीसगढ़ के इतिहास की विवेचना करते हुए बताया कि जहाँ नक्सलवाद सरकार की दृष्टि में आतंकवाद है वही वे आदिवासियों के मसीहा है। यह आन्दोलन सम्पूर्ण व्यवस्था में बदलाव की मांग करता है।

- दास अशोका (2000) ये अपने लेख ''नक्सलिज वाय? प्राब्लम से साल्यूशन तक'' में बताया है कि यह सत्य है कि नक्सली आन्दोलन भारतीय सामाजिक–राजनीतिक व्यवस्था को प्रतिकार समझता है।

इन अध्ययनों के अतिरिक्त इंटरनेट, दैनिक समाचार पत्र के सम्पादकीय, सामाजिक कार्यकर्ताओं के विचार तथा केन्द्र / राज्य सरकारों के द्वारा जारी नोट भी इस विषय पर बहुपयोगी विचार तथा अध्ययन प्रस्तुत करते हैं। बावजूद इसके जो भी अध्ययन हुए हैं वह किसी एक विचारधारा को लेकर अध्ययन प्रस्तुत करते हैं जो या तो सरकार के पक्ष में हैं या नक्सलवाद के पक्ष में हैं। यह सर्वविदित है की नक्सलवाद का स्वरूप विश्व एवं देशभर में समय, देशकाल, परिस्थिति और स्थान के अनुसार बदलते रहते हैं ऐसे में अन्य राज्यों के नक्सलवाद की जानकारी केवल एक मार्गदर्शक हो सकते हैं छत्तीसगढ़ के नक्सलवाद की समस्या और समाधान का पर्याप्त विवरण नहीं । यहाँ देशभर के अन्य राज्यों के नक्सलवाद की सामानता होने जैसी बात तो दूर की है यहाँ तो नक्सल प्रभावित प्रत्येक जिलों में नक्सलवाद का स्वरूप, मुद्दे और टैक्टिक्स अलग–अलग और परिवर्तनशील है अतः प्रस्तावित पुस्तक पुलिस प्रशासन तथा नक्सलवाद का एक साथ संयुक्त रूप से तथा इसके प्रभाव का तुलनात्मक अध्ययन पुस्तक लेखन के समग्र रूप में विषय के राजनीतिक एवं प्रशासनिक महत्व में समाचिन प्रतीत होते हैं।

अध्याय–03
पुस्तक लेखन के उद्देश्य एवं पूर्व परिकल्पनाएँ :–

''सीमित साधनों के साथ मानव की असीमित आवश्यकताओं पर उसका जीवन आधारित है। हमें यह अंतराल जनजातीय और वंचित तथा हाशिये पर रह रहे लोगों के कष्टों के जरिये पूरा करने की कोशिश नहीं करनी चाहिए, क्योंकि लंबे समय तक जब्त किया गया आँसू हमारे चमकीले सपनों को दुःस्वप्नों में बदल सकता है।''

– गलब्रेथियन

यह पुस्तक मेरे स्वयं के छत्तीसगढ़ राज्य के नागरिक होने, बस्तर के युवाओं के सहपाठी होने, छात्र राजनीति से जुड़े रहते समय पूरे प्रदेश के दौरे का अनुभव और छ.ग. में अपनी विभागीय पदस्थापना के कार्यानुभव के साथ—साथ राज्य शासन के अन्य विभागों के कार्यप्रणाली के प्रत्यक्षदर्शी होने के कारण कुछ विचार मन मे बार—बार आते रहते थे कि छत्तीसगढ़ जो कि इतना सुंदर, अकूत प्राकृतिक संपदा से परिपूर्ण, देश के सबसे शांतिप्रिय और सीधे—साधे लोगों के निवास स्थान होने के कारण 'छत्तीसगढ़िया—सबसे बढ़िया' जैसे नारे को जीवंत करने के बावजूद भी यह राज्य आंतरिक सुरक्षा की दृष्टि से देश मे सबसे ज्यादा अशांत और नक्सलवाद का सर्वाधिक विभत्स रूप धारण कर चुका......... आखिर इसका कारण क्या है? इन प्रश्नों के उतर पाने के साथ—साथ इस विषय पर अपना शोध कार्य पूर्ण किया था और उपरोक्त अनुभवों और इसी विषयक अपने पठन—पाठन के आधार पर इस पुस्तक के लेखन का कार्य किया गया है।

पुस्तक के लेखन हेतु निम्न उद्देश्यों पर अध्ययन व विश्लेषण केन्द्रित किया गया है:—

1. नक्सलियों की मनोदशा का अध्ययन व विश्लेषण करना।
2. बस्तर संभाग में नक्सली विचारधाराओं के विस्तार के कारण व निवारण का अध्ययन करना।
3. नक्सलियों के कार्य प्रणाली तथा संगठन का अध्ययन करना।
4. नक्सल प्रभावित क्षेत्र में पुलिस प्रशासन की भूमिका तथा वर्तमान स्वरूप का अध्ययन करना।
5. पुलिस तथा अर्धसैनिक बलों के सदस्यों की मनोदशा एवं कार्यप्रणाली का अध्ययन करना।
6. प्रशासन द्वारा नक्सली समस्या के समाधान हेतु पुलिस प्रशासन पर निर्भरता तथा उसकी उपयोगिता का अध्ययन करना।
7. नक्सलवाद उन्मूलन में जनकल्याणकारी योजनाओं के प्रभाव का अध्ययन करना।
8. नक्सल प्रभावित क्षेत्र के आम नागरिकों, नक्सल पीड़ितों, ग्रामीण और प्रति नक्सलवाद हेतु संचालित शासकीय योजनाओं के लाभार्थियों, सामाज सेवियों, शासकीय एवं निजी व्यवसाय के अधिकारीयों, कर्मचारियों और सामान्य मजदूरों के हालात और मनोदशा का अध्ययन करना।
9. नक्सलवाद उन्मूलन के अन्य प्रभावी विकल्पों की तलाश करना।

❖   परिकल्पनाएं :–

परिकल्पना का अर्थ है **'पूर्व चिंतन'** या अन्य शब्दों में प्रारम्भिक जानकारी के आधार पर किया गया **"पूर्वानुमान"** जिसके आधार पर संभावित अनुसंधान को एक निश्चित् दिशा प्रदान किया जा सकता है। अतः प्रस्तुत पुस्तक प्रबंधन निम्न परिकल्पनाओं पर आधारित है। हालांकि क्षेत्र के कार्यानुभव, जनमानस कि आवाज, मीडिया और सरकारी–गैर सरकारी आकड़ों से भी उपरोक्त प्रश्नों के उतर ज्ञात करने की जिज्ञासा सदैव बलवती होती रही और उन श्रोतों से जबाव के रूप में **'परिकल्पनाएँ'** भी उजागर होती है हालांकि किसी भी परिकल्पनाओं के पूर्णतः यथार्त होने कि संभवानाएं या पुष्टिकरण सामाजिक विज्ञान विषय के अध्ययन विधाओं को लागू करके ही निष्कर्ष निकाला जा सकता है अन्यथा यह प्रयास तो कल्पनाएं मात्र ही कहलायेगें। फिर भी उन परिकल्पनाओं का जिक्र करना आवश्यक है जो निम्नलिखित हैं:–

1. शिक्षा, स्वास्थ्य, बेरोजगारी, सड़कों का अभाव इत्यादी नक्सलवाद के विस्तार का प्रमुख कारण बना है।
2. आर्थिक असमानता व शोषण ने स्थानीय निवासियों को सामाजिक न्याय की प्राप्ति हेतु नक्सली विचारधारा से जुड़ने पर मजबूर किया।
3. पुलिस एवं वन अधिकारियों को नक्सली अपना प्रमुख विरोधी मानते हैं।
4. नक्सली आन्दोंलन को समाप्त करने के लिए पुलिस प्रशासन के पास पर्याप्त संसाधनों का अभाव पाया जाता है।
5. आम नागरिक व पुलिस के मध्य समन्वय के अभाव का नक्सली लाभ उठाते हैं।
6. पुलिस प्रशासन को आम जनता का विश्वास हासिल कर अपनी कार्यप्रणाली में सुधार की आवश्यकता है।
7. भारत की प्राचीन वर्ण और जाति व्यवस्था असमानता, भेद–भाव एवं किन्ही–किन्ही वर्णों और जातियों के राजनीतिक, धनार्जन, व्यवसायिक, शैक्षणिक और शक्ति के एकाधिकार जैसे कुलिनतंत्रीय व्यवस्था पर आधारित थी ऐसे में भारत में मानव विकास के उपरोक्त सभी विधाओं और कौशलों का प्रसार और समागम भारत के समस्त जनसंख्या में एक समान रूप से नहीं हो पाया और उपरोक्त एकाधिकार आज आजादी के 76 वर्षों बाद भी यथावत् बना हुआ है। जनसंख्या में भारत विश्व के दूसरे नंबर का देश है परंतु वर्ण और जाति व्यवस्था के कारण यह जनसंख्या राजनीतिक, धनार्जन, व्यवसायिक, शैक्षणिक और समाजिक रूप से जिनते वर्ण और जातियाँ है, उतने टुकड़ों में विभाजित है यह विभाजन धन, शिक्षा, शक्ति, सामाजिक परिस्थिति को भारत के समस्त नागरिकों तक प्रसार में सबसे बड़ा बाधक है यही असमानता नक्सलवाद और अन्य अलगावाद के महत्वपूर्ण कारण है।

परिकल्पनाओं के पूर्णतः यथार्त में होने कि संभवानाएं या पुष्टिकरण सामाजिक विज्ञान विषय के अध्ययन विधाओं को लागू करके ही निष्कर्ष के रूप में निकाला जा सकता है अन्यथा यह **"कयास या कल्पनाएं मात्र ही है।"** जो अंततः निष्कर्ष में सामने आ ही जायेगें।

अध्याय—04
लेखन कार्य मे लेखक का अनुभव और लेखन पद्धति

"बातचीत के मेज पर आकर अपनी समस्याएं हल करने की कोशिश करों। यदि तुमने बंदूक के जरिए अपनी बात मनवाने की कोशिश की तो याद रखना उसकी चलेगी जिसकी बंदूक सबसे ज्यादा मजबूत और दूर तक वार करने वाली होगी। मेरा मानना है कि सरकार की बंदूक से बेहतर कोई और बेहतर बंदूक नहीं होती।"

अटल बिहारी बाजपेयी

छ.ग. राज्य में नक्सलवाद के उन्मूलन में पुलिस प्रशासन की भूमिका (सुकमा जिले के विशेष संदर्भ में) पर केन्द्रित विषय में नक्सलवाद के नकारात्मक प्रभाव का ग्रामीण एवं शहरी दोनों ही क्षेत्रों में होने वाली समस्याओं के कारण व निवारण दोनों ही मामलों को सम्मिलित किया गया है तथा संबंधित समस्याओं के निराकरण हेतु उपाय के लिए सार्थक पहल का उल्लेख किया गया है। महत्वपूर्ण समस्याओं के निराकरण हेतु शासन द्वारा वर्तमान में किए गए प्रयासों का अवलोकन किया गया है तत्पश्चात् उनके क्रियान्वयन की ओर ध्यानाकर्षित किया गया, जिससे उपायों का सही रूप से क्रियान्वयन हो सके।   यहाँ यह उल्लेख करना भी आवश्यक है कि सुकमा जैसे क्षेत्र में जहाँ प्रतिवर्ष सैकड़ों पुलिस कर्मी शहादत देते है, विस्फोट से ग्रामीणों की जानें जाती है और व्यापारी, सरकारी कर्मचारी, ठेकेदारों के अपहरण होना रोजमर्रा की घटना है और मुखबिरी के नाम पर सैकड़ो ग्रामीणों की हत्याएं होती है और जिस जिले में जिला कलेक्टर असुरक्षित रहा है वहाँ पर कानून व्यवस्था आम नागरिकों के लिए कितनी बदतर हो सकती है? ऐसे में लेखनकार्य और आंकड़े इकट्ठे करने हेतु क्षेत्र का दौरा और साक्षात्कार कितना कठिन होगा यह व्यवहारिक व वास्तविक रूप से ज्ञात होता है और साक्षात्कार देने वाले ग्रामीणों की पहचान भी उजागर ना हो यह भी सुनिश्चित् करना एक लेखक के रूप में मेरी जिम्मेदारी थी अतः इस पुस्तक में ऐसे ग्रामीणों के पहचान उजागर नही किया गया है ।

> घोर नक्सल क्षेत्र में पहचान छुपा कर आकड़ें एकत्रित करना दुरह कार्य है।

चूंकि जहाँ आदिवासी बाहुल्य क्षेत्र होने के साथ–साथ नक्सलियों का गढ़ माने जाने वाला यह जिला आम नागरिकों के दिलो–दिमाग में काफी भय एवं अनिश्चित्तता की स्थिति सदैव बने रहता है क्योंकि वास्तविक धरातल पर यह ज्ञात हुआ कि जो बाहर से प्रिंट मीडिया एवं इलेक्ट्रानिक मीडिया के माध्यम से जानकारी प्राप्त होती है उसमें और प्रत्यक्ष संपर्क करने पर काफी भिन्नता होती है। प्रत्येक ग्रामीण, अध्ययन क्षेत्र में नक्सली और पुलिस दोनों से भयभीत डरे–सहमे रहते हैं इसका प्रमुख कारण यह है कि जो व्यक्ति किसी भी कारण से पुलिस से मेल–मुलाकात करता है अथवा पुलिस स्वयं उस व्यक्ति से पूछ–ताछ के लिए घर आते हैं तब यह पता करना संभव नहीं है कि पुलिस स्वयं उस व्यक्ति के पास आयी थी या वह व्यक्ति उसे घर बुलाया था कुल मिलाकर वह व्यक्ति जो जाने अनजाने या प्रत्यक्ष–अप्रत्यक्ष रूप से पुलिस के संपर्क में आ जाता है, तब नक्सली उसे मुखबीर समझकर सार्वजनिक पंचायत बुलाकर सबके सामने निर्मम हत्या कर देते हैं और यदि ऐसा कोई व्यक्ति नक्सलियों के संपर्क में जाने–अनजाने में प्रत्यक्ष या अप्रत्यक्ष रूप से आ जाता है, जैसे कोई भी नक्सली रसद सामग्री एवं अन्य आवश्यक वस्तुओं के लिए किसी ग्रामीण से मिलकर उसे आदेश देता है और वह ग्रामीण डरकर उसकी मांग को पूरा करता है, तब वह पुलिस की निगरानी में नक्सली या उसका सहयोगी माना जाता है और उसे पुलिस प्रताड़ित करती है। ऐसी स्थिति में यहाँ यह कहावत चरितार्थ होती है कि **"चाहे खरबूजा चाकू पर गिरे या चाकू खरबूजा पर, कटना खरबूजों को ही है।"** ठीक यही स्थिति आम नागरिकों की नक्सली क्षेत्र में देखने को मिलती है। यहाँ यह बात भी गौर करने वाली है कि नक्सली पुलिस वर्दी, मजदुर वेश–भूषा तो कभी सामान्य कृषक के रूप में अपने कार्यवाही को अंजाम देते हैं और शासन–प्रशासन और पुलिस के गतिविधियों पर निगरानी करते हैं, जिसे नक्सल भाषा में **"आर0 पी0 या आर0 टी0"** टीम के रूप में नियुक्त किये हुए रहते हैं जिससे आम नागरिक हमेशा भ्रमित व भयभीत रहता है। ऐसी स्थिति में अध्ययन क्षेत्र में साक्षात्कार लेना बहुत ही कठिन कार्य था, क्योंकि जो भी जानकारी पूछी जाती थी, उत्तरदाता स्वतंत्र होकर अपनी बात कहने में संकोच करते थे।

★ ग्राम–गोमपाड़, थाना–कोण्टा, जिला–सुकमा : मुठभेड़ के विरोध में तिरंगा यात्रा।

अधिकांश ग्रामीण उत्तरदाता अशिक्षित होने के साथ–साथ स्थानीय बोली का ही ज्ञान रखते हैं जिनसे जानकारी व आंकड़े प्राप्त करने के लिए हिन्दी के साथ–साथ स्थानीय बोली का भी प्रयोग किया गया है एवं ऐसे उत्तरदाता डरे–सहमे व संकोची प्रवृत्ति के पाये गए परंतु उन्हें स्थानीय संपर्कों या गोंडी–हिन्दी द्विभाषियों द्वारा अपनी भाषा में समझाने पर वे साक्षात्कार देने हेतु सहमत हुए। उनका नजरिया पुलिस और नक्सली दोनों के प्रति **"न दोस्ती भली न दुश्मनी भली"** इस कहावत को चरितार्थ करता है।

इस क्षेत्र में अप्रत्यक्ष रूप से नक्सलियों की समांतर सरकार चलने के कारण सुकमा जिले के शासकीय कर्मचारी व अधिकारी विशेषकर वन विभाग, बड़े ठेकेदार, लोक निर्माण विभाग, सिंचाई विभाग जैसे अनेक विभागों के अधिकारीयों, कर्मचारियों व स्थानिय जनप्रतिनिधि जैसे पंच, संरपंच, कोटवार, ग्राम पटेल इत्यादि के ऊपर दोहरे आदेश का परिपालन होता दिखाई देता है क्योंकि स्थानीय स्तर पर अधिकारी व कर्मचारी आम नागरिक के समान अपनी जान–माल की सुरक्षा को ध्यान में रखते हुए शासन– प्रशासन करते हैं और जनता तथा नक्सली एवं पुलिस सभी के बीच संतुलन कायम करने का प्रयास करते हैं, ताकि वह और उसका परिवार सुरक्षित रह सके। अतः यह बात स्पष्ट रूप से दिखाई देती है कि बस्तर संभाग में सभी सात जिलों के साथ–साथ सुकमा जिले में निवासरत जनता, जनप्रतिनिधि, अधिकारी, कर्मचारी, व्यापारी एवं अन्य तकनीशियन सभी के साथ ताल–मेल बिठाकर चलने में अपनी भलाई समझते हैं।

सुकमा जिले की तीनों तहसीलों में **"सर्वेक्षण और क्षेत्र के भ्रमण"** के माध्यम से प्रत्यक्ष व अप्रत्यक्ष रूप से स्वंय के द्वारा यह प्रयास किया गया है कि यहाँ के स्थानीय निवासियों का विगत अनेक वर्षों से इस क्षेत्र के बड़े अधिकारी जिसमें प्रमुख रूप से पुलिस व वन अधिकारी सम्मिलित हैं। इसके अतिरिक्त बड़े ठेकेदार जैसे तेंदू पत्ता व्यापारी एवं अन्य ऐसे जनप्रतिनिधि जिनके साथ व्यापारियों व अधिकारियों के हितोपार्जन संबंधी बने हुए हैं, उनके संयुक्त रूप से मिल जाने से आदिवासियों का बड़े स्तर पर शोषण होते रहा है। इससे स्थानीय निवासियों में इन उच्च वर्गों के प्रति आक्रोश तथा बदला लेने की भावना जागृत होते रही है। इसका लाभ उठाकर नक्सलियों ने उन्हें उनका वाजिब हक दिलाने के लिए अपने विश्वास में लेकर उनका सहयोग प्राप्त करने में सफलता अर्जित की। यहीं से नक्सलियों का जाल फैलता गया और स्थानीय निवासी इन नक्सलियों को अपना नायक समझने लगे, जो उन्हें उनके वाजिब हक जल, जंगल और जमीन पर अधिकार कायम करने में मददगार हो सकते हैं। इस भावना व अपेक्षा ने नक्सलियों को बड़े पैमाने पर पैर पसारने में इस क्षेत्र में आग में घी का काम किया, जिससे नक्सली वारदातें, शासन की जनकल्याणकारी नीतियों और योजनाओं को संचालित करने में सबसे बड़ी बाधा बनते गए क्योंकि प्रशासनिक अधिकारियों को स्थानीय सहयोग अपेक्षानुसार प्राप्त नहीं होता था जो नक्सलियों को प्राप्त होता था। प्रारंभिक समय में यह व्यवस्था कुछ समय के लिए स्थानीय निवासियों के हित में रही और इस क्षेत्र के बुद्धिजीवी भी भ्रमित होने लगे। अनेक साम्यवादी विचारधारा के बुद्धिजीवी नक्सली गतिविधियों को सामाजिक न्याय के हित में समर्थन देने लगे तथा नक्सलियों के प्रति पुलिस द्वारा की गई दंडात्मक कार्यवाही को मानव अधिकार के विरूद्ध बताकर पुलिस की आलोचना भी करने लगे थे।

वाहन चालक के रूप में घटना स्थल का दौरा।

''एक सामाजिक आंदोलन समाज के किसी भाग द्वारा समाज में आंशिक या पूर्ण परिवर्तन लाने के लिए किये जाने वाला संगठित प्रयत्न है। इसमें एक विचारधारा पर आधारित सामूहिक संगठन निहित होता है।''

एम. एस. ए. राव

स्वतंत्रता पूर्व भारत की सामाजिक, राजनैतिक व प्रशासनिक विरासत पर दृष्टिपात करने से ज्ञात होता है कि भारत की सभ्यता और संस्कृति की जड़े इतनी गहरी हैं और मूलतः भारत देश या भारतीय उपमहाद्वीपीय क्षेत्र कबाइलियों की विभिन्न क्षेत्रों में बसाहठ का क्षेत्र था जिसका जन्सख्यां के विकास और एक दूसरे कबाईलियों के बीच व्यापारिक आदान–प्रदान के साथ ही मानव जीवन के वैज्ञानिक विकास, सांस्कृतिक सम्मिलन हुआ जिसमें राज्य व्यवस्था और प्रशासन तंत्र का भी समिश्रण हुआ और राज व्यवस्था पर आधिपत्य स्थापना कि होड़ लगी अंततः यह भारतीय उपमहाद्वीपीय क्षेत्र में आदिकाल से विदेशी आक्रमणकारियों का शासन–प्रशासन एवं देशज या विदेशी धर्मों का समागम भी हुआ, वैदिक काल का विकास, शक, कुषाण, 800 वर्षों तक गुलामवंश एवं मुगलों का शासन रहा और प्रत्यक्ष या अप्रत्यक्ष रूप से 200 वर्षों तक ब्रिटिश हुकूमत ने साम्राज्य स्थापित और संचालित किया तथा सभी हुकूमतों ने पुरजोर कोशिश एवं कूटनीतिक षड्यंत्र के माध्यम से इस महान राष्ट्र की सभ्यता और संस्कृति के मूल स्वरूप को जड़ से समाप्त करने की दिशा में कोई कसर नहीं छोड़ी फिर भी वे भारत की मूल संस्कृति और सभ्यता को छू भी नहीं सके। इतनी गहरी, विशाल और महान् संस्कृति वाले इस देश में कई बार इसे समाप्त करने के लिए विभिन्न शासकों ने अपने–अपने नजरिये से प्रयोग किये परंतु कुछ शासक तो सफल रहें किन्तु अधिकांशतः निस्फल ही रहे इसके पीछे इस राष्ट्र के विभिन्न क्षेत्रों के जननायक, महान् सूफी संत, फकीर, चिंतक, महापुरूष, स्वतंत्रता संग्राम सेनानी, समाज सुधारक जैसे अनेकों मानवतावादी विचारकों, पराक्रमी योद्धाओं व सपूतों ने भारत की मौलिक सभ्यता और संस्कृति की आन, बान और शान पर आंच तक नहीं आने दी।

अनेक पाश्चात्य् दार्शनिकों ने भारत को **"मदारी और सपेरों का देश"** की संज्ञा प्रदान की लेकिन सोने की चिड़िया कहलाने वाले इस देश में अनेक क्रांतिकारी आंदोलन व परिवर्तन हुए और यह देश अपनी सभ्यता और संस्कृति के साथ जीवंत रहा है।

जब 1947 में भारत स्वतंत्र हुआ उसके बाद सबसे पहले यहाँ आर्थिक आत्मनिर्भरता व राष्ट्रीय सुरक्षा तथा औद्योगिक विस्तार सबसे बड़ी चुनौती थी। पंडित नेहरू ने अपनी सूझबूझ से इन चुनौतियों का सामना करके एक वृहद और शक्तिशाली भारत की परिकल्पना की और उसकी बुनियाद रखी जिसमें भारत की **"असंलग्नता की विदेश नीति"** मील का पत्थर साबित हुई। इसलिए पंडित नेहरू को आधुनिक भारत का निर्माता भी कहा जाता है। जब भारत में राज्यों की स्थापना होने लगी तब अधिकांश राज्यों का नामकरण भाषावाद व भौगोलिक आधार पर किया गया, 01 नवम्बर 1956 को मध्यप्रदेश की स्थापना हुई, भारत के मध्य में होने के कारण इसका नाम मध्यप्रदेश रखा गया। इसके पूर्व यह क्षेत्र **"सी.पी.एण्ड बरार"** के क्षेत्र में आता था जिसकी राजधानी नागपुर थी। अविभाजित मध्यप्रदेश में छ.ग. क्षेत्र एक अविकसित, आदिवासी, पिछड़ा, गरीब, बीमारू व उपेक्षित क्षेत्र के रूप में जाना जाता था। जबकि समूचे मध्यप्रदेश का 44 प्रतिशत राजस्व इसी क्षेत्र से प्राप्त होता था। नक्सल समस्या सन् 1968 से ही इस क्षेत्र में पैर पसार चुकी थी इससे बस्तर संभाग को अविभाजित मध्यप्रदेश में 'काला पानी' की संज्ञा प्रदान की जाती थी और कोई भी उच्च अधिकारी यहाँ आना नहीं चाहते थे। लगातार उपेक्षा से छत्तीसगढ़ के जनप्रतिनिधि, युवा, किसान, व्यापारी, सामाजिक कार्यकर्ता, स्वतंत्रता संग्राम सेनानी एक साथ जुड़कर नये राज्य की माँग को बलवती करने लगे अंततः अटल बिहारी वाजपेयी की दृढ़ इच्छाशक्ति ने 01 नवम्बर 2000 को भारत के नक्शे पर 26वें राज्य के रूप में छत्तीसगढ़ राज्य अस्तित्व में आ गया। जिसके प्रथम

मुख्यमंत्री **श्री अजीत प्रमोद कुमार जोगी** ने अपने प्रथम उद्बोधन में कहा था कि **"छत्तीसगढ़ एक धनी प्रदेश है, परंतु यहाँ गरीब लोगों का निवास है, इस कलंक को हम सब मिलकर समाप्त करेंगे।"** छत्तीसगढ़ के दूसरे मुख्यमंत्री डॉ. रमन सिंह ने सत्ता संभालते ही कहा था कि **"विकास मूल मंत्र, आधार लोकतंत्र"** उनके लगातार 15 वर्षों के अथक प्रयासों ने छ.ग. को भारत के सबसे कम समय में सबसे विकसित प्रदेश के रूप में स्थापित किया जिसे केन्द्र सरकार सहित भारत के अधिकांश राज्यों ने उनके प्रयासों को एक आदर्श के रूप में ग्रहण किया। विशेषकर उनके द्वारा प्रारंभ की गई पी.डी.एस. योजना को तीसरे मुख्यमंत्री **श्री भूपेश बघेल** जी द्वारा विकास की परंपरा को आगे बढ़ाते हुए छ.ग. के मौलिक संस्कृति व सभ्यता को आधार बनाकर **"धान का कटोरा"** कहलाने वाले इस प्रदेश में यह नया अध्याय प्रारंभ किया और कहा कि **"छत्तीसगढ़ की चार चिन्हारी 'नरवा, गरवा, घूरवा अउ बाड़ी, ऐला बचाना है संगवारी।"** उनके इस मुहावरे में छ.ग. को स्थानीय संसाधनों के द्वारा सामाजिक व आर्थिक दृष्टि से प्रदेश को समृद्ध व विकसित बनाना है। उपरोक्त सभी राजनैतिक जनप्रतिनिधियों ने अपनी–अपनी सरकार के द्वारा सराहनीय प्रयास किये परंतु नक्सल समस्या इस प्रदेश के विकास में हर समय एक मुख्य समस्या के रूप में उभरती रही है। आज भी इसका अंत व समाधान नहीं हो सका है। नक्सलवाद के नये–नये स्वरूप सामने आते रहे हैं अतः नक्सल समस्या और पुलिस प्रशासन की स्थिति राज्य निर्माण के पूर्व से लेकर आज तक **"तुम डाल–डाल, तो हम पात–पात"** के रूप में निर्मित होते रही है। इसके लिए केन्द्र व राज्य, दोनों सरकारों ने आपस में समन्वय स्थापित कर अनेक प्रयास किये हैं, 28 जनवरी 2020 को इसी कड़ी में गृहमंत्री श्री अमित शाह ने छ.ग. की राजधानी रायपुर में मध्यप्रदेश, उत्तरप्रदेश, छत्तीसगढ़ एवं उत्तराखंड के मुख्यमंत्रियों की आवश्यक बैठक बुलाकर नक्सली समस्या के उन्मूलन हेतु कारगार प्रयास करने के लिए निर्देश जारी किए। वर्तमान समय में छत्तीसगढ़ के 28 जिलों में से 10 जिले नक्सल प्रभावित हैं जिसमें अध्ययन क्षेत्र सुकमा जिला सबसे संवेदनशील माना जाता है, इस जिले में पुलिस प्रशासन द्वारा नक्सलवाद उन्मूलन में अनेक सराहनीय प्रयास किये हैं। भारत में नक्सलवादी घटनाएं, जो निर्दोष आदिवासियों का शोषण और जनहानि करने में कोई कसर नहीं छोड़ रहे हैं इसके पूर्व भारत जैसे विशाल देश में प्राचीन काल में भी तत्कालीन व्यवस्था में आम जनता का शोषण व दमन होते रहा है जिसका निराकरण भी जनता और शासन ने मिलकर किया है, आज भी हम नक्सल समस्या के उन्मूलन में अतीत की घटनाओं से प्रेरणा लेकर इस लाईलाज बीमारी को समाप्त करने की ओर कारगर कदम बढ़ा सकते हैं जिसमें पुलिस ही नहीं अपितु इसमें आम नागरिक व सभी वर्ग शामिल हैं।

❖　　 ऐतिहासिक स्थिति –

भारत में जब नक्सलवाद का प्रभाव बढ़ने लगा तब विभिन्न स्तरों पर इसके सम्बन्ध में अध्ययन किये जाने लगे, नक्सलवाद से सम्बन्धित अध्ययनों की श्रृंखला में कुछ तो विभिन्न समाज शास्त्रियों द्वारा किए गए हैं और कुछ नक्सली सिद्धान्तों के प्रति आस्था रखने वाले विभिन्न गुटों के द्वारा किये गये हैं, ये अध्ययन इस प्रकार है–

साधारणयतः लोगों की आम धारणा है, कि नक्सल आन्दोलन अधिक से अधिक लुभावना तो है किंतु यह विवेकहीन हिंसात्मक आन्दोलन है, अधिकांश व्यक्ति नक्सली नेताओं को हत्यारे के रूप में देखते हैं। **सच्चिदानन्द पाण्डेय** ने अपनी पुस्तक **"नक्सल वायलेंस एसोसिएशन्स पॉलिटिकल स्टडी"** में पहली बार समाज में व्याप्त इन भ्रांतियों को समाप्त

करने का प्रयास किया है। सर्वप्रथम, इस पुस्तक में यह दर्शाने की कोशिश की गई कि राज्य और सरकार की अवधारणा में ही हिंसा के बीज बोये हुए हैं, चूँकि हिंसा को एक संस्थागत स्वरूप दिया गया है अतः हिंसा का अन्त हिंसा पैदा करके ही किया जा सकता है। दूसरे, लेखक के अनुसार नक्सलवाद हिंसात्मक क्रांतियों द्वारा परिवर्तन का एक सही राजनीतिक दर्शन है यद्यपि उचित नेतृत्त्व के अभाव में कुछ समय के लिए यह आन्दोलन धूमिल पड़ गया है, सच्चिदानन्द पाण्डेय ने बिहार राज्य के नक्सलवादी आन्दोलन का एक एकल विषयक अध्ययन प्रस्तुत किया है और इस क्रांतिकारी आन्दोलन के सम्बन्ध मे जो भ्रांतियां फैली है उस अवधारणा को समाप्त करने का सफल प्रयास किया है।

नक्सलवादी आन्दोलन के बारे में यह बताने का प्रयास किया है कि किस प्रकार भोजपुर में नक्सली आन्दोलन का सूत्रपात और प्रसार हुआ तथा राज्य सरकार के भयंकर दमन के बावजूद यह आन्दोलन बदस्तूर जारी रहा, लेखक ने इस पुस्तक में जिले के 6 दशकों के इतिहास का भी उल्लेख किया है और यह जनता के संघर्ष का इतिहास, अगड़ी और पिछड़ी जातियों के बीच उत्पन्न असंतोष की प्रथम चिंगारी से लेकर वर्त्तमान विद्रोह की लपटों का इतिहास है, अन्त में लेखक ने नक्सली आन्दोलन को सामाजिक, आर्थिक तथा राजनीतिक समस्या न मानकर शांति एवं व्यवस्था की समस्या मानते हुऐ मुठभेड़ के नाम पर नक्सलियों एंव गरीब, मजदूर और किसानों की हत्याओं को दुर्भाग्यपूर्ण बताते हुऐ स्थिति को और भड़काने वाला माना है।

विप्लव दास गुप्ता ने ”द नक्सलाइट मूवमेंट” नामक पुस्तक में कई मौलिक प्रश्नों को उठाने की कोशिश की है। आखिर नक्सली कौन थे, वे नक्सली क्यों हुए? नक्सलवाद क्या है? **चीनी विचारधारा** ने इस आन्दोलन के विकास एवं विघटन को किस प्रकार प्रभावित किया है? क्या यह सचमुच माओवादी आन्दोलन तो नहीं था? इस आन्दोलन के साथ सरकार एंव राजनीतिक दलों की भूमिका कैसी रही है? क्या एक व्यक्ति को इस आन्दोलन की शुरूआती व्याख्या करने के लिए भारत में साम्यवादी आन्दोलन के इतिहास पर दृष्टिपात करना होगा? किस प्रकार इस विचार धारा के अभिजन विद्यार्थी वर्ग इस जीवन शैली एंव चीनी सांस्कृतिक क्रांति से प्रभावित हुए हैं? क्या शस्त्रों के प्रयोग का वकालत कर उन्होंने उचित कार्य किया है अथवा नहीं? इस प्रकार के अन्य कतिपय महत्त्वपूर्ण एंव सामयिक प्रश्न इस पुस्तक में उठाये गए हैं। **समर सेन, डी० पण्डा, आशीष लहरी** द्वारा सम्पादित **'नक्सलबाड़ी एण्ड आफ्टरः ए फ्रन्टियर अन्थ्रोलॉजी'** नामक पुस्तक में यह दर्शाने की कोशिश की गई हैं कि नक्सलवादी ओन्दोलन एक मिथ्या विचार के रूप में सामने आया और भारत के क्रांतिकारी वामपंथी शक्तियों के बीच विश्वास स्थापित कर लिया, ऐसा प्रतीत सा होने लगा कि कथनी और करनी के बीच की जो खाई **'तेलंगाना आन्दोलन'** के समय से चली आ रही थी उसे इस आन्दोलन के द्वारा समाप्त कर दिया जायेगा और नक्सली आन्दोलन का पतन हो चुका है किंतु पूर्णरूपेण सफाया नहीं हुआ है। इस आन्दोलन पर पुनर्विचार की प्रकिया जारी है और अधिकांश नेताओं ने अपने उग्रवादी विचारों में परिवर्तन लाया है। **इतना तो मानना ही पड़ेगा कि नक्सलवादियों ने जिन मूल प्रश्नों को उठाया है और हल करने की कोशिश की है उतनी तत्परता से शायद ही तेलंगाना आन्दोलन के पहले और बाद के किसी विचारधारा ने उठाया हो, यह इस आन्दोलन की सबसे बड़ी उपलब्धि मानी जाएगी।**

प्रो0 नागेश्वर प्रसाद ने 'रूरल वायलेंस इन इंडिया' नामक पुस्तक में यह बताया है कि भारतीय ग्रामीण जीवन, जनजागृति से परिपूर्ण है। पर दुःख इस बात का है कि इस जनजागृति ने हिंसा का रूप ले लिया है यह हिंसा भूमिपतियों एवं भूमिहीनों, धनी कुलको एवं ग्रामीणों के और उच्च जाति तथा पिछड़ी जाति आदि के बीच है। परन्तु इन हिंसक घटनाओं से यह कभी भी नतीजा नहीं निकाला जाना चाहिए कि समाज के गरीब एवं कमजोर तबके के लोग दर्शक मात्र बनकर रह गए हैं वरना ठीक इसके विपरीत वे संगठित होते जा रहे हैं और जवाबी हमला कर अपने विरोध का प्रदर्शन कर रहे हैं। आमतौर पर सामान्य जन में यह धारणा व्याप्त है कि नक्सली भारतीय संविधान को नहीं मानते तथा यह आन्दोलन विदेशियों द्वारा निर्देशित है। **आनन्द चकवर्ती, अंजली देश पाण्डे, निर्मल सेन गुप्ता, कंचन कुमार तथा सुमंत बनर्जी** ने अपनी जांच पड़ताल की रिपोर्ट **'पटना' का किसान संघर्ष और पुलिस दमन'** में समाज में व्याप्त इस मिथ्या धारणा को दूर करने का सफल प्रयास किया है, इस पुस्तक में यह स्पष्ट बताया गया है कि बिहार के पटना जिले में गरीब, किसान तथा खेतिहर मजदूरों के जन–आन्दोलन, जिसकी मांगे महज संविधान में दिये गए अधिकारों की गांरटी तथा सरकार द्वारा घोषित कानूनों को लागू करना था, को किस प्रकार भूमिपतियों के सकिय समर्थन से तथा मुख्य राजनितिक दलों के प्रत्यक्ष या अप्रत्यक्ष सहयोग से राज्य सरकार तथा पुलिस उसका दमन करने को अमादा लगती है अंत में लेखकों ने इस जिले के किसानों तथा मजदूरों को सुझाव दिया है कि वे सरकार द्वारा घोषित स्वयं के कानूनों को ही लागू करने के लिए दबाव डाले तथा ऐसा हिंसक रास्ता अख्तियार नहीं करें जिससे सरकार एवं प्रशासन को मजदूरों एवं किसानों पर दमन करने का बहाना मिले।

❖ **नक्सलवाद की अवधारणा :–**

भारत में नक्सलवाद के जन्म होने के पहले कृषकों के साथ ही जनजातीय क्षेत्र अपने आपकों विभिन्न ऐतिहासिक पृष्ठभूमियों और राजनैतिक पर्यावरण में खुद को एक **'क्रांतिकारी वर्ग'** के रूप में स्थापित कर चुके थे इस पैमाने पर भारत के साथ ही एशियाई–अफ्रिकी और लातीन अमेरिकी किसान, मजदूर व जनजातीय क्रांतियों और नक्सली आंदोलन की शैली व तेवर में समानता के काफी तत्व पाए जाते हैं।

भारत में किसान और जनजातीय आंदोलन अपनी **'स्वायत्ता व अस्मिता'** की रक्षा करने के साथ ही **'सत्ता के अनैतिक, अव्यवहारिक हस्तक्षेप व शोषण मूलक रवैये'** के खिलाफ थे। नक्सलवादी आंदोलन के पूर्व ही किसान व जनजातीय आंदोलनों के अगुआओं को इस बात का ज्ञान हो गया था कि शासन व्यवस्था और उससे जुड़े लोगों, जो उनके जागीरदारों, जमीनदारों, दीवानों और कारिंदों आदि के नाम से जाने जाते थे उनके समुदायों का शोषण ही नहीं करते थे बल्कि उनकी सामाजिक व लोक–परंपराओं के साथ खिलवाड़ करते थे, अपनी सामुदायिक स्वयतत्ता और अस्मिता पर मंडराते संकटों के साथ ही आर्थिक कारकों ने उन्हें व्यवस्था के खिलाफ टकराव के लिए खड़ा किया।

❖ **वैदिक काल कि पृष्ठभूमि:–**

वैदिक काल का इतिहास पूर्णतः काव्य, महाकाव्य, वेद–पुराणों पर निर्भर है जो ऐतिहासिक काल क्रम को कम एवं अलौकिक शक्तिओं को ज्यादा महत्व दिये हुए हैं वैदिक साहित्यों से ऐसा प्रतीत होता है कि उनके मानने वालों के द्वारा अपने देवों या शासकों के आभामंडल को व्यापक रूप देने की दृष्टि से लिखा गया है इसलिए ऐसे वैदिक साहित्यों के

काल कम प्रमाणिक कम हैं मसलन कि वेद–पुराण पहले के हैं तो फिर उसमें भगवान बुद्ध का जिक्र कैसे आया ? वैदिक साहित्य 5000 साल पहले के हैं तो मुस्लिम धर्म की स्थापना उसके तो बाद में हुई तो मोहम्मद साहब का जिक्र उन पुराणों मे कैसे आया? खैर, इतना तो अवश्य ही है कि वैदिक काल की प्रशासनिक व्यवस्था, वर्ण व्यवस्था, अनुवांशिकता और जातिवाद पर आधारित था जिसमें समता, समानता और बराबरी का कोई अस्तित्व नही था धनार्जन, शिक्षा अर्जन और उस समय के सामाजिक प्रस्थिति मे उच्चता और निच्चता पर आधारित प्रशासनिक व्यवस्था थी जिसका प्रमाण आज भी भारतीय समाज में प्रत्यक्ष और कठोरतम स्तर पर विद्यमान है ऐसे में बिल्कुल विद्रोह हुए ही होगें, लड़ाईयाँ हुई ही होगीं और अधिकारों के लिए संघर्ष भी हुऐ ही होगें परंतु लेखन पठन–पाठन और ज्ञानार्जन में विशेष जाति के एकाधिकार के कारण उपरोक्त विद्रोह, अधिकारों के लिए लड़ाईयों का विवरण उन तथाकथित पठन–पाठन और ज्ञानार्जन में एकाधिकार रखने वाले विशेष जाति ने किसी वेद–पुराण या ऐतिहासिक साहित्यों में जिक्र नहीं किया। कहा भी गया है कि जो शासक नहीं होते उनके पक्ष में इतिहास नहीं लिखा जाता है, इतिहास सत्ता पक्ष अपने अनुकूल ही लिखती या लिखवाती है। उपरोक्तनुसार इस बात का अंदाजा लगाया जा सकता है कि इस वैदिक काल में हुए विद्रोह और लड़ाइओं को उस समय के सत्ता पक्ष के अनुकूल लिखा गया है और विद्रोहियों को असुर, राक्षस, अधम, निच और अकुलिन नामित कर किस्से कहानियाँ बना दी गयी।

❖ भारत में प्राचीन ऐतिहासिक स्थिति :–

भारतीय इतिहास में उपलब्ध साक्ष्यों के अनुसार **'मौर्य बिंदुसार'** के समय में 300–273 ई.पू. में तक्षशिला के निवासियों ने शोषण और अत्याचारों के खिलाफ पहला ज्ञात विद्रोह किया था इस विद्रोह को दबाने के लिए **राजकुमार अशोक** को भेजा गया, तो वहाँ के निवासियों ने अशोक का मुकाबला नहीं किया बल्कि उन्होंने अशोक से निवेदन किया कि हम लोग राजा के विरुद्ध नहीं हैं अपितु हमारा विरोध स्थानीय अधिकारी द्वारा गलत और थोपी गई व्यवस्था के खिलाफ है।

❖ दिल्ली सल्तनतः–

सन् 1926 में **सुल्तान बलबन** के काल में जनता ने राज व्यवस्था के विरोध में बंदायूँ, अमरोहा, कतेहर, मेवात आदि स्थानों में हिंसक विद्रोह किए थे जिन्हें सुल्तान द्वारा अत्यंत कठोर एवं अमानवीय तरीकों से दबा दिया गया था। सुल्तान अलाउद्दीन (1296–1316 ई.) के प्रशासनिक व आर्थिक सुधारों के खिलाफ जल्दी–जल्दी विद्रोह होने लगे थे इन विद्रोहों को दबाने के लिए एवं अपने कार्यों को सुचारु रूप से चलाने के लिए उसने चार कठोर अध्यादेश जारी किए थे।

सुल्तान मोहम्मद बिन तुगलक (1325–27 ई) के **'दोआब कर वृद्धि'** करने पर विभिन्न स्थानों पर विद्रोह हुए, सुल्तान ने बड़ी कठोरता से इन विद्रोहों को दबाया। **इतिहासकार बर्नी** के शब्दों में हजारों व्यक्ति मारे गए और जब उन्होंने बचने का प्रयत्न किया तब सुल्तान ने विभिन्न स्थानों पर आक्रमण किया तथा जंगली जानवरों की भांति उन्हें अपना शिकार बनाया।

मुहम्मद तुगलक नवीन अन्वेषण करने वाला एक महत्वाकांक्षी सुल्तान था, दिल्ली के सुल्तानों में सबसे बड़ा राज्य भी उसी का था। उसके द्वारा लागू की गई सभी नवीन योजनाएँ असफल रहीं। इन परिस्थितियों में असंतोष उपजा व उसके काल में बड़ी संख्या में विद्रोह हुए जिनके मूल में नवीन योजनाओं को लागू करना व उनके योजनाओं का असफल होना रहा है।

❖ **मुगल काल :–**

मुगल काल में भारत में कृषि की हालात ऐसी थी कि किसानों को प्रकृति के प्रकोपों के साथ ही राजकीय करों की मार के कारण अक्सर विपन्नता का सामना करना पड़ता था। मुगल बादशाह अकबर के कार्यकाल के दौरान लागू **'दहसाला कर व्यवस्था'** की प्रकृति के बारे में वैसे तो इतिहासकार एकमत नहीं हैं लेकिन सामान्य तौर पर यह जरूर माना जाता है कि अकबर की कर–व्यवस्था लगान कर्मचारियों के भ्रष्टाचार व अधिक मात्रा में कर लिए जाने के बाद भी किसानों का बलात् शोषण नहीं करते थे। अकबर के बाद **जहाँगीर** के शासनकाल में कर व्यवस्था पूर्ववत् बनी रही परंतु राज्य प्रबंध शिथिल हो गया। बाद के दौर में उत्तरोत्तर किसानों से कर वसूली की व्यवस्था शोषण मूलक व निर्मम होती चली गई। **शाहजहाँ** के समय में लगान वसूलने के लिए **'ठेकेदारी प्रथा'** प्रारंभ हो गई। मुगल काल के ठेकेदार कर वसूली के लिए लूटपाट तक पर उतर आते थे। **'जागीरदारी व्यवस्था व ठेकों पर भूमि को दिए जाने'** के साथ ही भारी कर वसूली, जो 2/3 से लेकर 1/2 तक भी होती थी, के कारण किसानों की हालत खराब हो गई थी। अकबर कालिन मनसबदारी व्यवस्था और स्थानीय रियासतों के साथ वैवाहिक संबंध, युद्ध विराम, एक दूसरे पर आक्रमण ना करने के समझौतों और मनसबदारी प्रणाली ने केन्द्रीय शासन और स्थानिय रियासत दोनों के शासन–प्रशासन, स्थापत्य और भोग विलास की पूर्ति के लिए किसानों से स्थानिय रियासतों और केन्द्र दोनों ने ही कर लिया जिससे किसानों को दोहरे कर का बोझा ढोना पड़ गया, यहाँ तक कि अकबर कालिन लम्बे समय तक युद्ध विराम ने कई नए स्वंतत्र रियासतदारों को जन्म दिया जिनमें छत्रपति शिवाजी महाराज का नाम उदाहरण के रूप में लिया जा सकता है, शिवाजी महाराज और ऐसे इच्छा शक्ति रखने वाले रियासतदारों नें स्थापित रियासतों से उनके क्षेत्र में हमला ना करने के ऐवज में उन रियासतदारों से सुरक्षा राशि की मांग करते थे और नही देने पर उन क्षेत्रों में या उन रियासतों के सेना पर गोरिल्ला यद्ध छेड़ देते थे अतः स्थापित रियासतदार अनावश्यक युद्ध से बचने किसानों से ही कर उगाही कर सुरक्षा राशि देते थे यह किसानों के उपर कर की तिसरी मार बन गयी थी, चूंकि **छत्रपति शिवाजी महाराज** और इनके जैसे कई नायक **जननायक** थे अतः अपने जननायकों की नये रियासतों की स्थापना में भी खर्च होता था जिसके लिये क्षेत्र के किसान अपने जननायकों को स्वेच्छा से भी कर देते थे और यह किसानो के उपर कर की चौथी बोझ थी (नक्सल संगठन भी नक्सल प्रभावित क्षेत्र में रहने वाले नागरिकों से कर आज भी लेते हैं) और इन शोषणकारी व दमनपूर्ण स्थितियों के कारण किसान राज्य सत्ता के खिलाफ होते गए जिसके प्रतिफल में अनेकोंनेक किसान आंदोलन हुए। लगभग ऐसी ही प्रतिकूल स्थितियों का जनजातीय क्षेत्रों के रहवासियों को भी सामना करना पड़ रहा था। कृषि के गैर पारंपरिक तरीकों को अख्तियार नहीं करने व अपनी ही दुनियां में खोए रहने वाले जनजातीय क्षेत्रों के रहवासियों में भी इस दौर में विद्रोह की भावनाएँ घर कर गई जो अनेक स्थानों पर उग्र स्वरूप में प्रकट भी हुई।

❖ **ब्रिटिश काल :–**

ब्रिटिश सरकार ने देश में खेती किसानी से जुड़े करों तथा लगान पद्धति में बहुत सी तब्दीलियाँ की जिससे किसानों में भयंकर असंतोष पैदा हो गया। **'स्थायी बंदोबस्त'** में जागीरदारों को किसानों से लगान वसूलने के असीमित अधिकार दे दिए गए। कुछ प्रांतों में **'रैयतवाड़ी पद्धति'** लागू की गई और कुछ में **'महलवारी पद्धति, जागीरदारी प्रथा त्रिस्तरीय थी,'** जिसमें सरकार कास्तकारी से लगान की वसूली करती थी। **'रैयतवारी**

द्विस्तरीय' थी जिनमें सरकार रैयत से सीधे कर वसूल करती थी। इन सभी प्रथाओं में शीघ्र ही मध्यस्थों की श्रेणियाँ **साहूकारी** के रूप में विकसित हुई। बढ़ते हुए करों के कारण किसान कर्ज लेने के लिए बाध्य हुए जिस कारण साहूकारों के नए वर्ग का उदय हुआ। जब किसान लगान नहीं चुका पाते थे तो उन्हें बेदखल कर दिया जाता था, बेदखल होने के बजाय उन्होंने साहूकारों से रूपये उधार लेकर कर देना शुरू किया परंतु साहूकारों ने भी उनकों तंग किया। उनसे भारी राशि ब्याज के रूप में वसूल किया गया। धोखे से ज्यादा रकम लिखा लेते थे। उनकी पैदावार को और उनके जानवरों को जबरदस्ती ले जाते थे। सरकार के कानून, कोर्ट–कचहरियाँ भी साहूकारों के पक्ष में थी। **'जागीरदार, ताल्लुकेदार और साहूकार'** कई प्रकार के अवैध उपकर वसूल करके किसानों को परेशान करते थे ये उपकर और कर अनेक प्रकार के जैसे पथकर, मेला खर्च, पर्वकर, जागीरदार में कोई शादी होने पर कर, डाक खर्च, दाखिल खर्च, टोल खर्च, इत्यादि होते थे। लगान या इन उपकरों को समय पर अदा न करने पर किसानों को घोर अपमान व उत्पीड़न का सामना करना पड़ता था।

अंग्रेजों ने राजस्व–प्रणाली में जो परिवर्तन किए उनके कारण **'भू–स्वामी और साहूकारों के वर्गों में तेजी से वृद्धि हुई'** और वे ग्रामीण क्षेत्रों में बहुत शक्तिशाली हो गए। इनके अतिरिक्त अंग्रेजों ने चाय, रबड़, कॉफी तथा नील के बागान लगाए। यह बागान किसानों को जबरदस्ती बेदखल करके लगाए गए अथवा उन्हें मामूली दाम लेकर अपनी जमीन बेचने के लिए मजबूर किया गया। इन क्षेत्रों में किसान या तो दिहाड़ी पर काम करने वाले मजदूर बनकर रह गए या फिर ठेके पर काम करने वाले मजदूर जिनकी स्थिति बंधुआ मजदूरों जैसी थी। किसान इस दमन को चुपचाप न सह सके और कई जगहों पर उन्होनें विद्रोह किए जिन्हें निर्दयतापूर्वक कुचल दिया गया।

❖   **नक्सलवाद का उदय :–**

नक्सलवादियों के प्रमुख संगठन **'मार्क्सवादी–लेनिनवादी, भारतीय कम्युनिस्ट पार्टी और पीपुल्स वार ग्रुप'** की सोच है कि भारत नाममात्र का स्वतंत्र है उसका मानना है कि 15 अगस्त 1947 की आजादी औपनिवेशक और सामंती ढाँचे की अर्द्ध औपनिवेशक और अर्द्ध सामंती ढाँचे में बदल दिए जाने के अतिरिक्त और कुछ नहीं था। **"यह एक झूठी आजादी है।"** भारतीय राजव्यवस्था सामंती राजकुमारों, बड़े जमीनदारों, नौकरशाह, दलाल और पूँजीपतियों के हितों का प्रतिनिधित्व करती है। उन पर पुराने ब्रिटिश साम्राज्यवादी दबदबे के अतिरिक्त इसका नया मालिक अमेरिकी साम्राज्यवाद और उसके पहले नम्बर का सह–अपराधी सोवियत संशोधनवादी शासन गुट लम्बे–चौड़े पैमाने पर भारत के राष्ट्रीय हितों का सौदा करते हुए शासन कर रहे हैं। चीनी कम्युनिस्ट पार्टी के अनुसार साम्राज्यवाद, सोवियत संशोधनवाद, सामंतवाद और नौकरशाह, दलाल, पूँजीपति भारतीय जिनमें मेहनती मजदूर और किसान सबसे अग्रणी हैं की पीठ पर चार बड़े पहाड़ों के समान लदे हैं। यही वजह है कि **कृषि क्रांति का काम नक्सलवादी आंदोलन की कार्यसूची में सबसे ऊपर आता है।**

नक्सलवाद उद्भव के प्रारंभिक दौर में इस आंदोलन को लेकर जिस चिंतन का जन्म हुआ उसमें चारू मजूमदार के विचार मार्गदर्शक बने। चारू मजूमदार ने जनवरी 1965 से लेकर 1967 कि बीच जो पत्र अपने साथियों को लिखे वे सशस्त्र आंदोलन को जानने के प्रमाणिक आधार हैं।

❖ **नक्सलवाद का प्रारंभिक दौर :–**

पश्चिम बंगाल में मार्क्सवादियों के प्रभुत्व वाले संयुक्त मोर्चा मंत्रिमंडल के सता में आने के अगले ही दिन (3 मार्च 1967) नक्सलबाड़ी में चारू मजूमदार के नेतृत्व में उनके साथियों ने पहला संघर्ष छेड़ा। चारू मजूमदार के समर्थक किसानों ने साथ तीर–कमान, लाठी–दतांरी लेकर चारों ओर फैल गए वे लाल झंडे गाड़कर घोषणा कर दिये कि यह जमीन मार्क्सवादियों के किसान संगठन **'किसान सभा'** की है। देखते–ही–देखते अगले 8–10 सप्ताह में ही नक्सलबाड़ी, खादीबाड़ी और फांसीदेवा पुलिस थानों के अंतर्गत आने वाले क्षेत्रों में ऐसी आठ घटनाएँ हुई जिनमें जमीन पर जबरन कब्जा कर लिया गया, फसलें काट ली गई, चावल–धान लूट लिया गया। 23 मार्च से 27 मई के मध्य नक्सलबाड़ी थाने के अधीन कई पुलिस दस्तों पर हमले किए गए जिसमें पुलिस के दो सिपाही मारे गए। कइयों के हाथ–पैर तोड़ दिए गए। नक्सलियों का पुलिस से सामना हुआ जिसमें पुलिस की गोली से दस लोग मारे गए। इस दौर में सरकार की ओर से आरोप लगा कि आंदोलन ने **चीन** के उद्देश्य साकार करने के लिए अपना रूख बदल लिया है। जब **'पीकिंग रेडियो'** ने खुलेआम नक्सलबाड़ी आंदोलन का समर्थन किया तो यह स्थिति साफ हो गई। 28 जून 1967 को रेडियो पीकिंग से एक प्रसारण हुआ जिसमें कहा गया था कि नक्सलबाड़ी में भारतीय कम्युनिस्ट पार्टी के क्रांतिकारियों के नेतृत्व में किसानों ने जो सशस्त्र बगावत शुरू की है वह **''माओं की शिक्षाओं से प्रेरित सशस्त्र संघर्षपूर्ण क्रांति की शुरूआत है।''** प्रसारण में कहा गया यदि भारतीय जनता अपने आपको मुक्त करना चाहती है तो उसे माओं का बताया रास्ता अपनाना चाहिए। यही वह मार्ग है जिस पर चलकर चीन में माओं के नेतृत्व में प्रतिक्रियावादी शासन को उखाड़ फेंका गया। प्रसारण में यह भी कहा गया कि जिस तरह लोहे को लोहे से काटा जा सकता है अतः गाँव–गाँव में अड्डे बनाए जाएँ, वहीं विध्वंसक तत्वों को जमा किया जाए। फिर गाँवों से ही एक बवंडर उठकर शहरों की घेराबंदी कर ले और अंततोगत्वा शहरों को अपने आगोश में बाँध ले। भारतीय जनता के लिए यही एक मार्ग है जिसके जरिये उसे क्रांति से विजय प्राप्त हो सकती है। 5 जुलाई 1967 के चीन के सरकारी पत्र **'पीपुल्स डेली'** ने एक लेख छापा जिसका शीर्षक था **'भारत पर तुफानी घटाएँ'**। इस लेख का चारू मजूमदार और उनके साथियों ने खुलकर समर्थन किया और कहा कि यह लेख इनके सैद्धांतिक पत्र **'लिबरेशन'** में दो बार छापा गया क्योंकि वे समझते थे कि इस लेख में अंतर्राष्ट्रीय कम्युनिस्ट नेतृत्व ने भारत में क्रांति का मूलमंत्र फूँक दिया था। नक्सलबाड़ी आंदोलन के संबंध में पीपुल्स डेली ने घोषणा की थी कि भारत में एक क्रांतिकारी वर्ग के अधीन ग्रमीणों ने सशस्त्र क्रांति का सूत्रपात किया है। जन–संघर्ष की दिशा में यह एक महत्वपूर्ण अध्याय की शुरूआत है। **पीपुल्स डेली के अनुसार गाँधीवाद या संसदीय प्रणाली जैसी चीजें भारतीय जनता को बहकाकर रखने का सतत प्रयास है।** सिर्फ कत्लेआम और हिंसात्मक आंदोलन भारत को बचा सकते हैं और भारतीय जनता इसी तरीके से संपूर्ण आजादी हासिल कर सकती है।

चीन का इस प्रचार से नक्सलबाड़ी के आंदोलनकारियों को एक महत्वपूर्ण समर्थन मिला। इसके बाद मई 1969 में कलकत्ता में मार्क्सवादी पार्टी के स्थापना दिवस के अवसर पर **कानू सन्याल** ने नक्सलबाड़ी को भारत में **'चिंगकियांग पर्वत आंदोलन'** की उपमा दी और कहा कि यह साम्राज्यवाद, सामंतवाद, विदेशी बिचौलिये के गढ़ तथा नए और पुराने संशोधनवादियों के विरूद्ध एक सशस्त्र आंदोलन है। माओं की लाल किताब को दिखाते हुए सान्याल ने कहा कि असम, महाराष्ट्र, राजस्थान, मध्यप्रदेश, कर्नाटक, केरल, पंजाब, हरियाणा, तमिलनाडु और कश्मीर के कार्यकर्ताओं ने क्रांति का पताका फहरा दी है और इस

झंडे के नीचे भारत में हथियारबंद आंदोलन द्वारा सत्ता हथियाने का मार्ग प्रशस्त किया है क्योंकि ये बूढ़े संशोधनवादियों के घिसे–पिटे संसदीय तरीकों का विरोध करते हैं।

❖ **चारू मजूमदार का 'समूलनाश सिद्धांत' :–**

चारू मजूमदार ने वर्ग शत्रुओं का सफाया करने वाले सिद्धांत को अपनाया जिसके अनुसार वर्ग संघर्ष को घर–घर पहुँचाने के लिए वर्ग शत्रुओं को समूल रूप से नष्ट करना ही एकमात्र उपाय है यहाँ मार्क्सवादी, लेनिनवादी सदस्यों को ये पाठ पढ़ाया गया कि संघर्ष में सबसे श्रेष्ठ स्थान हत्या का है। नव–मानवाद और क्रांतिबोध की दिशा में हत्या आत्मशुद्धि का साधन है। जैसे–जैसे समूलनाश आंदोलन का फंदा कसता है उसी के साथ किसानों में राजनीतिक चेतना घर करती है। हम समझते हैं कि वर्गशत्रु का समूल विनाश नव–मानव विकास के लिए एक संघर्ष है। हत्यामार्ग ने नक्सलवाद को आनंदमार्गियों के साथ लाकर खड़ा कर दिया, जिनके कट्टर सिद्धांत जग जाहिर है।

नक्सलवादियों की समूलनाश योजना सबसे पहले आंध्रप्रदेश के **श्रीकाकुलम** में दिखाई दी। 7 फरवरी 1970 को चीनी सरकार के अखबार पीकिंग रिव्यू में प्रकाशित लेख में चीनी सरकार ने नक्सलवादी आंदोलन को सैद्धांतिक समर्थन देते हुए कहा कि यह भारत में किसानों के हथियारबंद आंदोलन का विस्तार है चीन ने कहा कि तुम नक्सलवादियों अपना संघर्ष जारी रखों, हथियारों की कभी हम कमी नहीं पड़ने देगें। नक्सली नेताओं ने इस नारे का पीछा पकड़ लिया। चीन का अध्यक्ष हमारा अध्यक्ष है और चीन का मार्ग हमारा मार्ग है। मजूमदार ने कहा **"जब चीन में जनमुक्ति सेना ने 320 राइफलों से क्रांति का बिगुल बजा दिया था तो भारत में 60 राइफलों और 200 पाइपगनों से मुक्ति सेना क्यों नहीं बनाई जा सकती?"** चीन की नकल की यह मिशाल थी कि चारू ने बढ़–चढ़कर यह ऐलान कर दिया कि वर्ष 1971 की गर्मियों में भारत में **मिदनापुर** से **पुरूलिया** तक एक लंबा कूच आयोजित किया जाएगा। इस दौर में पश्चिम बंगाल में **मिदनापुर जिले के गोपीवल्लभपुर थाने के धर्मपुर नामक गाँव से समूलनाश अभियान शुरू हुआ।** 23 अप्रेल 1970 के देवव्रती के अनुसार वर्ष 1969 के आंतक तक 22 वर्ग शत्रुओं को ठिकाने लगा दिया गया और अप्रैल 1970 तक इनकी संख्यां 60 हो गई थी। गोपीवल्लभपुर के हत्याकांड की एक मुख्य विशेषता यह थी कि इसकी शुरूवात कलकत्ता के छात्रों ने की थी। कलकत्ता के छात्रों का दल पढ़ना–लिखना छोड़कर जनता के बीच सशस्त्र किसान क्रांति के संदेश लेकर निकल पड़े। इस क्रांति के नींव पर मिदनापुर में एक सौ से ज्यादा हत्याएं हो गई। नक्सलबाड़ी कांड से भिन्न इस बार सरकार ने सख्ती बरती। देहातियों की ओर से कोई सहयोग न मिलने पर और सरकार के कठोर बर्ताव के सामने इनकी एक न चली और नक्सलियों के छापामार परेशान होने लगे। फिर वह भ्रामक स्थिति आई कि एक दिन एक दस्ते के लोगों का दूसरे दस्ते ने सफाया कर दिया।

वर्ग शत्रुओं के सफाया अभियान के दौरान नक्सलवादियों के बीच नीतिगत और कार्यप्रणाली को लेकर मतभेद पैदा हो गए। मजूमदार के निर्णयों का विरोध होने लगा। एक तरफ चारू मजूमदार अपने गुप्त अड्डों से फतवे जारी कर रहे थे तो दूसरी तरफ सुरक्षा बलों की कार्रवाइयों के कारण कार्यकर्ताओं की कमर टूटी जा रही थी। पुलिस की कार्यवाइयों के कारण दस्तों का संपर्क छिन्न–भिन्न होता जा रहा था और अलग–अलग दस्तों ने अपनी–अपनी कार्यवाइयाँ प्रारंभ कर दी। तब मजूमदार ने पुलिस के गुर्गों की हत्या को वर्ग

शत्रु के समूलनाश की परिधि में ले लिया। पुलिस के भय के कारण स्थिति यहाँ तक पहुंच गई कि पुलिस के मुखबिरों के संदेह में समूलनाश के नाम पर भाई ने भाई का गला काट डाला। **दक्षिणी कलकत्ता की क्षेत्रीय समिति के सचिव और तिलजाला एरिया समिति के सचिव** को उनके साथियों ने ही पुलिस का दलाल होने के संदेह में मार डाला। इनको एक जंगल में बैठक में भाग लेने के लिए बुलाया गया और जब वे वहाँ पहुंचे तो उन्हें मौत के घाट उतार दिया गया।

      मार्क्सवादी–लेनिनवादी कम्युनिस्ट पार्टी के अंग्रेजी पत्र 'लिबरेशन' के इंचार्ज और मजूमदार के साथ देने वाले केंद्रीय समिति के अंतिम सदस्य **सुनीति घोष** ने पार्टी की इस रवैयों का खुले रूप में विरोध किया। उन्होंने कहा जिन्होंने हत्याएँ की हैं और खासतौर से जिन्होंने हत्याएँ कराई हैं, उन्होंने पार्टी का गला घोंट दिया है। चारू मजूमदार अपनी जिद पर अब भी अड़े थे। उन्होंने कहा कि जो हमारी समूलनाश नीति का समर्थक नहीं है उसके लिए हमारी पार्टी में कोई जगह नहीं है। हम उसे पार्टी में नहीं रहने देंगे। अब इसी के साथ नक्सलवादियों में क्रांति की नाटकीय रूप शुरू हुआ और दुस्साहसवाद का पार्टी में बोलबाला बढ़ गया। इस तरह यह घटना इस आंदोलन को एक और झटका था। अब वे जनता के सामने अपने नेताओं के बेहूदा आदर्शों पर पर्दा डालने के लिए कुछ भी कहने लगे। 20 मई 1970 को माओं ने एक फरमान जारी किया जिसमें कम्बोडिया में **'अमेरिकी हस्तक्षेप और उत्तर वियतनाम में बमबारी'** की निंदा की गई। एक बयान में माओं ने कहा–एक और विश्वयुद्ध के शुरू होने का खतरा बना हुआ है, दुनिया में सब देशों को इसका सामना करने के लिए तैयार रहना चाहिए। यह बयान मजूमदार के विश्वास और बयानों से बिल्कुल अलग था, जिसमें कहा गया था कि **'कम्बोडिया में अमेरिकी घुसपैठ'** और पूरे इंडो–चीन में लड़ाई की आग भड़क उठने को आसानी से कहा जा सकता है कि तीसरे विश्वयुद्ध शुरू हो चुका है। इसका खंडन करते हुए मार्क्सवादी लेनिनवादी पार्टी की बिहार शाखा ने मजूमदार की मान्यताओं को चुनौती दी और कहा कि हम उनके तथ्य रहित बयान को सही मानने के लिए बिल्कुल तैयार नहीं हैं। समिति ने कहा कि अंधा धृतराष्ट्र पैनी दृष्टि वालों को रास्ता बता रहा है। माओ की यह शिक्षा देना कि युद्ध शुरू हो चुका है, **ट्राटस्की** के दिमागी गोरख धंधावाद के समान है। **नव–ट्राटस्कीवाद** के यही लक्षण है कि मौजूदा स्थिति के लिए भ्रामक स्थिति पैदा की जाएगी। कल की चिंता करो आज का परित्याग करो।

      छ.ग. के किसानों के व्यापक हितों पर लड़ाई संगठित करना निहायत जरूरी है अन्यथा जिस रफ्तार से मेहनती किसानों का एक प्रभावशाली तबका प्रतिक्रियावादियों के गिरफ्त में जकड़ता जा रहा है, उससे किसान संगठनों के सिकुड़ते जा रहे दायरे और छोटे हो जायेंगें। अतएव, भूमिहीन किसान और भूमिधारी मेहनती किसान, चाहे वह धनी क्यों न हों, के बीच सामंजस्य स्थापित करना, उनकी मांगों पर जोर देकर उसे कृषि आन्दोलन की राह पर खड़ा करना परिवर्तनकारी संगठनों का प्राथमिक कर्त्तव्य है। लेकिन निष्पक्षतापूर्वक छ.ग. राज्य के अन्तर्गत नक्सली आन्दोलन के कारणों, प्रभावों, निदानों एवं सीमाओं से सम्बन्धित अध्ययन अभी तक बहुत कम ही हो पायें हैं, अधिकांश या तो वर्णनात्मक हैं या किसी ग्रंथ के शिकार। मेरी दृष्टि में यह जानने की कोशिश अभी तक नहीं की गई कि किन भावनाओं से प्रेरित होकर व्यक्ति नक्सलवाद की ओर उन्मुख होता है? हम यहाँ सिर्फ उभरती हुई समस्याओं के परिप्रेक्ष्य में नक्सलवाद की समीक्षा करने का प्रयास करते हैं तथा इसके तहत् यह दिखाने का प्रयास किया जाता है कि किस प्रकार की भूमि, सामाजिक स्थिति तथा राजनीतिक माहौल में यह आन्दोलन तीव्र हुआ है। इस आन्दोलन के लिए समर्पित युवाओं ने

किन परिस्थितियों के चलते नक्सली विचारधारा को स्वीकार किया। नक्सलियों के सिद्धान्त, कार्यक्रम तथा नीति क्या है? क्या यह सिद्धान्तपूर्ण आन्दोलन है अथवा दिशाहीन प्रयास?

अपनी सामुदायिक स्वयत्ता और अस्मिता पर मंडराते संकटों के साथ ही आर्थिक कारकों ने उन्हें व्यवस्था के खिलाफ टकराव के लिए खड़ा किया। राज्य निर्माण के बाद छ.ग. में अध्ययन क्षेत्र सुकमा जिले में पुलिस प्रशासन के द्वारा नक्सली गतिविधियों को रोकने के लिए राज्य सरकार की जनकल्याणकारी नीतियों को गंभीरतापूर्वक लागू करने के लिए अग्रसर हैं। जिसमें आत्मसमर्पण करने वाले नक्सलियों को राज्य सरकार द्वारा जमीन, रोजगार, सुरक्षा एवं परिवार के अन्य सदस्यों को भी रोजगार उपलब्ध कराने के प्रयासों ने बड़े–बड़े लाखों रूपये के इनामी नक्सलियों को आत्मसमर्पण के लिए प्रेरित किया है और पूर्व की तुलना में वर्तमान समय में छ.ग. के सुकमा जिले में सुरक्षा बलों के सघन प्रयास ने पहली बार 2019 से लेकर आज तक बिना किसी नक्सली वारदात के लोकसभा, विधानसभा, नगरीय प्रशासन व पंचायत चुनाव निर्विघ्न संपन्न कराने में सफलता अर्जित की है जो नक्सली प्रभाव को नियंत्रित और समाप्त करने की दिशा में पुलिस प्रशासन की सफल नीति व प्रयासों का परिणाम माना जाता है। इसमें वर्तमान राजनीतिक दृढ़ इच्छाशक्ति का सहयोग को भी अनदेखा नहीं किया जा सकता है।

अध्ययन क्षेत्र के चयनित उत्तरदाताओं से शोधार्थी द्वारा सुकमा जिले में नक्सलवाद और पुलिस प्रशासन की अद्यतन स्थिति के बारे में अनेक प्रश्न पूछे गए जिसमें प्राप्त अभिमत के आधार पर उनका विश्लेषण निम्नानुसार तालिकाओं में किया गया है –

<table>
<tr><td>प्रश्नः– 01. क्या आप नक्सली घटनाओं व उसके परिणामों के सम्बन्ध में जानकारी रखते हैं?</td><td>प्रश्नः– 02. क्या आप इस बात से सहमत हैं कि राज्य निर्माण के बाद छ.ग. में नक्सलवादी घटनाओं में परिवर्तन हुआ है?</td></tr>
</table>

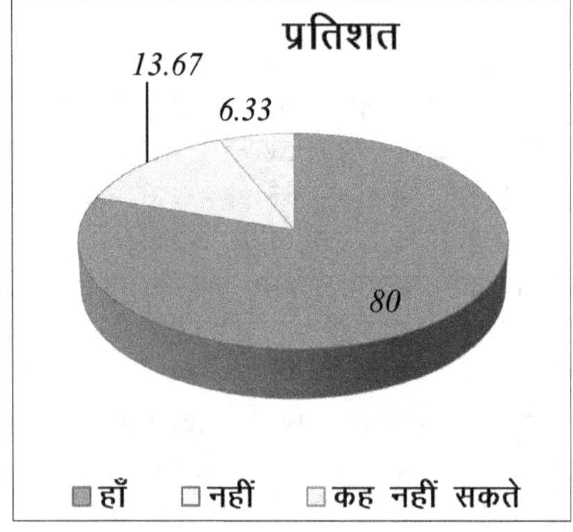

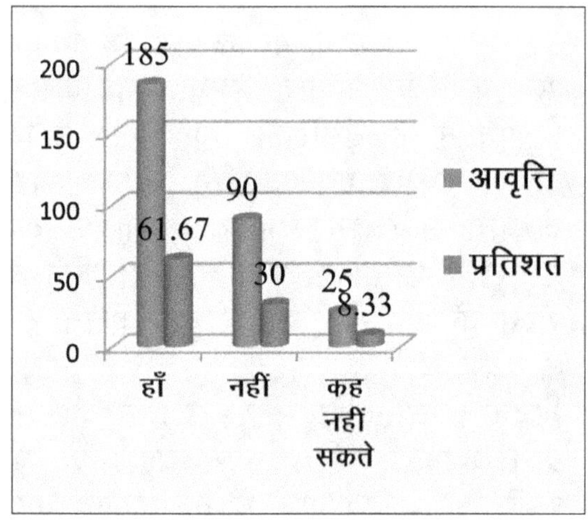

प्रश्नः– 03. क्या नया राज्य बनने के बाद सुकमा जिले के भौगोलिक पविर्तन से नक्सलवाद घटनाओं पर विपरीत प्रभाव पड़ा है?

प्रश्नः– 04. क्या आप इस बात से सहमत हैं कि राज्य सरकार की जन कल्याणकारी योजनाओं पर पुलिस एवं प्रशासनिक अधिकारियों द्वारा सही क्रियान्वयन किया जा रहा है?

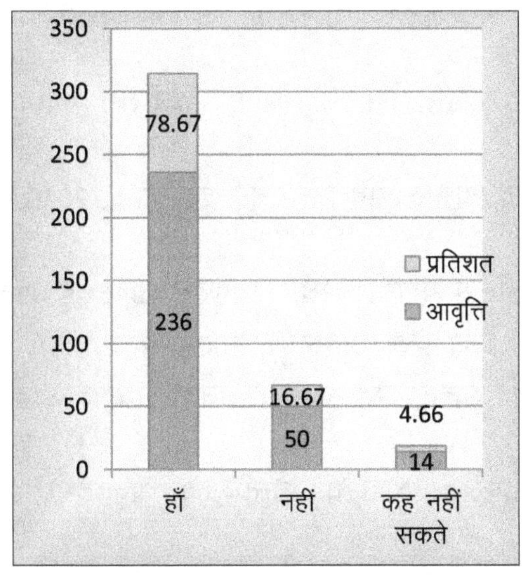

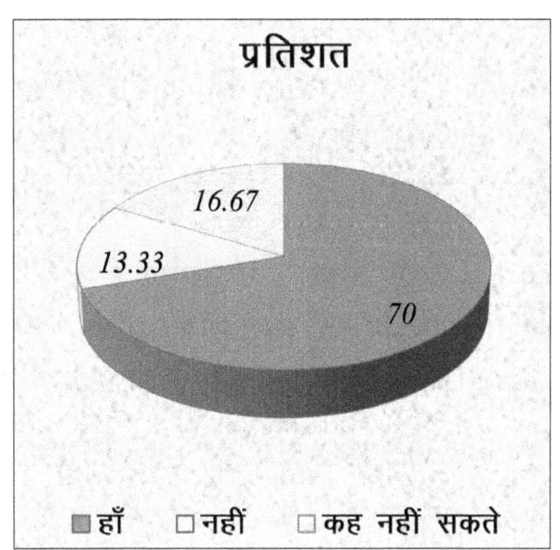

प्रश्नः– 05. क्या आप इस बात से सहमत हैं कि सुकमा जिले की नक्सली समस्या का स्थायी हल हथियार नहीं हो सकता है?

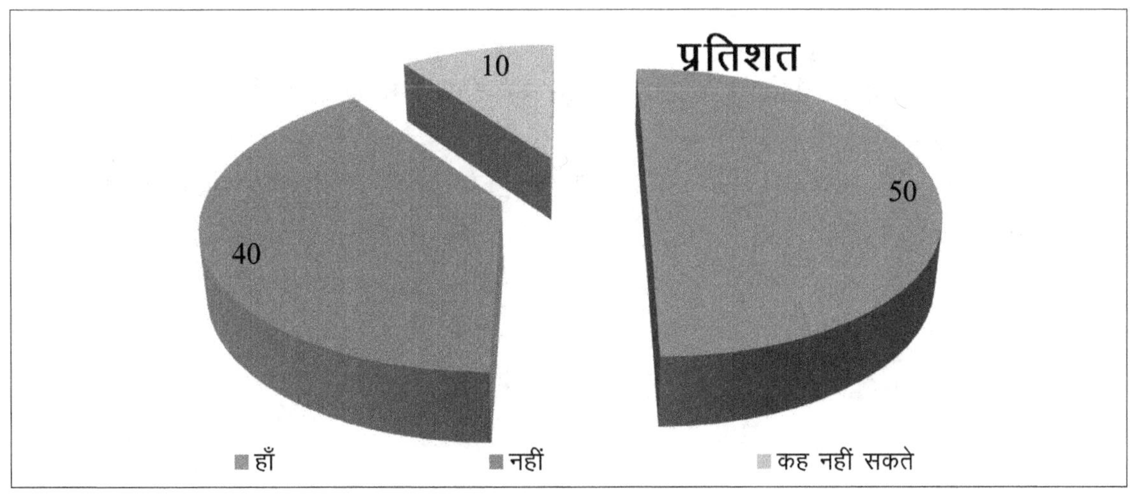

- अग्रवाल जी. के. भारत में सामाजिक आन्दोलन, एस. बी. पी. डी. पब्लिशिंग हाऊस, आगरा, 2012 पृष्ठ 18
- उपाध्याय. विजय शंकर, भारत की जनजाति संस्कृति, मध्यप्रदेश हिन्दी ग्रंथ अकादमी, भोपाल, 2009, पृष्ठ 134.
- जोशी मदन मोहन, गुनाहों के देवता जो दैत्य बन गये, दैनिक भास्कर मार्च, 2000,इन्दौर
- शुक्ल हीरालाल, आदिवासी बस्तर का बृहद इतिहास, बी. आर. पब्लिशिंग कॉर्पोरेशन, 2002 पृष्ठ 48.
- सक्सेना विवेक राजेश, नक्सली आंतकवाद, प्रभात प्रकाशन नई दिल्ली , 2010, पृष्ठ 145.
- सोनी परसराम, छत्तीसगढ़ में आंतकवादी, हटरी पुरानी बस्ती रायपुर , 1946, पृष्ठ 58
- भाई विजय, छत्तीसगढ़ बचाओं आन्दोलन , प्रज्ञा प्रेस, जबलपुर, 2000, पृष्ठ 105
- डॉ शिवकुमार राय, बंदूक की ताक से सत्ता, स्वपन और नक्सलवाद आंदोलन, नवभारत इंदौर, 13 अगस्त 1999, पृष्ठ 4
- अनुराग शिव पेटेरिया, व्यवस्था के खिलाफ बंदूक, म.प्र. हिन्दी गंथ अकादमी, 2003, पृष्ठ 105
- वही शुक्ल हीरालाल, पृष्ठ 273
- कपून विसन, नक्सलवाद या अक्लवाद इन्द्रप्रस्थ प्रेस, नई दिल्ली 1976 पृष्ठ 1
- चारू मजमूदार, लिबरेशन, नवम्बर, 1969.
- नक्सलबाड़ी के तीस साल वैनगार्ड प्रकाशन,2000 पृष्ठ 3
- हिन्दुस्तान टाइम्स, पृष्ठ 15
- सक्सेना विवेक, पृष्ठ 20
- अग्रवाल बी. के. पृष्ठ 20
- बघेल डॉ. विरेन्द्र सिंह नक्सलवाद समस्या और समाधान, स्वास्तिक प्रकाशन, दिल्ली, 2013 पृष्ठ 30
- टाइलर, मेरी भारतीय जेलों में पांच साल (नई दिल्लीः राधाकृष्ण प्रकाशन, 1977), पृष्ठ 3—4

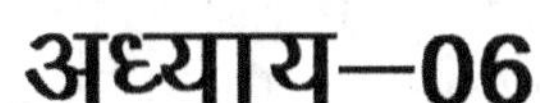

अध्याय—06
छ.ग. में नक्सलवाद और पुलिस प्रशासन का तुलनात्मक अध्ययन और विश्लेषण

''बातचीत के मेज पर आकर अपनी समस्याएँ हल करने की कोशिश करो। यदि तुमने बंदूक के जरिए अपनी बात मनवाने की कोशिश की तो याद रखना उसकी चलेगी जिसकी बंदूक सबसे ज्यादा मजबूत और दूर तक वार करने वाली होगी। मेरा मानना है कि सरकार की बंदूक से बेहतर कोई और बेहतर बंदूक नहीं होती।''

अटल बिहारी बाजपेयी

छ.ग. राज्य गठन के बाद इस संवेदनशील मामले में तत्कालीन राजनैतिक नेतृत्व द्वारा बस्तर संभाग के विकास को प्राथमिकता देते हुए बड़े स्तर पर पुलिस बल के माध्यम से नक्सली वारदात को समाप्त करने की ओर प्रभावी कदम उठाए गए, जिसका सकारात्मक प्रभाव व परिणाम देखने को मिला। पुलिस को अनेक बड़ी कामयाबी भी प्राप्त हुई और आम जनमानस विशेषकर स्थानीय निवासियों में यह संदेश पहुँचाने में पुलिस व स्थानीय जनप्रतिनिधि सफल रहे कि आम आदिवासी जिन नक्सलियों को अपना हितैशी मान रहे हैं वास्तव में वही नक्सली उनके विकास में सबसे बड़ी बाधा व रूकावट हैं। इन परिस्थितियों ने जनजागरूकता व शिक्षा के माध्यम से आदिवासियों में स्वस्फूर्त एकत्रित होकर नक्सलियों के विरूद्ध सामूहिक रूप से विरोध करने की चिंगारी प्रस्फुटित हुई, जिसे **'सलवा जुड़ूम'** नाम दिया गया। तात्कालीन समय में इस आंदोलन को छ.ग. प्रदेश के मुख्यमंत्री **डॉ. रमन सिंह** और विरोधी दल के नेता **स्व. महेन्द्र कर्मा** दोनों ने एक स्वर से प्रत्यक्ष व अप्रत्यक्ष रूप से समर्थन दिया था जो नक्सलियों की कमर तोड़ने में काफी हद तक सफल रहा परंतु कालांतर में कुछ साम्यवादी नेता, कुछ मानव अधिकार आयोग के सदस्य एवं सामाजिक नेता स्वामी अग्निवेश जैसे लोगों ने स्वयं बस्तर आकर सलवा जुड़ुम अभियान में सुरक्षा बलों द्वारा इनके शिविरों में आदिवासी महिलाओं के साथ दुर्व्यवहार का आरोप लगाकर मामले को माननीय सर्वोच्च न्यायालय तक ले गए और अंततः माननीय न्यायालय की टिप्पणी के बाद इस अभियान को स्थगित करना पड़ा जिससे नक्सलियों को ग्रामीण क्षेत्रों में पुनः पनाह मिलना प्रारंभ हुआ और नक्सलवाद में भारी संख्या में बढ़ोतरी हुई और नक्सलीयों की कई कंपनियां, प्लाटूनें तैयार हुई। सर्वेक्षण के द्वारा यह ज्ञात हुआ कि बस्तर संभाग एवं छ.ग. में होने वाली अधिकांश नक्सली वारदात के पीछे सुकमा जिला जो आंध्र प्रदेश की सीमा से लगा हुआ है, नक्सलियों ने इस रास्ते को बड़ी वारदातों को अंजाम देने के लिए इस्तेमाल किया। अतः छ.ग. में नक्सली वारदात के उन्मूलन में जब भी पुलिस प्रशासन की भूमिका का विश्लेषण किया जाता है तब सुकमा जिले को नजरअंदाज नहीं किया जा सकता है क्योंकि यह जिला नक्सलियों के छुपने के लिए ज्यादा सुरक्षित और सड़क मार्ग से कटा होने के कारण सुरक्षा बलों की कार्यवाहियों से बचने में सुविधाजनक है।

सुकमा जिले में अध्ययनरत ग्रामीण क्षेत्रों में जो गाँव नगरीय क्षेत्र की सीमा से लगे हुए हैं वहाँ के स्थानीय निवासियों (उत्तरदाताओं) में अधिक जनजागरूकता, उत्सुकता एवं राज्य एवं केन्द्र सरकार की नीतियों, कार्यक्रमों व योजनाओं की जानकारी पर्याप्त मात्रा में देखी गई है। उन्हें पुलिस अधिकारियों द्वारा की जाने वाली कार्यवाहियों का भी ज्ञान था और वे अधिकांश शासकीय गतिविधियों से अनभिज्ञ नहीं थे। इन जानकारियों के स्त्रोत के बारे में पूछने पर उन्होंने बताया कि ग्राम पंचायत में दूरदर्शन तथा रेडियो व प्रिंट मीडिया के माध्यम से एवं सरपंच द्वारा दी गई जानकारियों के आधार पर उन्हें इनका ज्ञान है। जबकि नगरीय क्षेत्रों के 15 से 20 किलोमीटर भीतर घने जंगल वाले क्षेत्रों में जहाँ झोपड़ीनुमा घर बनाकर ग्रामीण परिवेश में निवासरत आदिवासियों को न तो प्रिंट मीडिया और न ही इलेक्ट्रानिक मीडिया से कोई जानकारी प्राप्त हो पाती है और ना ही जनप्रतिनिधियों से, वे स्पष्ट रूप से हिन्दी भाषा को भी नहीं समझ पाते हैं। स्थानीय बोली में ही विचारों का आदान–प्रदान किया जाता है। उत्तरदाताओं का चयन करते समय इस बात का ध्यान रखा गया कि कुछ ग्राम जहाँ शिक्षा का स्तर सामान्य है वहाँ के स्थानीय शिक्षित निवासी में जनजागरूकता अधिक पाई गई जबकि अशिक्षित ग्रामीण परिवेश में जनजागरूकता की कमी के कारण वे दिन–दुनियां की घटनाओं तथा केन्द्र व राज्य की योजनाओं व कार्यक्रमों से कोसों दूर हैं।

स्थानीय बोली में उन्हें सरपंच या शिक्षाकर्मी के द्वारा जो जानकारी दी जाती है उतना ही वे याद रखते हैं एवं अपने भरण–पोषण के लिए शिकार व वनोपज के संग्रहण में लगे रहते हैं। अध्ययन क्षेत्र में तीन तहसीलों में जिन ग्रामों की जनसंख्या अधिक और जहाँ पर जनसंख्या का अनुपात कम है दोनों प्रकार के ग्रामों का चयन किया गया। जिसमें तुलनात्मक दृष्टि से अध्ययन में यह बात सामने आई है कि अधिक जनसंख्या वाले ग्रामों में प्राथमिक स्कूल होने से जनजागरूकता में वृद्धि हो रही है। जबकि बहुत कम जनसंख्या वाले गाँव में अधिकतर मजदूर वर्ग का निवास रहता है और वे अपने भरण–पोषण व आवश्यक वस्तुओं और अन्य आवश्यकताओं की पूर्ति बड़े गाँव जहाँ हाट–बाजार लगता है वहां जाकर वस्तुओं की खरीदी करके अपने परिवार का भरण–पोषण करते हैं। उनकी दिनचर्या में देश और दुनियां में क्या हो रहा है, इससे उनको कोई लेना–देना नहीं है।

जगरगुण्डा बाजार, जिला–सुकमाः– यह बाजार जगरगुण्डा थाना क्षेत्र के सारे पहुच मार्ग को सलवा जुडूम के दौरान नक्सलियों द्वारा काट दिये जाने के कारण एक टापू के रूप में तबदील हो चुका था और ऐसे ही बहुत से हाट–बाजार बंद हो चुके थे जिसे प्रशासन और सुरक्षा बलों के सहयोग से पुनः प्रारंभ किया गया।

भारत में, पूर्व प्रधानमंत्री अटल बिहारी वाजपेयी द्वारा प्रधानमंत्री सड़क योजना ग्रामीण क्षेत्रों के विकास के लिए बहुत बड़ा वरदान साबित हुआ है। अध्ययन क्षेत्र सुकमा जिला जो छ.ग. के सबसे पिछड़े क्षेत्रों में से एक है इसका सकारात्मक प्रभाव यहाँ पर देखने को मिला है जो ग्राम सड़क मार्ग से जुड़े हुये हैं उनकी आर्थिक व सामाजिक स्थिति, शिक्षा व जनजागरूकता की स्थिति प्रगति की ओर है जबकि नक्सलियों द्वारा जहाँ सड़क अवरूद्ध करके ग्रामों को आवागमन के साधनों से अछूता रखा है वे गाँव आज भी परंपरागत पद्धति से अपना जीवन बसर करने के लिए मजबूर हैं और उनका विकास रूका हुआ है। वहां पर आज भी ईलाज के लिए बैगा प्रथम प्राथमिकता है और बच्चों की शिक्षा पर नकारात्मक प्रभाव पड़ रहा है। इसलिए ऐसे क्षेत्र के उत्तरदाता में जनजागरूकता का अभाव देखा गया है। शासन द्वारा प्रयास किया जा रहा है परंतु नक्सलियों द्वारा आये दिन डंफर व जे.सी.बी. मशीन को जलाना, सड़कों पर पेड़ काटकर रास्ता रोकने जैसी नकारात्मक गतिविधियों से दूरस्त ग्रामीण क्षेत्र आज भी बिजली, पानी और सड़क जैसी बुनियादी आवश्यकताओं के लिए तरस रहे हैं,

जिनका निदान नितान्त आवश्यक है। उपरोक्त उद्देश्यों व परिकल्पना के आधार पर अध्ययन विषय को पूरा करके छ.ग. राज्य में नक्सलवाद उन्मूलन में पुलिस प्रशासन की भूमिका को अध्ययन क्षेत्र सुकमा जिले पर केन्द्रित किया गया है। चूंकि छ.ग. के 27 जिलों में लगभग 10 जिले नक्सल प्रभावित हैं। जिसमें पुलिस प्रशासन की भूमिका सभी नक्सली क्षेत्रों में एक जैसी दिखाई देती है। परंतु समय, परिस्थिति एवं आवश्यकता के अनुसार त्वरित निर्णय लेकर सुरक्षा बलों द्वारा आपस में समन्वय स्थापित कर कार्यवाही की जाती है। जिसमें सुकमा जिला सबसे अधिक नक्सल प्रभावित जिला होने के कारण यहाँ की रणनीति पुलिस प्रशासन अन्य जिलों से भिन्नात्मकता रखकर निर्णय लेती है। जिसमें राजनीतिक दृढ़ इच्छाशक्ति की भूमिका भी महत्वपूर्ण होती है क्योंकि परिकल्पना के अनुसार शोध अध्ययन में कई बार यह स्थिति निर्मित होती है कि जो चीज दिखाई देती है वैसी होती नहीं है और जो चीज धरातल पर होती है वैसी दिखाई नहीं देती है। इसलिए नक्सली समस्या और उसका निदान दोनों ही आम नागरिकों को भ्रम जाल में डाल देती है। जैसे सुकमा जिले के पूर्व जिलाधीश एलेक्स पॉल का अपहरण महिला नक्सलियों द्वारा पुलिस वर्दी में रहकर कूटनीतिक तरीके से किया गया था जो सामान्य कल्पना से अलग है। **प्रश्नावली और सहभागी अवलोकन और सहभागिता पद्धति** का चयन इसलिए किया गया कि सामान्य जनता नक्सली आन्दोलन से सम्बन्धित, विभिन्न मुद्दों पर खुलकर अपनी प्रतिक्रिया व्यक्त कर सकें। प्राचीन काल से वर्तमान स्थिति तक दृष्टिपात करने से स्पष्ट होता है कि जितनी भी व्यवस्थाएं विश्व में स्थापित और समाप्त हुई वह परिवर्तनशील और संशोधनात्मक होते गये जिसके साथ–साथ प्रशासनिक व्यवस्था में भी परिवर्तन होते गये। **"उदाहरण के लिए अभी तक राजतंत्र, कुलीनतंत्र, अधिनायकतंत्र और प्रजातंत्र चार प्रकार की शासन व्यवस्थाएं या तंत्र विश्व स्तर पर अलग–अलग देशों मे अलग–अलग समय में स्थापित होती गई जिसमें किसी भी व्यवस्था का संचालन, प्रशासन के विभिन्न अंग जैसे नागरिक प्रशासन, न्यायिक, विकास, वित्तीय, कार्मिक तथा पुलिस प्रशासन आदि प्रशासकीय विभागों / अभिकरणों के माध्यम से होती रही है। इसी प्रकार से किसी भी राष्ट्र का विघटन, जातिवाद, क्षेत्रीयतावाद, भाषायी भिन्नता, धार्मिकता एवं सामाजिक, राजनैतिक और आर्थिक विषमता के कारण उत्पन्न अलगाववाद, उग्रवाद, आतंकवाद तथा नक्सलवाद के कारण से होता है अतः स्पष्ट है कि शासन पद्धति कोई भी हो, शासन का संचालन, प्रशासन के माध्यम से तथा राष्ट्र का विखंडन विभिन्न प्रकार के असंतुष्टि के परिणाम स्वरूप होता हैं।"**

"छत्तीसगढ़ में नक्सलवाद भी भारतीय समाज और शासन व्यवस्था के विरोध स्वरूप साम्यवादी विचारधारा के समर्थक मार्क्स–माओ–लेनिनवादी राजनीतिक विचारों से प्रेरित किसान–मजदूर, वनवासी–आदिवासी तथा पीड़ित, दमित वर्ग और समुदाय के असंतुष्टि के कारण हथियार बद्ध लोगों का प्रदर्शन ही नक्सलवाद है।" इसी प्रकार आर्थिक विषमता, भौगोलिक जटिलता, सामाजिक–सांस्कृतिक भिन्नता, शिक्षा, स्वास्थ्य, कृषि व्यापार के दृष्टि से मुख्यमार्ग से पृथक तबके तक प्रशासन का समुचित प्रसार न हो पाना नक्सलवाद के प्रसार का प्रमुख कारण है और ऐसे क्षेत्र में प्रशासन का संचालन और नियंत्रण पुलिस प्रशासन के माध्यम से कर नागरिक, न्यायिक, विकास, कार्मिक, तथा वित्तीय प्रशासन की स्थापना की जाती है। अतः यह एक ऐसा केन्द्र बिन्दु है जहाँ नक्सलवाद तथा पुलिस प्रशासन चुनौती के रूप में एक दूसरे के समक्ष खड़े होते है। **प्रस्तुत लेख में छत्तीसगढ़ को संदर्भित इसलिए किया गया है क्योंकि छत्तीसगढ़ अपने वर्तमान स्वरूप में नक्सल प्रभावित क्षेत्र के रूप में वैश्विक उदाहरण प्रस्तुत करता है इसी**

प्रकार से छत्तीसगढ़ में शासन, प्रशासन के विभिन्न अंगों की असफलता के पश्चात् सरकार पुलिस प्रशासन पर सर्वाधिक निर्भर है अतः छत्तीसगढ़ के संदर्भ में नक्सलवाद तथा पुलिस प्रशासन का संयुक्त तथा तुलनात्मक अध्ययन की प्रासंगिकता को प्रस्तुत लेख में छ.ग. के सुकमा जिले पर केन्द्रित किया गया है।

छत्तीसगढ़ में नक्सलवाद का प्रथम प्रमाण उस समय मिला जब दिसम्बर 1968 में **वारंगल (आन्ध्र प्रदेश)** का एक युवक **वाई. एस. मूर्ति** नक्सली पर्चे वितरित करते हुए पकड़ा गया, तत्पश्चात् 1969 कोंटा में तेन्दुपत्ता मजदूरों की मजदूरी बढ़ाने हेतु आन्दोलन, करीम नगर निवासी **आरीफ** ने किया था। इसके पश्चात् 1970 में **विजय कुमार** को पुलिस ने नक्सल समर्थक नारा लगाते हुए पकड़ा। इसके बाद 1980 में विजय कुमार जो कथित रूप से डॉक्टर था, के घर छापे में भारी मात्रा में नक्सली साहित्य बरामद किया गया और 1980 के बाद से हिंसात्मक घटनाओं का सूत्रपात हुआ।

बस्तर में 1984 से नक्सली गतिविधियां कुछ बढ़ी तथा गढ़चिरौली महाराष्ट्र में सक्रिय **भामरागढ दलम** तथा **एटापल्ली दलम** ने नारायणपुर तथा पखांजुर क्षेत्र में गतिविधियां संचालित की। नक्सलियों के विरूद्ध पुलिस को पहली सफलता तब मिली जब 5 मार्च 1985 को विशेष सशस्त्र बल की तीसरी वाहिनी ने पखांजुर के पास **तालपेड़ी** में नक्सली दलम् के लीडर जो दो हजार रूपये का इनामी नक्सली था, **गणपति** नामक नक्सली मारा गया तब से अब तक नक्सली गतिविधियां प्रसारित हो ही रही है इसकी भयावहता का आंकलन इसी से किया जा सकता है कि 06 अप्रैल 2010 को 76 जवानो की निर्मम हत्या/हथियारों की लूट की गई। 25 मई 2013 को कांग्रेस की परिवर्तन रैली के काफीले पर हमला कर पूर्व केंद्रिय मंत्री, काग्रेस अध्यक्ष सहित 29 राजनीतिक लोगों की हत्या की गई। इस प्रकार से नक्सवाद अपने वर्तमान स्वरूप में चरम पर है।

❖   **पुलिस प्रशासन** :–

पुलिस प्रशासन का विकास प्राचीन काल से है। जब से व्यक्ति ने सामूहिक जीवन में प्रवेश किया या राज्य व्यवस्था का जन्म हुआ। भारतीय प्रशासन के संदर्भ में हड़प्पा सभ्यता के काल से पुलिस प्रशासन का अस्तित्व है जबकि उस समय नगर रक्षक के रूप में एक वर्ग का गठन किया जो बाहरी आक्रमण, चोरी से बचाने तथा व्यापार की रक्षा का कार्य करते थे तत्पश्चात् मध्य काल में **सर्व प्रथम अलाउद्दीन खिलजी ने स्थानीय तथा वैतनिक सेना तथा सैनिक विभाग की स्थापना की।** आधुनिक समय में अंग्रेजों ने वर्तमान स्वरूप के स्थायी सेना का गठन किया। आजादी के बाद लोक कल्याणकारी राज्य की अवधारणा के तहत् मशिनरी पुलिस व राजस्व कार्य के अतिरिक्त न्यायिक, वित्तीय और विकास संबंधी कार्य करने लगी परंतु दुर्भाग्यवश प्रशासन ऐसे क्षेत्रों में नहीं पहुंच सकी जहाँ आर्थिक, सामाजिक, राजनीतिक, पिछड़ा प्रथा और क्षेत्र में शिक्षा, स्वास्थ्य, यातायात, व्यापार तथा राजनीतिक सक्रियता का विकास नहीं हो पाया ऐसे क्षेत्रों में अलगाववाद और नक्सलवाद जैसी समस्याओं का जन्म हुआ।

छ.ग. में पुलिस प्रशासन का विकास भारत में पुलिस प्रशासन के विकास के साथ ही हुआ परन्तु अविभाजित मध्यप्रदेश के बस्तर क्षेत्र में प्रशासन की निष्क्रियता से सामाजिक–आर्थिक पिछड़ापन स्थिर रहा, ऐसे क्षेत्र के आदिवासी, वनवासी, किसान, मजदूर वर्ग ने प्रशासन के विरोध में नक्सलवाद अपना लिये। ऐसे क्षेत्र में प्रशासन, पुलिस प्रशासन की निर्भरता तक सीमित हुई, वर्तमान में छत्तीसगढ़ पुलिस, छत्तीसगढ़ सशस्त्र वाहिनी, अर्द्धसैनिक बलों, कोबरा बटालियनों, डी0 आर0 जी0 और एस0 टी0 एफ0 की तैनाती बढ़ती जा रही तथा प्रशासन स्थापना एवं नक्सली समस्या समाधान हेतु पुलिस प्रशासन महत्वपूर्ण विकल्प बन गयी।

ज्ञात हो कि ब्रिट्रिश काल में जिला–प्रशासन सिर्फ **'नियामकीय कार्य'** करते थे और अधिकारी ब्रिट्रिश सेना के होते थे **लार्ड कार्नवालिस** ने जिला–प्रशासन में सेना अधिकारी से कलेक्टरी पृथक किया था और स्वंत्रता पश्चात् विकास की अवधारणा जिला–प्रशासन एक ईकाई के रूप में **'कल्याणकारी कार्यो'** में निहित हुई, सामान्य प्रशासन में सेना की भूमिका समाप्त हो गयी, कानून व्यवस्था में पुलिस की भूमिका सिर्फ न्यायिक विवेचना और छोटे मामूली हथियारों तक सीमित हो गयी परंतु उग्रवाद, नक्सलवाद, आंतकवाद ग्रस्त क्षेत्रों में सुरक्षा के अभाव में सामान्य प्रशासन के नियमिकीय और विकास कार्य ठप्प पड़ गये और जिलों में विकास संबधी कार्य को पुरा करने पुनः जिले का सैन्यकरण द्वारा हो रहा है, इसका कोई विकल्प भी नहीं है ऐसे क्षेत्रों में केन्द्रीय पुलिस बल विषेशकर 'केन्द्रीय रिर्जव पुलिस बल' ऐसे क्षेत्रों में Zero Ground पर सर्वप्रथम बिना संसाधन तैनात होती है इसका उदाहरण देश के समस्त क्षेत्रों में देखा गया है चाहे वह क्षेत्र पाकिस्तान और चीन अंतराष्ट्रीय सीमा के सरदार पोस्ट, हॉट स्प्रींग हो, जिसके लिये भारत के पुलिस और सेना शौर्य और शहीद दिवस मनाते है इसी प्रकार देश के किसी भी राज्य में आंतरिक सुरक्षा को नक्सलवाद, आंतकवाद, उग्रवाद और दंगे जैसी चुनौती मिलती है तो सर्वप्रथम के0रि0पु0बल की ही तैनाती होती है और छत्तीसगढ़ में भी नक्सलवाद से निपटने सर्वप्रथम के0रि0पु0बल की ही तैनाती की गयी जिसकी अभी भी 40 से ज्यादा बटालियनें तैनात है अतः के0रि0पु0बल और जिला पुलिस बल की मजबूती, अधिकारों और संसाधनों मे वृद्धि शासन के लिए अपरिहार्य है।

★ संदर्भ ग्रंथसूची ★

- अग्रवाल जी. के. भारत में सामाजिक आंदोलन एस.बी.पी.डी पब्लिशिंग हाऊस आगरा 2012 पृष्ठ 18.
- बघेल डॉ. वीरेन्द्र सिंह नक्सवलवाद की चुनौतियाँ, नीकंठ प्रकाशन नई दिल्ली 2018 पृष्ठ 32
- फाड़िया बी. एल. शोध प्रविधि साहित्य भवन पब्लिकेशन आगरा, 2012,पृष्ठ क्रमांक 24
- फाड़िया बी. एल. शोध प्रविधि साहित्य भवन पब्लिकेशन आगरा, 2012,पृष्ठ क्रमांक 28
- कैप्लान अब्राहन मैथ्डोलॉजी ऑफ बिहेव्यिर सोशल सांइस, कैलेंडर पब्लिशिंग कंपनी, न्यूयार्क, 1990 पृष्ठ क्रमांक 27
- मेजर सी. ए. मैथ्ड्स इन सोशल इनवेस्टीगेशन हाईनेमन बुक हाऊस, 1997, पृ. क्र.71।
- मेजर सी. ए.मैथ्ड्स इन सोशल इनवेस्टीगेशन हाईनेमन बुक हाऊस,1997,पृष्ठ क्र. 78।

''शिकार करने वाले मूल निवासियों और देशज लोगों को मूल संपन्न समाज की संज्ञा दी थी जो सीमित और चंद आवश्यकताओं लेकिन गरिमापूर्ण जीवन के लिए आवश्यक पर्याप्त सामग्री के साथ समृद्धि के विशिष्ट क्षेत्र में रहते हैं।

मार्शल सहलिन्स

सी0 पी0 आई (माओवादी) की राजनीतिक और मिलिट्री संरचना

केन्द्रीय समिति – पोलित ब्यूरो –	मिलिट्री संरचना
क्षेत्रीय ब्यूरो	

केन्द्रीय समिति –   पोलित ब्यूरो –   मिलिट्री संरचना

क्षेत्रीय ब्यूरो

⬇

राज्य समिति/साउथ जोनल कमेटी/
विशेष क्षेत्र समिति
सब जोनल ब्यूरो

⬇

डिविजनल कमेटी/जोनल कमेटी/
जिला कमेटी

⬇

एरिया कमेटी (प्रत्येक एरिया कमेटी मे एक)

⬇

एल0 ओ0 एस0/ रेंज कमेटी (प्रत्येक
एरिया कमेटी मे तीन–चार)

⬇

गाँव पार्टी सेल

केन्द्रीय सैन्य संगठन (सी0आर0सी0 की 02 क.)

⬇

राज्य सैन्य संगठन

⬇

सब जोनल कमाण्ड

⬇

पी0 एल0 जी0 ए0 बटालियन
मिलिट्री कंपनियाँ (एक डिविजन मे एक कंपनी)

⬇

मिलिट्री प्लाटून (प्रत्येक एरिया कमेटी मे एक)
एल0 जी0 एस0 (प्रत्येक एरिया कमेटी मे तीन–चार)

⬇

जन मिलिशिया

सी0पी0आई0 (माओवादी) की राजनीतिक और मिलिट्री के उपरोक्त संरचना के विशेष संक्षिप्त शब्दों और नामों की व्याख्या और शब्दार्थ

सी0 आर0 सी0– यह सी0 एम0 सी0 (केन्द्रीय मिलिट्री कमीशन) के सीधे नियंत्रण में कार्य करता है और यह कंपनी पोलित ब्यूरो के आवागमन में सुरक्षा प्रदान करता है।

रेंज/ग्राम कमेटी– तीन या चार गाँव के विभिन्न कार्यों जैसे शिक्षा, स्वास्थ्य, कृषि, वन संरक्षण और शिकायत निवारण पर आधारित होता है।

ग्राम पार्टी सेल– ग्राम पार्टी सेल गाँव के विभिन्न कार्यों जैसे शिक्षा, स्वास्थ्य, कृषि, वन संरक्षण और शिकायत निवारण पर आधारित होता है।

जन मिलिशिया– यह नक्सल संगठन की नागरिक सैन्य व्यवस्था है जो अति नक्सल प्रभाविता की स्थिति में ग्रामों के योग्य लड़ाके पुनः मिलिशिया कम्पनी/प्लाटून का निर्माण करते हैं, यह स्थिति 2013–14 तक सुकमा जिले में बनायी जा चुकी थी और कुछ प्लाटूनें तैयार हो चुके थे किन्तु नक्सल संगठन मे भर्ती के आभाव मे एल0जी0 एस0 और इस प्रकार के नक्सल सैन्य इकाई वर्तमान में समाप्तप्राय है।

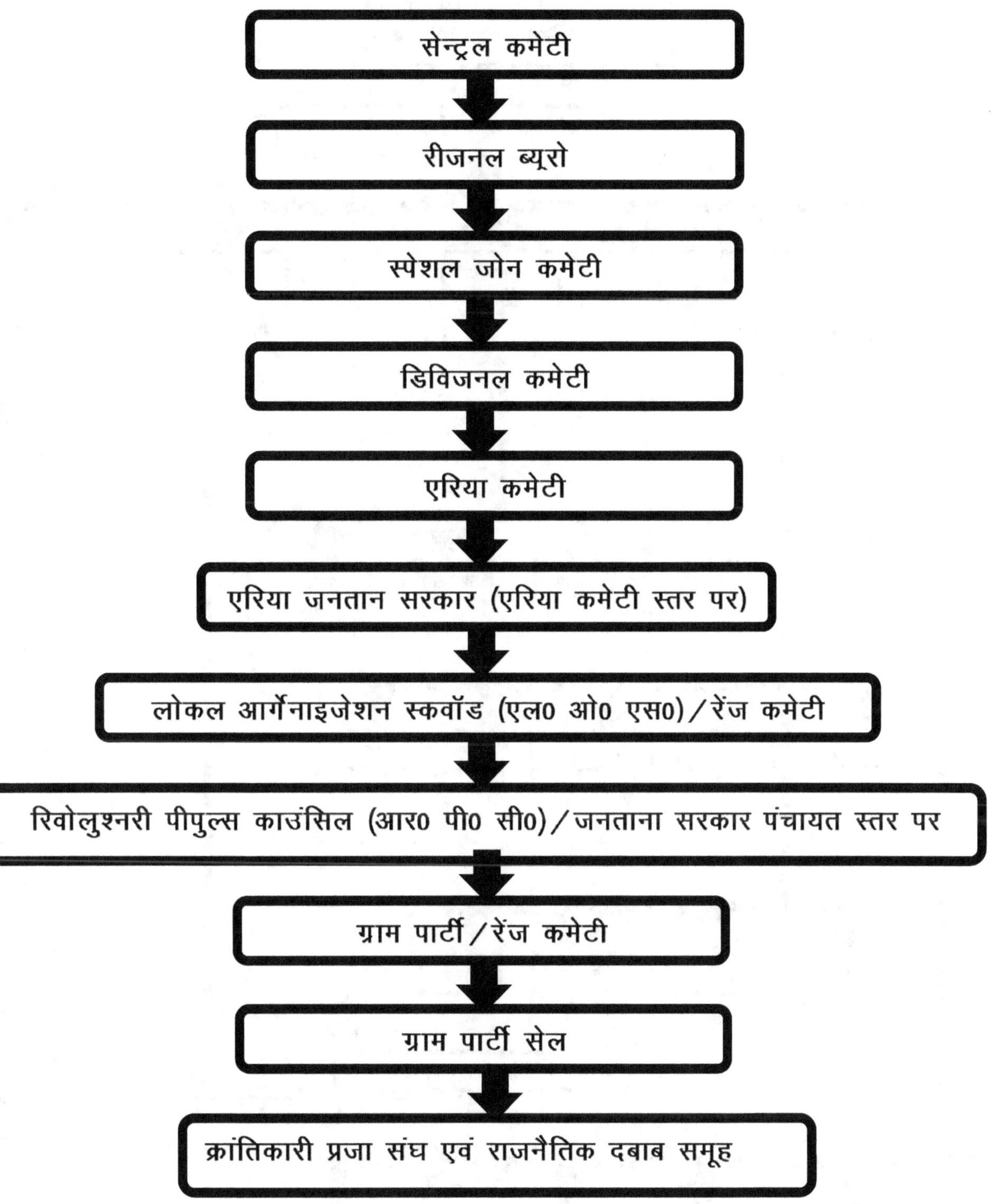

अखिल भारतीय रैंक संरचना
सेन्ट्रल कमेटी
रीजनल ब्यूरो
स्पेशल जोन कमेटी
डिविजनल कमेटी
एरिया कमेटी
एरिया जनतान सरकार (एरिया कमेटी स्तर पर)
लोकल आर्गेनाइजेशन स्कवॉड (एल0 ओ0 एस0)/रेंज कमेटी
रिवोलुश्नरी पीपुल्स काउंसिल (आर0 पी0 सी0)/जनताना सरकार पंचायत स्तर पर
ग्राम पार्टी/रेंज कमेटी
ग्राम पार्टी सेल
क्रांतिकारी प्रजा संघ एवं राजनैतिक दबाब समूह

अखिल भारतीय नक्सल संरचना का विभाजन

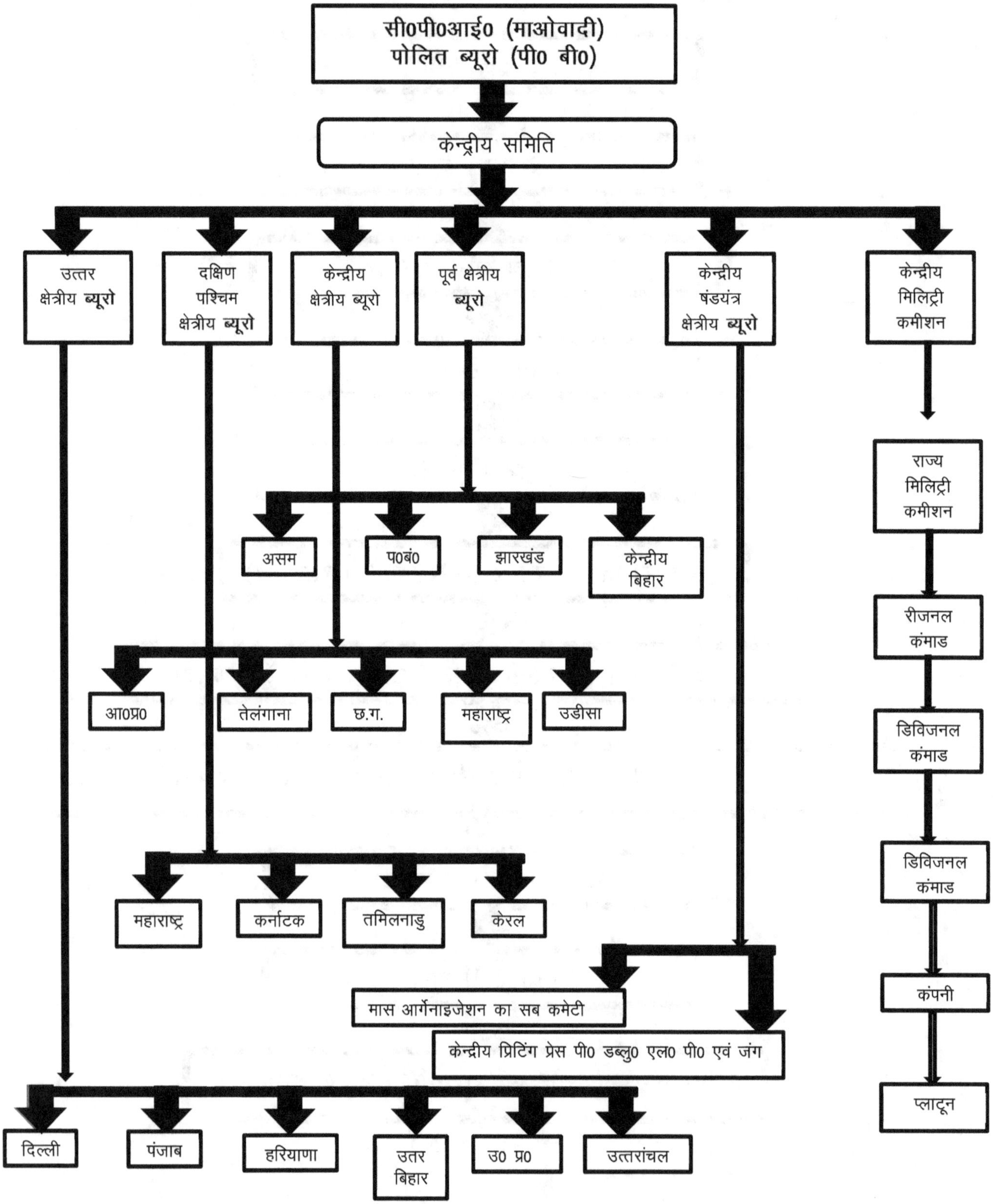

सी0पी0आई0 (माओवादी) पोलित ब्यूरो (पी0 बी0)

केन्द्रीय समिति

- उत्तर क्षेत्रीय ब्यूरो
- दक्षिण पश्चिम क्षेत्रीय ब्यूरो
- केन्द्रीय क्षेत्रीय ब्यूरो
- पूर्व क्षेत्रीय ब्यूरो
- केन्द्रीय षडयंत्र क्षेत्रीय ब्यूरो
- केन्द्रीय मिलिट्री कमीशन

पूर्व क्षेत्रीय ब्यूरो → असम, प0बं0, झारखंड, केन्द्रीय बिहार

केन्द्रीय क्षेत्रीय ब्यूरो → आ0प्र0, तेलंगाना, छ.ग., महाराष्ट्र, उड़ीसा

दक्षिण पश्चिम क्षेत्रीय ब्यूरो → महाराष्ट्र, कर्नाटक, तमिलनाडु, केरल

मास आर्गेनाइजेशन का सब कमेटी

केन्द्रीय प्रिंटिंग प्रेस पी0 डब्लु0 एल0 पी0 एवं जंग

उत्तर क्षेत्रीय ब्यूरो → दिल्ली, पंजाब, हरियाणा, उतर बिहार, उ0 प्र0, उत्तरांचल

केन्द्रीय मिलिट्री कमीशन → राज्य मिलिट्री कमीशन → रीजनल कमाड → डिविजनल कमाड → डिविजनल कंमाड → कंपनी → प्लाटून

सुकमा में कार्यरत नक्सली संरचना

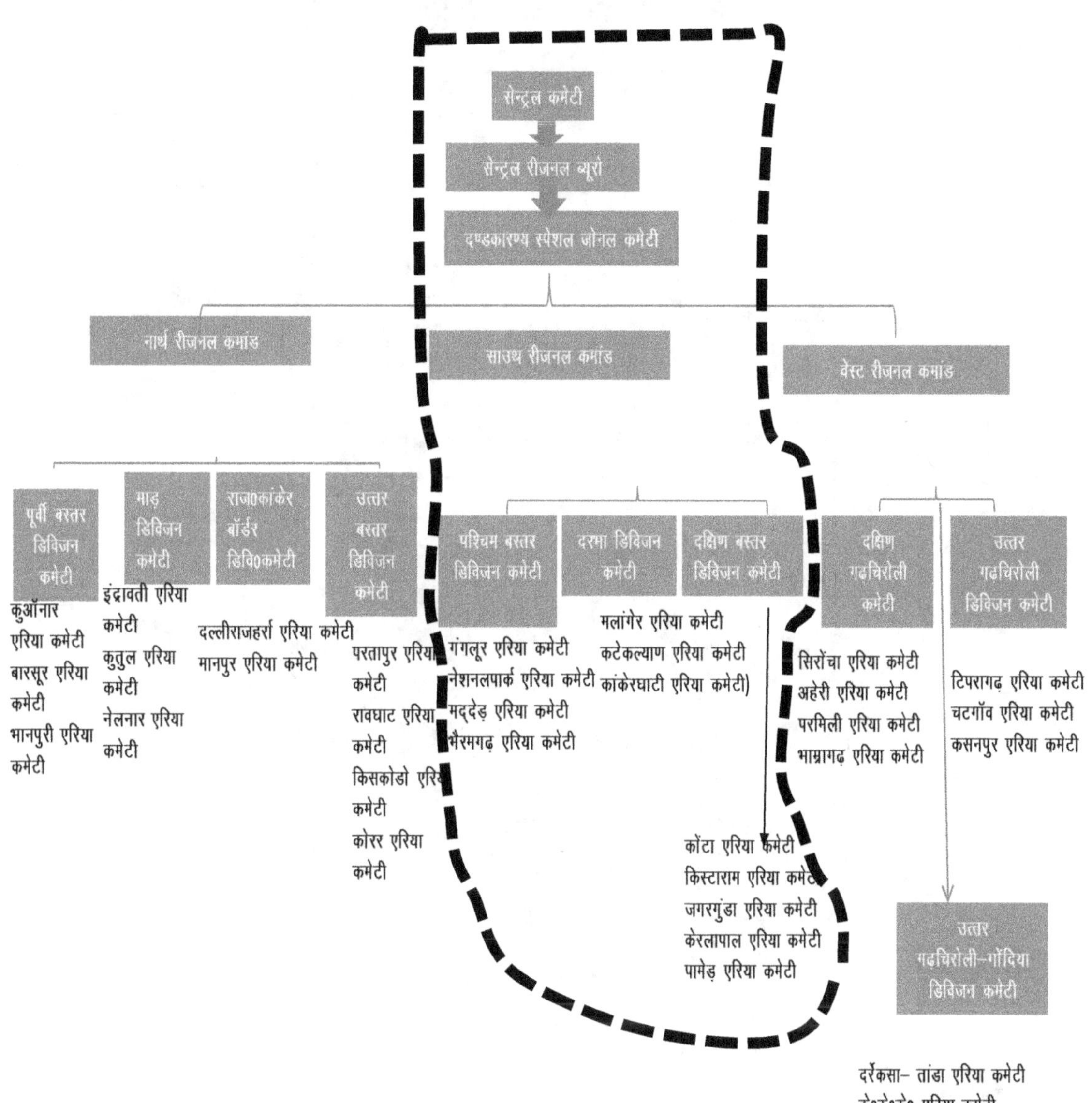

सुकमा जिले में नक्सल संरचना

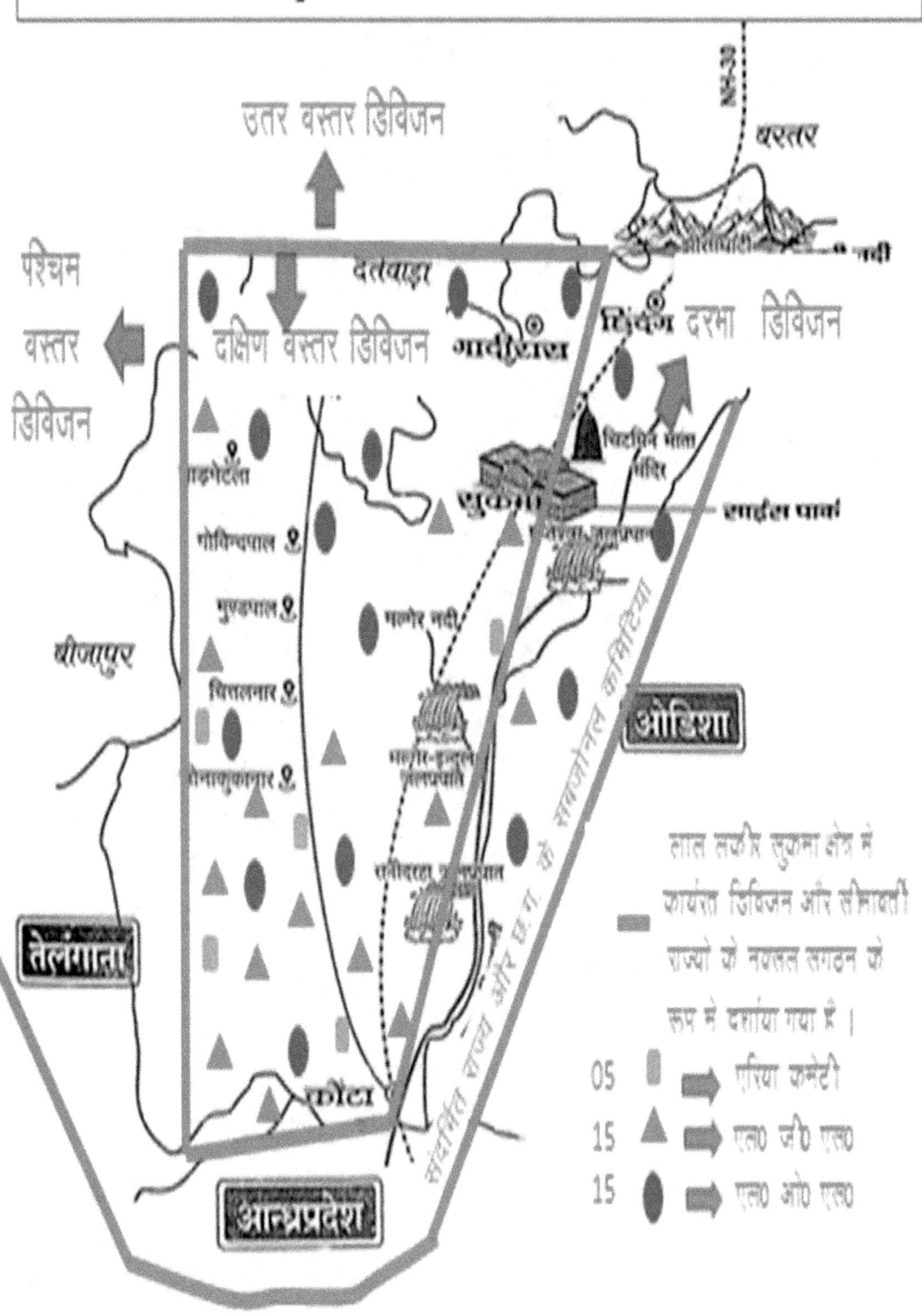

बस्तर
दंतेवाड़ा
सुकमा
ओडिसा
116
19
तेलंगाना
आन्ध्रप्रदेश
अर्द्धसैनिक बल
(02 उपमहानिरीक्षक रेंज कार्यालय, 16 बटालियने, 67 कम्पनी मोर्चा और 13 कोबरा कम्पनीया)
पुलिस प्रशासन
01 पुलिस अधीक्षक, 03 उप पुलिस अधीक्षक कार्यालय, 19 थाना, 08 छ. ग. आर्म्ड फोर्स

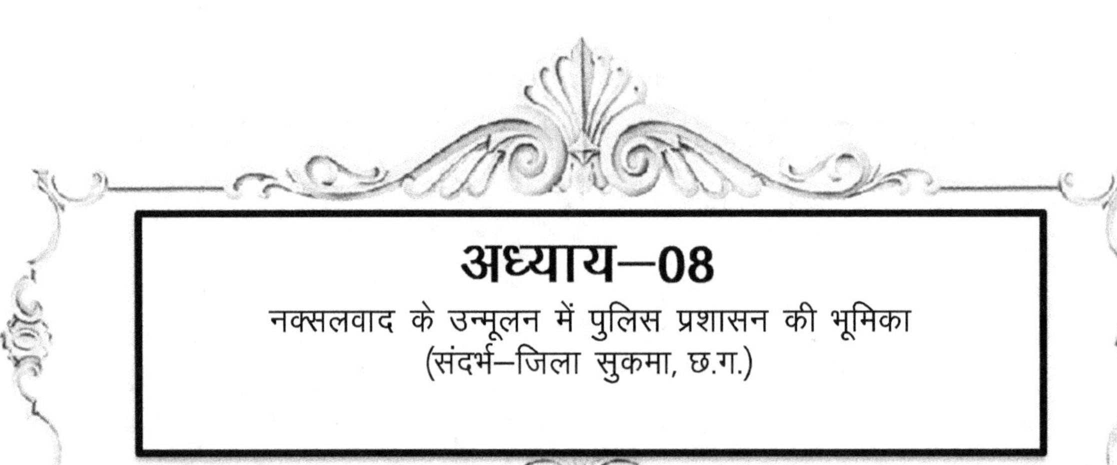

अध्याय—08

नक्सलवाद के उन्मूलन में पुलिस प्रशासन की भूमिका
(संदर्भ—जिला सुकमा, छ.ग.)

''मैनें ये जाना है कि डर का ना होना साहस नहीं है बल्कि डर पर विजय पाना साहस है। बहादुर वह नहीं है जो भयभीत नहीं होता, बल्कि वह है जो इस भय को परास्त करता है।''

नेल्सन मंडेला

छत्तीसगढ़ राज्य निर्माण के पूर्व से ही नक्सलवाद की समस्या इस क्षेत्र की और प्रदेश की सबसे बड़ी समस्याओं में से प्रथम स्थान पर आती है। इसलिए अविभाजित मध्यप्रदेश के समय बस्तर संभाग में जिला मुख्यालय जगदलपुर में कोई भी उच्च अधिकारी चाहे वह आई.ए.एस. अथवा आई.पी.एस. किसी भी स्तर का हो उसकी सबसे अंतिम पसंद अथवा मजबूरी जगदलपुर होती थी। (लेकिन बात यही नहीं रूकती है?............. महत्वपूर्ण ठेकेदार और तथा–कथित सरकारी पदों पर काबिज होनें के इच्छुक अधिकारी रिश्वत देकर के बस्तर में पदस्थापना लेते थे ताकि गरीब, निरक्षर, देशव्यापी राजनीतिक–आर्थिक–कूटनीतिक हालातों से अज्ञान आदिवासियों के विकास हेतु जारी मदों को उन मदों में खर्च ना करके कार्य पूर्णता की गलत कागजी कार्यवाही कर मोटी राशि गबन कर सकें एवं वनोपज और बेस–किमती इमारती लकड़ियों के तस्करी को प्रश्रय देकर धन बना सकें।)

जब राज्य स्तर पर व्यवस्था के संचालन में किसी भी मंत्रीमंडल का सदस्य अथवा मुख्यमंत्री के साथ किसी भी वरिष्ठ अधिकारी का विवाद उत्पन्न होता था ऐसी स्थिति में इन अधिकारियों को छत्तीसगढ़ क्षेत्र के बस्तर संभाग में पदस्थ किया जाता था। तत्कालीन समय में सामान्य बोलचाल की भाषा में लोक सेवक वर्ग इसे **'काले पानी की सजा'** की संज्ञा प्रदान करते थे। तात्पर्य यह है कि घने जंगलों व पहाड़ियों से घिरा हुआ यह भूभाग प्राचीन समय से सड़क एवं अन्य आवागमन के साधनों से अछूता रहा है। इस कारण नक्सली संगठनों के विस्तार के लिए यह स्थान सुरक्षित एवं अनुकूल रहा है। जब भारत में सर्वप्रथम पश्चिम बंगाल के नक्सलबाड़ी स्थान से चारू मजूमदार और कानू सान्याल के नेतृत्व में सामाजिक न्याय की प्राप्ति हेतु नक्सली संगठन की स्थापना के विचार का प्रादुर्भाव हुआ, उसके बाद आंध्र प्रदेश, उड़ीसा, झारखंड, महाराष्ट्र और मध्यप्रदेश के नक्सल प्रभावित क्षेत्रों की सीमाओं से लगे हुए छत्तीसगढ़ के वनाच्छादित क्षेत्रों में नक्सली संगठनों ने अपने पैर पसारने प्रारंभ कर दिये। जिसमें बस्तर संभाग सबसे अधिक सुरक्षित व अनुकूल क्षेत्र के रूप में चिन्हित और देशव्यापी नक्सल प्रभावित क्षेत्र के रूप में परिलक्षित हुआ। राज्य निर्माण के बाद राज्य सरकार ने 2001 में छत्तीसगढ़ के समग्र विकास की ओर ध्यान आकर्षित किया क्योंकि राज्य निर्माण का प्रमुख आधार विकास की अवधारणा थी। चूंकि अविभाजित मध्यप्रदेश के समय समूचे राज्य का 44 प्रतिशत राजस्व केवल छत्तीसगढ़ से प्राप्त होता था। धान का कटोरा कहलाने वाले इस प्रदेश में नक्सली वारदातों के कारण बस्तर संभाग जिसका क्षेत्रफल लगभग केरल राज्य के समकक्ष है वहाँ विकास के नाम पर आदिवासियों का शोषण और प्रशासनिक स्तर पर खानापूर्ति करके बड़े स्तर पर भ्रष्टाचार होते रहा। इसलिए इस कलंक को दूर करके इस क्षेत्र को विकास की मुख्यधारा में जोड़ने के लिए नई सरकार दृढ़संकल्प रही और उसके सकारात्मक परिणाम भी दिखाई दिये हैं। जिसमें सबसे बड़ा सहयोग एवं शहादत सुरक्षा बल के रूप में पुलिस प्रशासन की भूमिका अनुकरणीय एवं क्षेत्र के विकास में सबसे प्रभावी देखी जा सकती है क्योंकि नक्सली क्षेत्रों में जितने भी नक्सली संगठन हैं उनका सबसे बड़ा दुश्मन पुलिस को ही माना जाता है उसके बाद वन अधिकारी, व्यापारी तथा क्रमशः जनप्रतिनिधि को माना जाता रहा है।

बस्तर संभाग में एवं समूचे छत्तीसगढ़ में नक्सली घटनाओं को समाप्त करके यहाँ पर विकास को बढ़ाने के लिए छत्तीसगढ़ के पूर्व मुख्यमंत्री डॉ. रमन सिंह के कार्यकाल में पंजाब के पूर्व उच्च पुलिस अधिकारी एम. एस. गिल, जिन्होंने पंजाब प्रांत की आतंकवादी घटनाओं

को जड़ से समाप्त कर दिया था उनके अनुभव का लाभ लेने के लिए उन्हें छत्तीसगढ़ शासन द्वारा बुलाया गया था और लगभग एक वर्ष तक उन्हें रायपुर में रखा गया। उन्होंने आते ही कहा था कि **'मैं नक्सलियों को बिल में से निकालकर मारूंगा, इसके लिए राज्य सरकार मुझे फ्री हैंड करें।'** उनके इस शर्त को सरकार ने इस आधार पर ठुकरा दिया कि नक्सलियों को देखते ही यदि मार दिया गया तब कुछ निर्दोष आदिवासियों की हत्या भी हो सकती है। अतः यह कठोर कदम उठाना राज्य सरकार के लिए संभव नहीं था अंततः एम.एस. गिल वापस चले गए। उनके जाने के बाद राज्य शासन ने छत्तीसगढ़ के डी.जी.पी. के साथ अन्य पड़ोसी राज्यों, जिनकी सीमाएं छत्तीसगढ़ से लगी है, अनेक बैठकें वहां के उच्च पुलिस अधिकारियों के साथ संपन्न की गयी और नक्सलियों को समाप्त करने के लिए नई नीतियाँ व रणनीति के आधार पर संयुक्त रूप से नक्सल विरोधी कार्यवाही प्रारंभ की गयी जिसके सकारात्मक परिणाम सामने आये हैं। अतः नक्सलवाद के उन्मूलन में पुलिस प्रशासन की भूमिका और योगदान प्रारंभ से ही सराहनीय रहा है क्योंकि व्यवहारिक रूप से नक्सलियों के गढ़ में केवल पुलिस प्रशासन के दबाव के कारण ही व्यवस्था का संचालन नियंत्रित हो सका है। चाहे पंचायत चुनाव हो, नगर पालिका चुनाव हो, आम चुनाव हो, अथवा उप चुनाव हो सभी स्तर के निर्वाचन कार्य को निर्विघ्न सम्पन्न कराना, सुरक्षा बल के कारण ही संभव हो सका है। अतः पुलिस प्रशासन शांति और अशांत क्षेत्रों में एक समान, निष्पक्ष और निर्भय होकर अपनी सेवायें दे रहे हैं। उदाहरण के लिए राजनांदगांव जिले के पूर्व एस. पी. स्व. विनोद चौबे ने 29 अन्य पुलिस जवानों के साथ नक्सलियों से मुठभेड़ में शहीद होकर नक्सली उन्मूलन में अनुकरणीय पहल की थी। इसी प्रकार बस्तर संभाग में अनेक वारदातों में बहादुर पुलिस अधिकारी व उनके अधीनस्थ कार्य करने वाले सुरक्षा बल के अनेक जवानों को शहीद होना पड़ा है तब नक्सलियों की नापाक वारदातों को रोककर उन्हें समाज की मुख्यधारा में लाने का महत्वपूर्ण प्रयास किया जा सका है। संदर्भित क्षेत्र सुकमा जिला तुलनात्मक दृष्टि से छत्तीसगढ़ के अन्य सभी नक्सल प्रभावित जिलों में सबसे अधिक प्रभावित रहा है। यहाँ पर 2010 में चिन्तागुफा के पास ताड़मेटला ग्राम में केन्द्रीय सुरक्षा बल के 76 जवानों की हत्या की गई थी। वर्ष 2010 में ही सुकमा जिला में नागरिक बस पर नक्सली हमले में 26 पुलिस कर्मी मारे गये थे। ये सभी घटनाएं नक्सलवादी क्षेत्रों में पुलिस प्रशासन द्वारा नक्सली उन्मूलन के लिए किये गए प्रयासों के क्रम में घटित हुए जिसमें सुरक्षा बलों और पुलिस ने अपने प्राणों की आहुति दी जोकि नक्सलवाद उन्मूलन का एक महत्वपूर्ण भाग है। सुरक्षा बलों के अनेक जवानों की शहादत ने नक्सली उन्मूलन में सकारात्मक सफलता भी अर्जित की है परंतु नक्सलियों द्वारा किसी न किसी रूप में अपनी उपस्थिति दर्ज कराने के लिए बस्तर संभाग के विभिन्न जिलों में नक्सली वारदात को अंजाम देने के लिए नये–नये तरीके और कूटनीतिक ढंग से जनप्रतिनिधियों, पुलिस एंव वन विभाग के अधिकारियों को निशाना बनाने का दुःसाहस करते रहे है जिसका प्रभावी उपाय व जवाब पुलिस बलों के द्वारा समय–समय पर भी दिया जाता रहा है। बस्तर संभाग में 25 मई 2013 को झीरम घाटी नरसंहार की घटना ने पूरे विश्व का ध्यान आकर्षित किया। जिसमें तात्कालीन कांग्रेस अध्यक्ष नंद कुमार पटेल, विपक्षी नेता महेन्द्र कर्मा, राष्ट्रीय नेता विद्याचरण शुक्ल, राजनांदगांव के तात्कालीन विधायक उदय मुदलियार सहित 29 लोग मारे गये थे जिससे पूरे प्रदेश में नक्सलियों के विरूद्ध आक्रोश था। इस घटना के बाद पुलिस प्रशासन द्वारा नक्सलवाद उन्मूलन के लिए तेजी से प्रयास किये गये जिसमें उन्हें आत्मसमर्पण कराने के लिए केन्द्र व राज्य शासन द्वारा अनेक कल्याणकारी योजनाओं के माध्यम से सराहनीय प्रयास किये गए। जिसके अंतर्गत नक्सलियों को आत्मसमर्पित कराने के लिए अनेक पुरस्कारों की राशि की घोषणा की गई और सलवा जुडुम आंदोलन के समय पुलिस प्रशासन ने व्यवस्था को पूर्णतः नियंत्रण में रखा।

परिणामस्वरूप पुलिस प्रशासन का योगदान छ.ग. के सुकमा जिले के सभी गांव में निवासरत स्थानीय निवासियों तक बना हुआ है जिसमें प्रतिवर्ष प्रदेश के उच्च अधिकारी व जनप्रतिनिधियों ने अपना योगदान सकारात्मक ढंग से दिया है। छ.ग. के 28 जिलों में सुकमा जिला एकमात्र ऐसा जिला है जहां के कलेक्टर एलेक्स पॉल मेनन का नक्सलियों के द्वारा अपहरण किया जाना एक बहुत बड़ी स्तब्ध करने वाली घटना थी। जिसका समाचार समूचे राष्ट्र के प्रिंट एवं इलेक्ट्रानिक मीडिया की सुर्खियों में प्रकाशित एवं प्रसारित हुआ था। इस समस्या के निराकरण के लिए राज्य सरकार के उच्च राजनीतिक स्तर पर जो प्रयास किये गए उसमें पुलिस प्रशासन का प्रत्यक्ष एवं अप्रत्यक्ष रूप से सराहनीय सहयोग था। इस घटना के बाद उच्च पुलिस अधिकारियों की निगरानी में कूटनीतिक ढंग से अविभाजित मध्यप्रदेश के उच्च प्रशासनिक अधिकारी **श्रीमती निर्मला बुच** की मध्यस्थता में पुलिस प्रशासन ने अपनी सूझबूझ से इतने गंभीर प्रकरण का निराकरण कर सुकमा कलेक्टर एलेक्स पॉल मेनन को सकुशल रिहा करवाया था। अतः पुलिस प्रशासन द्वारा नक्सलवाद के उन्मूलन में हर कदम पर महत्वपूर्ण एवं प्रभावी भूमिका का परिचय दिया गया है। बस्तर संभाग में नक्सली वारदातों से स्थानीय आदिवासी समुदाय उस समय बहुत अधिक दबाव में आ चुके थे जब वहां पर **नक्सलियों ने फरमान जारी किया था कि प्रत्येक परिवार से एक नवयुवक को अनिवार्य रूप से नक्सली आंदोलन में सम्मिलित होना होगा।** ऐसी स्थिति में पहली बार जो आदिवासी नक्सलियों को नायक मानकर उनका समर्थन करते रहते थे वे एकजुट होकर सलवा जुडूम आंदोलन के लिए एकत्रित होने लगे। यह आंदोलन स्वस्फूर्त नक्सलियों के विरूद्ध स्थापित हुआ था जिसे अप्रत्यक्ष रूप से राज्य शासन द्वारा पूरा समर्थन दिया जा रहा था, इसके समर्थन में तत्कालीन विरोधी दल के नेता महेन्द्र कर्मा ने शासन की इन नीतियों का पूरा समर्थन करके सलवा जुडूम आंदोलन को विस्तारित करने में बहुत बड़ा सराहनीय योगदान दिया था। उस समय सत्तापक्ष और विपक्ष दोनों ही नक्सली आंदोलन को जड़ से समाप्त करने के लिए प्रतिबद्ध थे। इस आंदोलन ने नक्सलियों की कमर तोड़कर रख दी थी और वे इसके विरूद्ध बौखलाए हुए थे।

तत्कालीन परिस्थितियों में पुलिस प्रशासन ने महत्वपूर्ण जिम्मेदारी निभाते हुए सलवा जुडूम आंदोलन के दौरान ग्रामीणों को जिन शिविरों में रखा गया था उनकी सुरक्षा व्यवस्था को सफलता पूर्वक नियंत्रित किया गया था जिसमें अनेक केन्द्रीय सुरक्षा बल के जवानों को भी लगाया गया था और इस अभियान में छत्तीसगढ़ पुलिस द्वारा नक्सलियों के उन्मूलन के लिए स्थानीय स्तर पर एक नया प्रयोग यह भी किया गया था कि दूसरे प्रांतों से आने वाले सुरक्षा बलों को मार्गदर्शन एवं भौगोलिक जानकारी देने के लिए स्थानीय स्तर पर **एस.पी.ओ. अर्थात् स्पेशल पुलिस अधिकारी** के रूप में स्थानीय नवयुवकों को पुलिस में भर्ती करके उनका सहयोग लिया गया। नक्सली उन्मूलन में पुलिस प्रशासन का यह प्रयोग काफी प्रभावी एवं महत्त्वपूर्ण था, बाद में अनेक मानव अधिकार संगठन एवं बुद्धिजीवियों द्वारा इसका विरोध किये जाने एवं इस प्रकार की गतिविधियों के विरूद्ध कुछ मानव अधिकार संगठनों एवं साम्यवादी विचारकों द्वारा सर्वोच्च न्यायालय तक जनहित याचिका के माध्यम से प्रकरण को ले जाने के कारण अंततः सलवा जुडूम एवं एस.पी.ओ. की भर्ती दोनों ही कदमों को शासन को वापस लेना पड़ा। ये सभी निर्णय शासन स्तर पर किये जाते रहे परंतु इन्हें क्रियान्वित करने की संपूर्ण जिम्मेदारी पुलिस प्रशासन के माध्यम से ही संभव थी। अतः सुकमा जिले में नक्सली उन्मूलन में पुलिस प्रशासन की भूमिका सदैव सहयोगी, सकारात्मक और जनहित में शासन की कल्याणकारी योजनाओं का लाभ स्थानीय आदिवासियों को उनके हक में जल, जंगल और जमीन के रूप में प्रदान करने में सदैव सक्रिय व तत्पर रही है। आज भी

सुरक्षा बलों के माध्यम से ही वहां की प्रशासनिक स्थिति नियंत्रण में है एवं शासन के सभी कार्यक्रम यथा आम नागरिकों की सुरक्षा, यातायात व्यवस्था, स्थानीय स्तर पर होने वाले निर्वाचन को निर्विघ्न संपन्न कराना पुलिस प्रशासन के ऊपर ही निर्भर है। 'अतः नक्सली उन्मूलन और पुलिस प्रशासन दोनों एक–दूसरे के पर्याय बनकर कार्य कर रहें हैं।'

पुलिस प्रशासन की मुख्य अवधारणा यह है कि सुरक्षा और न्याय पाना प्रत्येक नागरिक का मौलिक अधिकार है। इस गुरूत्तर दायित्व को पूर्ण करना पुलिस का कर्तव्य है। कानून एवं व्यवस्था की स्थापना के लिए तथा अपराध को रोकने के लिए जहाँ नागरिकों को पुलिस की जरूरत होती है वहीं पुलिस को भी प्रभावी कर्तव्य पालन एवं विविध कार्यों के निष्पादन के लिए नागरिकों के सहयोग और समर्थन की आवश्यकता होती ही है। 'समाज में कानून व्यवस्था बनाये रखने तथा अपराध मुक्त समाज के निर्माण में पुलिस और जनता की पारस्परिक निर्भरता ही पुलिस और जनता के मध्य अंतःसंबंध की आधारशिला है।' प्रत्येक नागरिक आज भारी मन से किन्तु निःसंकोच यह स्वीकार करता ही है कि पिछले समय में पुलिस और जनता के मध्य संबंध जीर्ण–शीर्ण अवस्था में रहें हैं और इनमें दरार रही है किंतु यह अवधारणा ध्वस्त होने के कगार पर है। पुलिस द्वारा कभी–कभी जो कठोर निर्णय लिये जाते हैं, वे कुछ अपवादों या युद्ध ग्रस्त क्षेत्र जैसे हालात के कारण उत्पन्न जमानत क्षति के अतिरिक्त निःसंदेह जनहित के लिए ही होते हैं। लेकिन जब कोई अप्रिय घटना ऐसा कार्य करते हुए दुर्भाग्य से घट जाती है तो उसका घोर विरोध जनसाधारण द्वारा किया जाता है। आपराधिक गतिविधियों एवं न्याय प्रशासन की व्यवस्था पूरी तरह से पुलिस द्वारा ही की जाने वाली विवेचनात्मक कार्यवाही पर निर्भर है लेकिन पुलिस के प्रति अधिकांश जनता की धारणा फिर भी नकारात्मक ही है। अधिकतम पुलिस कर्मियों और उनके परिजनों को शिकायत है कि कार्य की अधिकता के कारण उनको स्वयं के लिए समय नहीं मिल पाता और जनता की शिकायत एवं अपेक्षा सदैव यह रहती है कि आम नागरिकों की सुरक्षा किसी भी किसी भी स्थिति में पुलिस को हल करना ही चाहिए जबकि वास्तविकता यह है कि पुलिस अधिकारी एवं कर्मचारी भी आम नागरिक की तरह एक सामाजिक व्यक्ति ही है और उनकी भावनाएं, उनका परिवार और उत्तरदायित्व भी आम नागरिक के समान ही होता है। अनेक बार जनता आशा से अधिक आपेक्षा करती है कि पुलिस अधिकारी को सबकुछ मालूम होता है यदि वे चाहें तो किसी भी प्रकार का अपराध होना संभव नहीं है जबकि अपराधी हमारे आसपास ही समाज में रहते हैं और हमारे सामने वारदात करते हैं इसके लिए यदि आम नागरिक का सहयोग पुलिस को स्थानीय स्तर पर प्राप्त नहीं होगा तब कितनी भी ईमानदार, साहसी, कर्तव्यपरायण और देशभक्त पुलिस अधिकारी भी हर समस्या का निदान नहीं कर सकते है क्योंकि वह अंतर्यामी नहीं है। उसकी भी सीमाएं हैं उस सीमा से बाहर जाकर वह कुछ नहीं कर सकता है जबकि जनता के सहयोग से वह सब कुछ कर सकता है, जैसे साम्यवादी देशों में जनता को अधिकार तभी प्राप्त होता है जब वह अपने कर्तव्यों का विधिवत पालन करती है। इसलिए वहां जनता ही जनता के ऊपर नियंत्रण करती है। हमारे देश में आम जनता अधिकारों के लिए भूखे भेड़िये की तरह टूट पड़ती है, परंतु जब कर्तव्य की बारी आती है तब वह मौन रहती है। अतः पुलिस प्रशासन सदैव जनहित में समर्पित रहता है परंतु उसकी सफलता और असफलता दोनों स्थानीय जनता के समर्थन व सहयोग पर निर्भर करती है। यही स्थिति नक्सली क्षेत्रों में भी लागू होती है। जब तक स्थानीय स्तर पर पुलिस या सुरक्षा बलों को स्थानीय नागरिकों का सहयोग व समर्थन प्राप्त नहीं होगा तब तक अपराधी या नक्सली संगठन हिंसक वारदातों को अंजाम देते रहेंगे और सामान्य नागरिक कभी शासन को, कभी राजनीतिक जनप्रतिनिधियों को और अधिकांशतः पुलिस प्रशासन को दोषी

ठहराकर उनकी आलोचना करते रहते है। जबकि जापान, ईजराइल जैसे देशों में आम नागरिक इतने अधिक जागरूक एवं राष्ट्र के प्रति समर्पित हैं कि किसी अपराधी को हिंसक वारदात करने की हिम्मत ही नहीं होती है, क्योंकि जनता ही ऐसे अपराधियों को पुलिस के हवाले कर देती है। भारत एक महत्वपूर्ण लोकतांत्रिक देश है। मानव सभ्यता के पाँच हजार वर्षों से भी पुराने इतिहास में कहीं भी, कभी भी इतने व्यापक पैमाने पर लोकतांत्रिक प्रयोग नहीं चला जैसा कि भारत में स्वाधीनता के बाद चला है। प्रजातंत्र के परिप्रेक्ष्य में भारत की महत्ता का अहसास पश्चिमी देशों में अधिक है। **प्रो. थाम्पसन** का कथन भी गौर करने लायक है कि '**भारत स्वयं की दृष्टि से ही एक महत्वपूर्ण देश नहीं है वरण यह समस्त विश्व में लोकतंत्र के भविष्य की दृष्टि से भी सर्वाधिक महत्वपूर्ण है।**'

गणतंत्र का सबसे पहला उद्देश्य नागरिकों को सामाजिक, आर्थिक और राजनैतिक न्याय उपलब्ध कराना है। इन उद्देश्यों की प्राप्ति के लिए राज्य अपनी विभिन्न कार्यकारी संस्थाओं की लक्ष्य प्राप्ति के लिए कार्यान्यवित है और व्यवस्था बनाए रखता है। दुनिया के प्रत्येक देश में तथा प्रत्येक समाज में पुलिस संगठन सरकार की कार्यपालिका संबंधी कार्यों के निर्वहन में एक तंत्र के रूप में कार्य करता है तथा वह प्रत्येक जगह कानून की स्थापना करता है। **हरमन गोलस्टर** ने भी कहा है कि '**प्रजातंत्र की शक्ति इस बात पर निर्भर करती है कि नागरिक किस प्रकार अपना जीवन व्यतीत कर रहे हैं तथा पुलिस अपने कर्तव्यों का निर्वाह कितनी योग्यता से कर रही है।**' **ऑक्सफोर्ड शब्दकोश** में पुलिस शब्द से अभिप्राय कानून और व्यवस्था को बनाये रखने एवं नियंत्रित करने वाला संगठन है, राज्य की अंतरंग सरकार इसके अनुसार 'पुलिस मैन' से तात्पर्य ऐसे व्यक्ति से है जिसे कानून व्यवस्था बनाये रखने के लिए राजकोष से वेतन मिलता है **लैटिन भाषा** में पुलिस शब्द से तात्पर्य है **पुलिटिया** जिसका अर्थ होता है पोलिस। वस्तुतः पुलिस शब्द से अभिप्राय है प्रशासन की व्यवस्था अथवा प्रशासन का नियंत्रण। आधुनिक समाज में पुलिस, नागरिक अधिकारियों का वह संगठित समूह है जिसका प्रमुख कार्य सुव्यवस्था स्थापित करना, अपराधों की रोकथाम करना तथा कानूनों को लागू करना है। अधिकांश देशों और समाजों में प्रारंभ से ही किसी न किसी भाँति चौकसी करने वाले संगठन रहते आए हैं। प्रारंभिक समाजों में ये संगठन अत्यंत सरल और सामान्य दृष्टि वाले रहे होंगे किन्तु सभ्यता के विस्तार के साथ जैसे–जैसे जनसंख्या बढ़ती गई, आवागमन और संचार साधनों का विकास हुआ के साथ ये संगठन जटिल और तकनीकी बनते गए। फिर भी प्रशासनिक संगठन में राज्य की एक स्वतंत्र इकाई के रूप में व्यवस्थाओं से भिन्न भारतीय पुलिस व्यवस्था एकात्मक और संघात्मक जैसे वर्गीकरणों में नहीं बाँधी जा सकती। **भारतीय संविधान के सातवें भाग में पुलिस विषय की प्रविष्टि राज्य सूची के अंतर्गत है** इसका तात्पर्य यह है कि भारतीय संविधान द्वारा अपराध और पुलिस राज्यों का विषय है। भारतीय संविधान द्वारा अपराध और पुलिस प्रशासन के संबंध में विधि निर्मित करने का अधिकार राज्य सरकारों को दे दिया गया है। अपराध और पुलिस प्रशासन तथा तत्सम्बन्धी विषयों से केन्द्र सरकार का कोई प्रत्यक्ष संबंध नहीं है लेकिन पुलिस से संबंधित अनेक महत्वपूर्ण विषय केन्द्रीय सूची में है जैसे आयुध, गोला बारूद और विस्फोटक पदार्थ, संघ के अन्य सशस्त्र बल, संघ के सशस्त्र बल का राज्य में सिविल शक्ति की सहायता में अभि–नियोजन, निवारक निरोध कानून और इसके अतिरिक्त पुलिस द्वारा प्रयोग में लाये जाने वाले कानून दंड प्रक्रिया संहिता, भारतीय दंड संहिता समवर्ती सूची के विषयों में सम्मिलित है। समवर्ती सूची के विषयों पर संसद और राज्य विधान मंडलों को कानून बनाने का अधिकार है इस प्रकार यह स्पष्ट होता है कि केन्द्रीय सरकार का अधिकार भिन्न–भिन्न प्रकार से राज्यों से पुलिस प्रशासन को प्रभावित करता है।

पुलिस अधिनियम,1861 को पारित करके देश में पुलिस प्रशासन के संबंध में कानून का निर्माण किया गया था इस अधिनियम की उद्देशिका में कहा गया है कि पुलिस को पुनर्गठित करने, अपराधों को निवारित करने, अपराध का पता लगाने के लिए पुलिस को दक्ष उपकरण बनाने हेतु इस अधिनियम को पारित किया गया है। पुलिस प्रशासन को भारत का संविधान लागू होने के पश्चात् राज्यों का विषय बना दिए जाने के कारण उक्त उद्देशिका को क्रियान्वित करने का दायित्व राज्यों को सौंपा गया है और राज्यों ने इस दायित्व का निर्वहन करने और अपने–अपने पुलिस प्रशासन को संचालित करने के लिए पुलिस विनियम (पुलिस रेग्युलेशन) को विनिर्मित किया। पुलिस बल को पुलिस अधिनियम में भी परिभाषित किया गया है। भारत सरकार के अधीन समस्त पुलिस स्थापन एक पुलिस बल समझा जायेगा वह अधिकारियों और पुलिस जन की ऐसी संख्या से मिलकर बनेगा जैसा कि राज्य सरकार समय–समय पर आदेश करे। पुलिस बल के अंतर्गत नागरिक पुलिस एवं नागरिक पुलिस के अन्य अनुषंगी संगठनों जैसे–सी.बी.आई., आई.बी. विजीलेंस अनुभाग, पी.ए.सी. एवं अर्धसैनिक बलों जैसे–सी.आर.पी. एफ., बी.एस.एफ., आई.टी.बी.पी., सीमा सुरक्षा बल आदि केन्द्रीय पुलिस संगठन आते हैं। राज्य की नागरिक पुलिस के सहयोग के लिए आवश्यकतानुसार केन्द्रीय पुलिस बल का भी प्रयोग किया जाता है। अन्य पुलिस संगठनों का सामान्य जनता से जुड़े कार्यों में प्रत्यक्ष हस्तक्षेप अपवादिक परिस्थितियों में ही होता है। सामान्य तौर पर नागरिक पुलिस ही जनता से रूबरू होती है। हमारे देश की संवैधानिक व्यवस्था संस्थात्मक स्तर पर तो संघीय है परन्तु हमारे संविधान की आत्मा एकात्मक है। परिणामतः व्यवहार में हमारी पुलिस व्यवस्था राष्ट्रीय एवं एकीकृत प्रकृति बनाए रख सकती है। अतएव राज्यों में विद्यमान अन्य व्यवस्थाओं के साथ–साथ पुलिस व्यवस्था को भी भारतीय संविधान में व्याप्त केन्द्रीय संघवाद की सीमाओं में ही कार्यरत रहना होता है। भारत के लगभग 16 प्रदेशों में नक्सलवाद एक बड़ी समस्या के रूप में राज्य प्रशासन को नकारात्मक ढंग से प्रभावित कर रहा है। जिसका प्रत्यक्ष व अप्रत्यक्ष प्रभाव केन्द्रीय प्रशासन पर भी पड़ता है। छत्तीसगढ़ इन सभी प्रदेशों में सबसे अधिक नक्सल प्रभावित राज्य के रूप में देखा जाता है। जहां केन्द्र और राज्य सरकार दोनों मिलकर संयुक्त रूप से इस समस्या से निपटने का सतत् प्रयास करते रहे हैं। राज्य की मांग पर केन्द्र सरकार द्वारा केन्द्रीय सुरक्षा बलों की अनेक बटालियनों को छ.ग. भेजा गया है। जिसमें सी. आर.पी.एफ., नागा बटालियन, एस.ए.एफ (स्पेशल आर्म फोर्स) जैसे अनेक पैरामिलिट्री फोर्सेस के जवानों को समय–समय पर तैनात किया गया है जिन्होंने संयुक्त रूप से नक्सल उन्मूलन में अपनी जिम्मेदारी का सफलतापूर्वक वहन किया है।

उल्टा चेहराः– उपर लिखे पुलिस के चेहरे के अलावा भी उल्टा चेहरा है जिसको इनकार नही किया जा सकता मसलन कि ....

> समस्या समाधान के एवज मे रिश्वत का खेल।
> पूछताछ मे मारपीट एवं गाली–गलौज, यहॉ तक कि Custodial death के स्तर के जुल्म करना।
> समय पूर्व पदोन्नति, वीरता पदक प्राप्ति और नाम कमाने की लोलुपता के कारण अनावश्यक नक्सल घोषित करना या सामान्य ग्रामवासी की हत्या कर नक्सली घोषित कर देना।
> **पुलिसिया धौंस** कमजोर, लाचार एवं अज्ञान, गरीबों को दिखाना और **पुलिसिया सहयोग और न्याय** सामन्यतः अमीरों, सहजातियों और उच्च जातियों के पक्ष में रूख रखना।

हॉलांकि इसका कारण पुलिस विभाग की ऐतिहासिक पृष्टभूमि माना जा सकता है जैसे कि भारत में धार्मिक प्रभुत्व, राजतंत्र व शासन–प्रशासन हो, वैदिक काल के जाति व्यवस्था का शासन हो या विदेशी शासकों या औपनिवेशिक शासन हो इत्यादि का प्रतिफल आज तलक शासन संचालन में प्रत्यक्ष या अप्रत्यक्ष रूप से निरंतर जारी है इसीलिए पुलिस व्यवस्था कि जनता से दूरी और अविश्वास यथावत बनी हुई है।

उपरोक्त बातों के बाबजूद भी आंतरिक सुरक्षा मे सर्वाधिक बलिदान देने वाले और विश्व के सबसे बड़े लोकतंत्र के सबसे बड़े प्रहरी केन्द्रीय बल और पुलिस प्रशासन ही है अतः उपरोक्त बताये केन्द्रीय बल या पुलिस की नकारात्मक छवि कहीं पर सही हो तो कहीं पर केवल कपोलकल्पित आरोप मात्रभर है, सुकमा जिले के विशेष संदर्भ में विकास कार्यो के क्रियान्वयन, आम नागरिकों के मद्दगार के प्रथम पंक्ति में खड़े अभिकरण और नक्सलवाद उन्मूलन के **Tool** के रूप में केन्द्रीय बलों और पुलिस प्रशासन की महत्वपूर्ण भूमिका रही ही है।

❖ सुकमा जिला में नक्सलवाद के उन्मूलन में पुलिस प्रशासन के अंतर्गत संचालित योजनाए :–

- **सामान्य प्रशासन के सुचारु संचालन मे सुरक्षा उपल्बध करना**– सुकमा जिले में पुलिस प्रशासन द्वारा जिला प्रशासन के व्यक्तियों/समस्त संस्थाओं, जैसे–कलेक्टर व जिला प्रशासन के सहबद्ध संचालित संस्थानों की सुरक्षा व्यवस्था हेतु सुरक्षा बल उपलब्ध कराकर उनकी सुरक्षा प्रबंध किया जा रहा है इसी क्रम में जिला सुकमा में संचालित कलेक्टर कार्यालय, जिला पंचायत कार्यालय, स्कूलों, आश्रमों, चिकित्सालयों, बैंकों, निर्माण से सम्बन्धित एवं अन्य सरकारी संस्थाओं को सुरक्षा व्यवस्था उपलब्ध कराकर उनकी सुरक्षा व्यवस्था सुदृढ़ किया जा रहा है।
- **आम नागरिकों की सुरक्षा व्यवस्थाः**– जिला सुकमा के पहुँच विहीन इलाकों में जहाँ पूर्व में नक्सलियों का कब्जा हुआ करता था, ऐसे क्षेत्रों को चिन्हांकित कर वहाँ थाना/कैम्पो का निर्माण कर सुरक्षा बलों के द्वारा वहाँ के आम नागरिकों की सुरक्षा व्यवस्था को सुदृढ़ किया जा रहा है।
- **जन कल्याणकारी कार्यः**– जिला सुकमा में जिला प्रशासन के सहयोग से पुलिस प्रशासन द्वारा समय–समय पर निम्न लिखित जनकल्याणकारी योजनाओं का संचालन किया जाता है–
  - ➢ **शिक्षण/प्रशिक्षण संस्थानः**– सुकमा जिले में जिला प्रशासन के सहयोग से पुलिस प्रशासन द्वारा आत्मसर्मपित नक्सलियों एवं नक्सल पीड़ितों को रोजगार देने के उद्देश्य से समय–समय पर शिल्पकार, कंप्यूटर जैसे रोजगार उन्मुखी शिक्षण/प्रशिक्षण कार्यक्रमों का आयोजन कर उन्हें कौशल निर्माण हेतु प्रशिक्षित किया जाता है जिससे वे अपना जीवनयापन अच्छे से कर सकें।
  - ➢ **सिविक एक्शन कार्यक्रमः**– सुकमा जिले में तैनात सुरक्षा बलों के द्वारा समय–समय पर अंदरूनी ग्रामों में नक्सल प्रभावित ग्रामों में जन कल्याण कार्यक्रम के तहत आम नागरिक/ग्रामीणों को दैनिक उपयोगी वस्तुओं का वितरण किया जाता है। जिससे उनका झुकाव पुलिस प्रशासन की ओर हो और पुलिस प्रशासन पर विश्वास बढ़ सके और बाजार से पहुंचविहीन ग्रामों और ग्रामिणों को मूलभूत वस्तुएं प्राप्त हो सके।

- **बाजार सुरक्षा व राशन की आपूर्ति तंत्र की सुरक्षाः–** सुकमा जिले के पहुंचविहीन ग्राम या नक्सल प्रभावित ग्रामों के बाजारों में आम नागरिकों की सुरक्षा हेतु पुलिस प्रशासन की देख रेख में साप्ताहिक बाजारों का आयोजन किया जाता है साथ ही सुकमा जिले में घोर नक्सल प्रभावित क्षेत्र जगरगुण्डा, भेज्जी, गोरखा और किस्टाराम थानों के अंदरूनी ग्रामों में आम ग्रामीणों तक राशन पहुंच सके, राशन व्यवस्था सुदृढ़ हो जिससे वहाँ के आम नागरिकों को भोजन प्राप्त हो सके।

- **फील्ड अस्पतालः–** सुकमा जिले में माननीय गृह मंत्री श्री राजनाथ सिंह एवं छ0ग0 राज्य के मुख्यमंत्री डा0 रमन सिंह के निर्देशन में उनकी महत्वाकांक्षी योजना फील्ड अस्पताल के तहत सुकमा जिले में ग्राम– भेज्जी, चिन्तागुफा एवं चिनतलनार जैसे घोर नक्सल प्रभावित ग्रामों में सुरक्षा की सहायता से स्थापित किया गया है जिसमें सुरक्षा बलों के चिकित्सकों के द्वारा जरूरतमंद ग्रामीणों को स्वास्थ्य सेवाएं निःशुल्क दी जाती है।

- **कानून व्यवस्थाः–** सुकमा जिले में मुख्य रूप से कानून व्यवस्था की जिम्मेदारी केन्द्रीय अर्द्धसैनिक बलों की सहायता से पुलिस प्रशासन के द्वारा सकुशल निर्वाहन किया जा रहा है जिससे सुकमा जिले में आम एवं गणमान्य नागरिक एक बेहतर जीवनयापन कर पा रहे हैं।

- **पुनर्वास नीति लागू करने सुरक्षा उपल्बध करनाः–** राज्य शासन की महत्वाकांक्षी योजना पुनर्वास नीति के तहत पुलिस प्रशासन के द्वारा आत्मसर्मपित एवं नक्सल पीड़ित व्यक्तियों को सुरक्षा प्रदान किया जा रहा है जिससे वे समाज के मुख्यधारा से जुड़ कर एक अच्छा जीवनयापन कर रहे हैं।

- **लोकतांत्रिक कार्यः–** सुकमा जिले में पुलिस प्रशासन के द्वारा आम चुनाव के राज्य विधान मंडल के साथ–साथ क्षेत्रीय स्तर के चुनावों का सकुशल निष्पादन किया जाता है। ज्ञात हो कि भारत विश्व का सबसे बड़ा लोकतांत्रिक देश है ऐसे मे केवल सुकमा ही नहीं सम्पूर्ण और तथाकथित रेड–कॉरीडोर में निर्वाचन का संचालन अर्द्धसैनिक बल और पुलिस प्रशासन के बिना ना तो संभव है और ना ही न्यायिक है और ना ही पक्षपात रहित हो सकता है इसका सीधा–सीधा अर्थ है कि विश्व के सबसे बडे लोकतंत्र का सबसे बड़ा रक्षक अर्द्धसैनिक बल ही है।

- **व्ही0 आई0 पी0 सुरक्षाः–** व्ही0 आई0 पी0 सुरक्षा का दूसरा नाम ई0 पी0 है। जिसे करीबी सुरक्षा के रूप में जाना जाता है। व्ही0 आई0 पी0 या अन्य व्यक्तियों की सुरक्षा सुनिश्चित करने के लिए किये गए सुरक्षा और जोखिम न्यूनीकरण उपायों को संदर्भित करता है जो उनके रोजगार, हाई प्रोफाइल स्थिति, निवल मूल्य के कारण उच्च व्यक्तिगत जोखिम के संपर्क मे आ सकते हैं उसको देखते हुए उनको व्ही0 आई0 पी0 सुरक्षा दी जाती है। व्ही0 आई0 पी0 सुरक्षा आमतौर पर किसी ऐसे व्यक्ति को दी जाती है जो सरकार या नागरिक समाज में उच्च पद पर आसीन होता है। व्ही0 आई0 पी0 सुरक्षा को तकरीबन 06 भागों मे बाँटा गया है। नक्सलवाद को देखते हुए सुकमा के व्ही0 आई0 पी0 को चिन्हीत करके उनको सुरक्षा प्रदान किया जा रहा है जिससे की किसी भी प्रकार की अंप्रासांगिक घटना ना हो सके।

संदर्भित क्षेत्र सुकमा जिले में नक्सलवाद के उन्मूलन में पुलिस प्रशासन की भूमिका के विश्लेशण के संबंध में जिले के तीनों तहसीलों से चयनित बहुतेरे उत्तरदाताओं से प्रश्नावली, साक्षात्कार के माध्यम से उनका अभिमत प्राप्त किया गया है जिसका विश्लेशण निम्नानुसार है –

<table>
<tr><td>

प्रश्न 01   क्या आप इस बात से सहमत हैं कि सुकमा में समय–समय पर पुलिस को विभिन्न चेतावनी में हिंसक घटनाओं को अंजाम देने की घमकियाँ शामिल रहती है?

</td><td>

प्रश्न 02   क्या आप इस बात से सहमत हैं कि सुकमा जिले की सीमाओं से आंध्रप्रदेश, बिहार, उड़ीसा की सीमाएं लगी हुई हैं, यह भी नक्सलवाद के विस्तार का एक प्रमुख कारण है?

</td></tr>
</table>

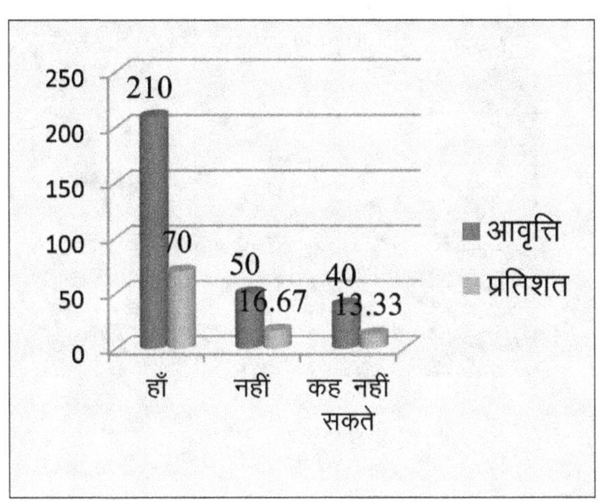

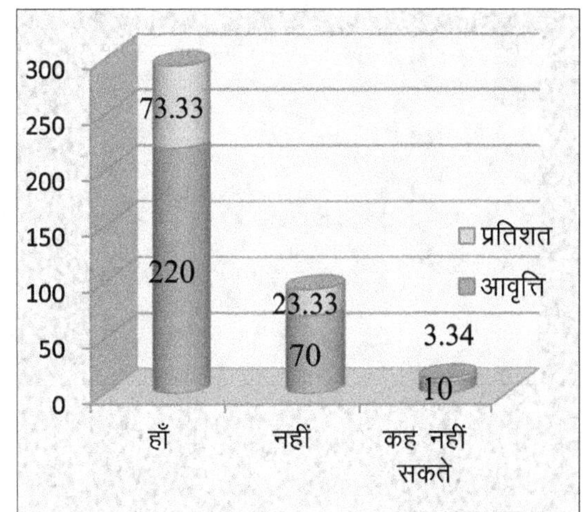

<table>
<tr><td>

प्रश्न 03   क्या आप इस बात से सहमत हैं कि छ.ग. नक्सल प्रभावित राज्य होने के कारण उसका नकारात्मक प्रभाव प्रदेश के सभी जिलों के विकास पर पड़ा है?

</td><td>

प्रश्न 04   क्या आप इस बात से सहमत हैं कि सुकमा जिले की नक्सली समस्या के निदान हेतु सेवानिवृत्त उच्च पुलिस अधिकारियों की मध्यस्थता लाभप्रद हो सकती है?

</td></tr>
</table>

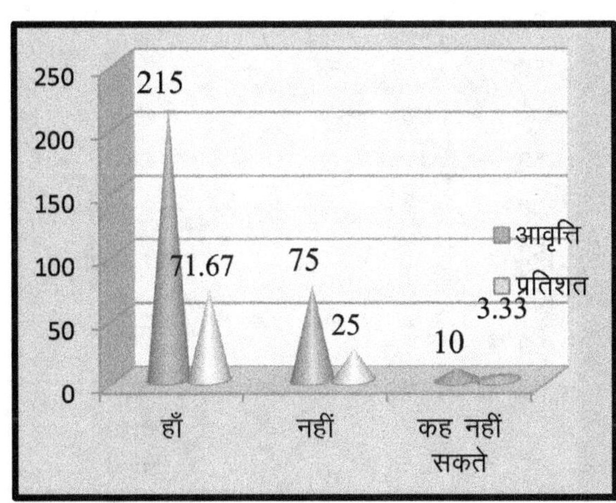

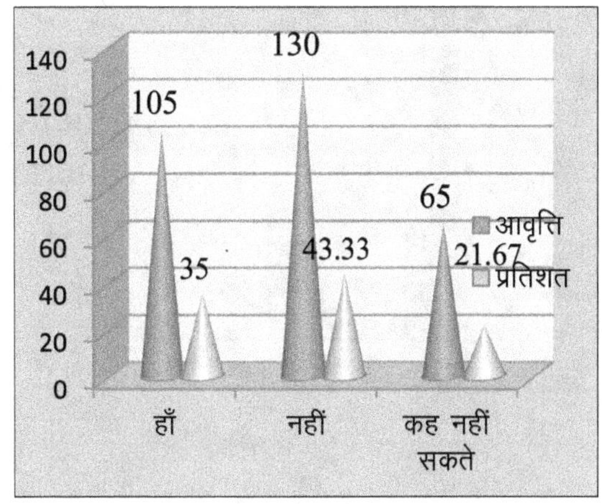

प्रश्न 05 क्या आप इस बात से सहमत हैं कि सुकमा में ग्राम पंचायतों के माध्यम से राज्य सरकार, पुलिस प्रशासन की विकासवादी योजना का विस्तार नक्सलवाद को रोकने में एक महत्वपूर्ण प्रयोग हो सकता है?

प्रश्न 06 क्या आप इस बात से सहमत हैं कि सुकमा में जब तक अधिकारियों द्वारा आदिवासियों का शोषण बंद नहीं होगा तब तक नक्सलवाद भी समाप्त नहीं होगा?

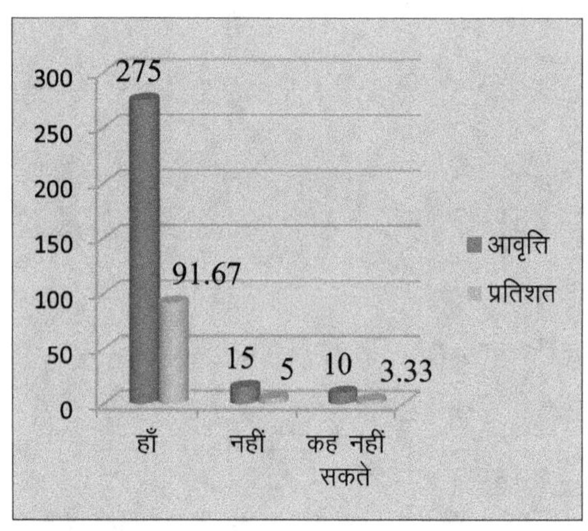

275
91.67
15 5 10 3.33
आवृत्ति
प्रतिशत
हाँ नहीं कह नहीं सकते

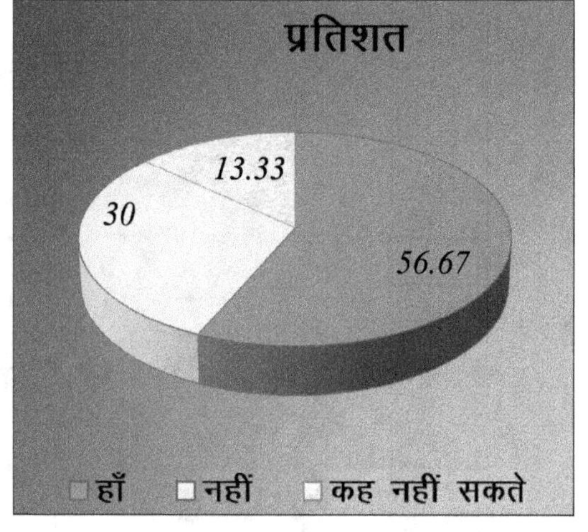

प्रतिशत
13.33
30
56.67
हाँ नहीं कह नहीं सकते

प्रश्न 07 क्या आप इस बात से सहमत हैं कि सुकमा में राज्य सरकार की कल्याणकारी योजनाओं को प्रचारित करने पर स्थानीय स्तर पर परम्परागत मद्यपान एक स्थानीय समस्या बनी हुई है?

प्रश्न 08 क्या आप इस बात से सहमत हैं कि पुलिस द्वारा जितने नक्सलियों का पकड़ा जाता है उन्हें जेल में राज्य सरकार की कल्याणकारी योजनाओं द्वारा मुख्यधारा में जोड़ा जा सकता है?

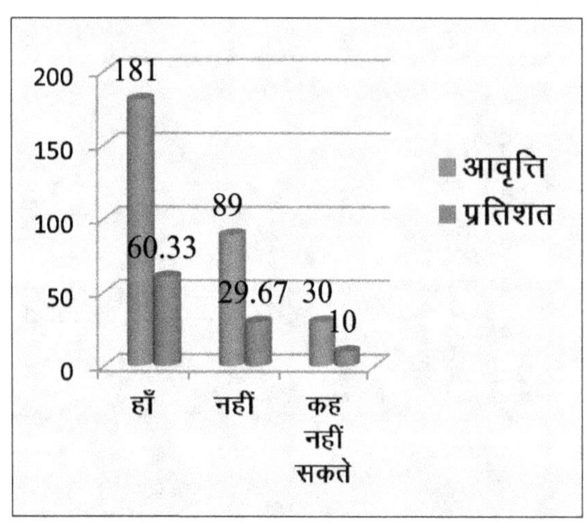

181
89
60.33
29.67 30
10
आवृत्ति
प्रतिशत
हाँ नहीं कह नहीं सकते

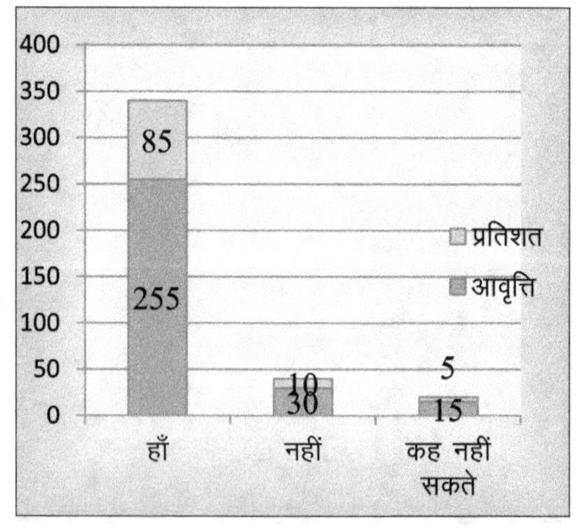

85
255
10
30
5
15
प्रतिशत
आवृत्ति
हाँ नहीं कह नहीं सकते

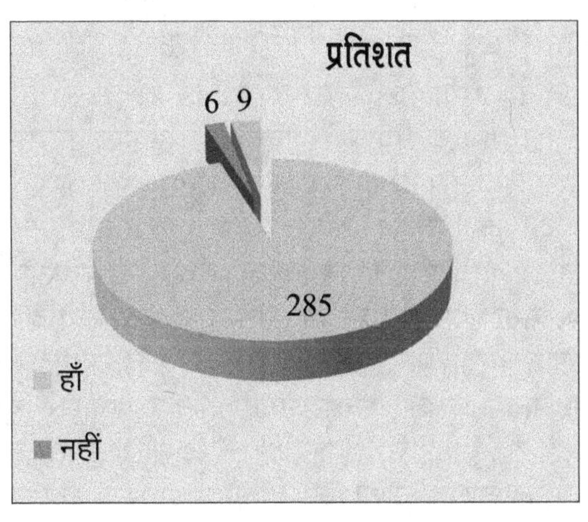

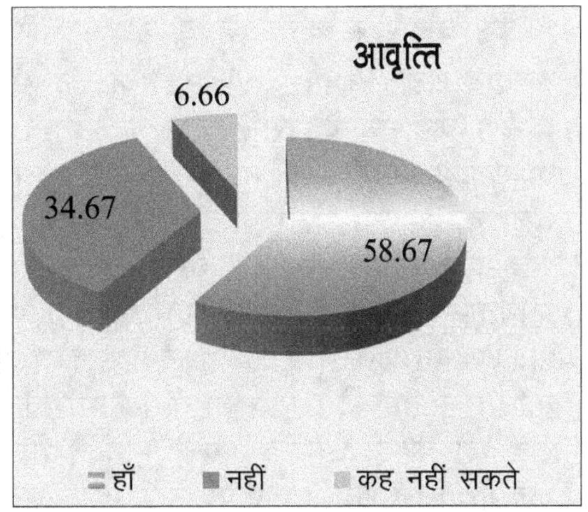

उपरोक्तानुसार विश्लेषण किया जाए तो आज भी नक्सली वारदात अपने स्तर पर हो रही है, जैसे 2014 के विधानसभा चुनाव के बाद दंतेवाड़ा के विधायक **भीमा मंडावी** की दंतेवाड़ा जिले में ही नक्सलियों द्वारा विस्फोट में निधन हुआ। अविभाजित मध्यप्रदेश में इस क्षेत्र में पुलिस बल की संख्या पर्याप्त नहीं थी और यह क्षेत्र पिछड़ा और उपेक्षित बना रहा। राजनैतिक महत्व की दृष्टि से भी इसका अधिक महत्व इसलिए नहीं था कि पूरे छ.ग. में अविभाजित मध्यप्रदेश के समय एकमात्र कांग्रेस पार्टी का वर्चस्व था चाहे लोकसभा हो या विधानसभा इसके इत्तर संयुक्त मध्यप्रदेश में बस्तर की जनसंख्या इतनी विरल और जनसंख्या अनुपात में इतनी कम थी कि यहाँ कि समस्याएं राजनीतिक रूप से लोकसभा की 02 सीट या विधानसभा की मात्र 12 सीटों के चुनाव परिणाम आम चुनाव या संयुक्त मध्यप्रदेश के विधानसभा चुनाव परिणाम को प्रभावित करती हो ऐसे में बस्तर के मामलों में मौन रहना ही राजनीतिक रूप से हितकारी माना जाता था। यहाँ के स्थानीय आदिवासी, जनप्रतिनिधि और मतदाताओं के विचार नगण्य मान लिये जाते और किसी भी पार्टी के लिए वोटबैंक से ज्यादा महत्व नहीं रखते थे। 01 नवम्बर 2000 को जब छत्तीसगढ़ राज्य की स्थापना हुई उस समय प्रारंभ में 03 वर्ष अजीत जोगी कांग्रेस से छत्तीसगढ़ के प्रथम मुख्यमंत्री नियुक्त हुए थे परंतु 2003 के विधानसभा चुनाव में छत्तीसगढ़ राज्य निर्माता के रूप में अटल बिहारी वाजपेयी का चेहरा सामने रखकर भाजपा ने छत्तीसगढ़ में सरकार बनाई और 15 वर्षों तक विधानसभा, लोकसभा, नगरीय प्रशासन और ग्राम पंचायत सभी स्तरों पर सत्ता में रहे। एक तरह से छत्तीसगढ़ में भाजपा का सत्ता में आना बस्तर के ऊपर निर्भर हो गया था क्योंकि मैदानी क्षेत्रों में विधानसभा चुनाव में पूर्ववत कांग्रेस की सीटे ज्यादा आती थी, स्वाभाविक है कि राज्य सरकार ने इस बात को ध्यान में रखते हुए बस्तर संभाग पर सबसे ज्यादा ध्यानाकर्षित किया और मुख्यमंत्री डॉ. रमन सिंह 15 अगस्त व 26 जनवरी जैसे राष्ट्रीय पर्व में ध्वजारोहण के लिए जगदलपुर जाते रहे। अतः राजनैतिक दृष्टि से यह क्षेत्र, जो पहले उपेक्षित था वह सबसे अधिक महत्वपूर्ण हो गया, इसी कारण से इस क्षेत्र में पुलिस प्रशासन भी चुस्त होकर अपने

उत्तरदायित्व के प्रति सजग हो गया। वर्तमान में भी कांग्रेस के सत्तारूढ़ होने के बाद **राहुल गाँधी** की लगातार यात्राएं बस्तर संभाग में ही हो रही है। चाहे आदिवासियों को जमीन के पट्टे वितरण करना हो अथवा चुनावी सभा का आयोजन हो, बस्तर को प्रमुखता दी जाती रही है। वर्तमान मुख्यमंत्री भूपेश बघेल ने भी 26 जनवरी 2020 को ध्वजारोहण के लिए जगदलपुर को ही चुना था इसी क्रम में **इस वर्ष (2023) केन्द्रीय रिर्जव पुलिस बल का स्थापना दिवस भी बस्तर के जगदलपुर में आयोजित किया गया है** जिसमें केन्द्रीय गृह मंत्री माननीय अमीत शाह जी सम्मिलित होकर बस्तर क्षेत्र की महत्ता को केन्द्रीय भूमिका में रखते है इस प्रकार से केन्द्र, राज्य सरकार और केन्द्रीय सुरक्षा बलों के लिये छत्तीसगढ़ का बस्तर केन्द्रीय क्षेत्र (Focus Area) के रूप में चिन्हित हो गया इससे स्पष्ट है कि बस्तर संभाग में पुलिस प्रशासन की सक्रियता, जवाबदेही एवं उत्तरदायित्व पूर्व की तुलना में अधिक नियंत्रित व संतुलित है। अतः नक्सलवाद उन्मूलन के लिए पुलिस प्रशासन के अंतर्गत अनेक सुरक्षा बलों की अलग–अलग बटालियने स्थानीय नागरिकों के विकास, जनकल्याण एवं हितोपार्जन में रात–दिन लगे हुए हैं। केन्द्र व राज्य सरकार की सभी जनकल्याणकारी योजनाओं व कार्यक्रमों का लाभ प्रत्येक ग्रामीणों को प्राप्त हो सके इसका ध्यान रखते हुए नक्सलवाद पर अंकुश लगाकर सुरक्षा बलों ने इस क्षेत्र में निर्विघ्न निर्वाचन संपन्न कराने, सड़क निर्माण को बाधित न होने देने में सराहनीय कार्य किया है। अतः नक्सली उन्मूलन में पुलिस प्रशासन एक रीढ़ की हड्डी बनकर अपनी भूमिका निभा रहे हैं फिर भी उन्हें जब तक स्थानीय निवासियों का यथोचित सहयोग प्राप्त नहीं होगा तब तक नक्सलवाद जैसी ला–ईलाज समस्या को जड़ से समाप्त करना संभव नहीं है। प्रशासन इस हेतु हर संभव सहयोग कर रहा है परंतु स्थानीय नागरिक आज भी नक्सलियों से भयभीत रहते हैं जब तक यह भय समाप्त नहीं होगा तब तक नक्सलवाद का उन्मूलन कठिन है फिर भी क्षेत्र में शिक्षा व जनजागरूकता के प्रसार ने स्थानीय नागरिकों में जो उत्साह पैदा किया है जो आशा कि किरण बनी है और बस्तर भविष्य में नक्सल मुक्त होकर इस प्रदेश का सबसे विकसित क्षेत्र बन राष्ट्रीय पर्यटक केन्द्र बन सकेगा।

★ संदर्भ सूची ★

- **अग्रवाल, जी. के.** भारत में सामाजिक आंदोलन, एस.बी.पी. डी पब्लिशिंन हाउस, आगरा, 2012 पृष्ठ 5.
- **सक्सेना, विवेक व राजेश, सुशील,** नक्सली आंतकवाद, प्रभात प्रकाशन, नई दिल्ली, 2010, पृष्ठ 75.
- **सोनी परसराम,** छत्तीसगढ़ में आंतकवादी, हटरी पुरानी बस्ती, रायपुर 1946, पृष्ठ 58.
- **भाई विजय,** छत्तीसगढ बचाओं आंदोलन प्रज्ञा प्रेस, जबलपुर, 2000, पृष्ठ 108.
- **नवभारत,** 27 मई 2013, पृष्ठ1.
- **दैनिक भास्कर,** 27मई 2013, पृष्ठ1
- **नई दुनियां,** 27 मई 2013 पृष्ठ 4
- **हरिभूमि,** 27 मई 2013, पृष्ठ 1
- **अमृत संदेश,** 27 मई 2013 पृष्ठ 1
- **दैनिक भास्कर,** 27 मई 2013,पृष्ठ 1
- **नवभारत,** 21 मई 2013, पृष्ठ 8.
- **दैनिक भास्कर,**14 अप्रेल 2014, पृष्ठ 1

अध्याय–09

नक्सलवाद उन्मूलन में जनकल्याणकारी योजनाओं का प्रभाव
(संदर्भ जिला सुकमा, छ.ग.)

''संविधान चाहे कितना भी अच्छा क्यों न हो, यदि वे लोग जिन्हे संविधान को अमल मे लाने का काम सौंपा जाये खराब निकले तो निश्चित रूप से संविधान खराब सिद्ध होगा, दूसरी ओर संविधान चाहे कितना भी खराब क्यों न हो यदि वे लोग जिन्हें संविधान को अमल में लाने का काम सौंपा जाये अच्छे हो तो संविधान अच्छा सिद्ध होगा।''

डा0 भीमराव आम्बेडकर

भारत के स्वतंत्रता आंदोलन में देश के सभी प्रदेशों के वीर सपूतों ने महात्मा गांधी के आवाहन पर राष्ट्रीय स्वतंत्रता आंदोलन में बढ़—चढ़कर हिस्सा लिया एवं अपने त्याग, तपस्या और बलिदान से भारत को परतंत्रता के बेड़ियों से मुक्त कराया। जब 1947 में भारत स्वतंत्र हुआ उसमें अविभाजित मध्यप्रदेश के छत्तीसगढ़ क्षेत्र से भी अनेक स्वतंत्रता सेनानी और शहीद वीर नारायण सिंह जैसे बलिदानियों का नाम सामने आया जिन्होंने अपने देश और प्रदेश के विकास का स्वप्न देखा था और स्थानीय स्तर पर उन्होंने अपने—अपने क्षेत्र को राष्ट्रीय विकास की धारा में जोड़ने का भी प्रयास किया था उस समय के मुख्यमंत्री ने तत्कालीन मध्यप्रदेश के सभी संभागों में एक साथ शासन की जनकल्याणकारी नीतियों का क्रियान्वयन प्रारंभ किया था। उसके बाद वर्ष 2000 तक जितने मुख्यमंत्री हुए उसमें छत्तीसगढ़ रायपुर के प0 रविशंकर शुक्ल, श्यामाचरण शुक्ल तीन बार तथा दुर्ग के मोतीलाल वोरा दो बार प्रदेश के मुख्यमंत्री नियुक्त हुए अर्थात छ.ग. क्षेत्र ने अभिवाजित मध्यप्रदेश में तीन मुख्यमंत्रियों ने 06 बार राज्य का नेतृत्व किया। केन्द्रीय मंत्री विद्याचरण शुक्ल ने लंबे समय तक केन्द्र में मध्यप्रदेश का प्रतिनिधित्व किया फिर भी छत्तीसगढ़ क्षेत्र के बस्तर संभाग को विकास के नाम पर उपेक्षित रहना पड़ा, परिणामस्वरूप यह क्षेत्र जंगलों एवं पहाड़ियों से घिरे हुए होने के कारण स्वाभाविक रूप से सड़क, रेल और हवाई मार्ग से कटा रहा और ऐसे भू—भाग पर नक्सलियों को पैर पसारने में अनुकूल वातावरण प्राप्त हुआ। उसका लाभ उठाकर बस्तर जैसे शांत, प्राकृतिक एवं सांस्कृतिक दृष्टि से भारत के सबसे उत्कृष्ट क्षेत्रों में गिने जाने वाले इस भाग में नक्सली उत्पात के कारण विकास अवरूद्ध हुआ और शासन की किसी भी जनकल्याणकारी योजनाओं व कार्यक्रमों का समुचित लाभ वास्तविक हितग्राहियों तक नहीं पहुँच पाया इसलिए वे और गरीब होते गए एवं अपने भाग्य पर रोते रहे। श्रमपलायन के रूप में दूसरे प्रदेशों व जिलों में जाकर अपना जीविकोपार्जन करते रहे और परंपरागत जीवनशैली, अंधविश्वास, अज्ञानता, अशिक्षा, अविकास के वातावरण के अंधेरे में अपने जीवन की गाड़ी को खीचते रहे। चूंकि छत्तीसगढ़ का बहुत बड़ा भू—भाग वनाच्छादित क्षेत्र आदिवासियों के निवास के लिए सुरक्षित रहा है इसलिए छ.ग. एक अविकसित क्षेत्र के रूप में जाना जाता रहा है। जबकि धान का कटोरा कहलाने वाले इस भू—भाग जो प्राकृतिक संपदा से भरपूर है, विकास की अनंत संभावनाओं से परिपूर्ण छत्तीसगढ़ को भारत के सबसे अविकसित क्षेत्र के रूप में रखा गया था। क्रमशः शिक्षा के विकास और जनजागरूकता ने यहाँ के स्थानीय निवासियों में इलेक्ट्रानिक व प्रिंट मीडिया के माध्यम से राजनैतिक, सामाजिक व आर्थिक क्षेत्र में विकास व जागरूकता का विस्तार हुआ और यह ज्ञात हुआ कि अविभाजित मध्यप्रदेश के समूचे राजस्व का 44 प्रतिशत राजस्व केवल छ.ग. से प्राप्त होता है तब 1990 के दशक से पृथक छत्तीसगढ़ राज्य की मांग बलवती होने लगी। जिसमें स्थानीय जनप्रतिनिधि, स्वतंत्रता संग्राम सेनानी, बुद्धिजीवी, युवक, किसान, महिला, व्यापारी, मजदूर, छात्र सभी वर्गों का समन्वय, सहयोग व समर्थन एक साथ मिल चुका था। छत्तीसगढ़ राज्य 01 नवम्बर 2000 को भारत के 26वें राज्य के रूप में अस्तित्व में आया और विकास के नाम गठित इस नये राज्य में प्रारंभ से ही छत्तीसगढ़ के समग्र विकास हेतु सभी मुख्यमंत्रियों ने अपने—अपने तरीकों से सराहनीय प्रयास किया है। छत्तीसगढ़ निर्माण के समय 16 जिले थे वर्तमान में जिलों की संख्या 28 हो चुकी है इसका प्रमुख उदेश्य सभी क्षेत्रों का तेजी के साथ विकास करना है। विकास से ही नक्सलवाद का उन्मूलन भी संभव है इसलिए पूर्व मुख्यमंत्री डॉ. रमन सिंह ने सत्ता में आते ही यह मंत्र दिया था कि विकास मूलमंत्र, आधार लोकतंत्र। पी.डी.एस. योजना के माध्यम से उन्होंने यहां के गरीबी रेखा से नीचे निवासरत अधिकतम परिवारों को पलायन से रोकने की कोशिश किये और इस योजना को राष्ट्रीय स्तर पर एक आदर्श के रूप में स्थापित किया।

वर्तमान मुख्यमंत्री भूपेश बघेल ने छत्तीसगढ़ की परंपरागत धरोहर व संसाधनों के आधार पर आर्थिक विकास का एक नया मॉडल पेश किया है जिसकी राष्ट्रीय स्तर पर सराहना की गई है जिसमें उन्होंने मूल मंत्र दिया है कि छत्तीसगढ़ की **चार चिन्हारी, नरवा, गरवा, घुरवा अउ बाड़ी, ऐला बचाना हे संगवारी।** इस प्रकार ग्राम पंचायत के माध्यम से राज्य शासन द्वारा केन्द्र व राज्य सरकार की जनकल्याणकारी योजनाओं का नक्सली क्षेत्रों में बड़े स्तर पर क्रियान्वयन प्रारंभ किया गया है जिसका सकारात्मक प्रभाव दिखाइ दे रहा है, परिणामस्वरूप समाज की मुख्यधारा से भटक कर जो नवयुवक हल की जगह बंदूक को कंधे पर लिये थे उन्होंने इन योजनाओं से आकर्षित होकर बड़ी मात्रा में आत्मसमर्पण करके यह साबित कर दिया है कि शासन की जनकल्याणकारी योजना जिससे स्थानीय स्तर पर आर्थिक, सामाजिक, शैक्षणिक और विकास का विस्तार किया जा सकता है और यह प्रयास निरंतर जारी है।

शासन द्वारा ग्राम पंचायतों के माध्यम से जिन कल्याणकारी योजनाओं का क्रियान्वयन किया जा रहा है ते निम्नानुसार है:–

राज्य छात्रवृत्ति (प्री० मैट्रिक)

योजना का उद्देश्य – यह छात्रवृत्ति अनुसूचित जनजाति/ अनुसूचित जाति विद्यार्थियों को कक्षा तीसरी से 10वीं तक निरंतर विद्याध्ययन के लिए प्रोत्साहित करने हेतु 10 माह तक राज्य शासन द्वारा दी जाती है।

कार्य क्षेत्र – प्रदेश के समस्त जिलों में लागू है तथा इसका लाभ अनुसूचित जनजाति/ अनुसूचित जाति के विद्यार्थियों को दिया जाता है।

पात्र हितग्राही – विद्यालय में नियमित रूप से अध्ययनरत अनुसूचित जनजाति/ अनुसूचित जाति का विद्यार्थी होना अनिवार्य है। मान्यता प्राप्त अशासकीय संस्थाओं में अध्ययनरत् इन वर्गों के छात्र भी पात्र होते है।

चयन प्रक्रिया – छात्र/छात्राएं सीधे अपनी संस्था प्रमुख को आवेदन कर स्वीकृत प्राप्त करते हैं। मान्यता प्राप्त अशासकीय संस्थाओं में अध्ययनरत् छात्र/छात्राओं को छात्रवृत्ति हेतु आवेदन अपनी संस्था प्रमुख को देना होता है। इसकी स्वीकृति संबंधित जिला अधिकारी (अशासकीय शाला के प्राचार्य) के द्वारा की जाती है। जिलों में पात्र छात्र/छात्राओं को स्वीकृत उपरांत शिविर लगाकर छात्रवृत्ति वितरण किया जाता है।

सम्पर्क – राज्य छात्रवृत्ति के आवेदन पत्र विद्यार्थियों को संबंधित विद्यालयों में कार्यालय जिला कलेक्टर आदिवासी विकास द्वारा निःशुल्क उपलब्ध कराये जाते हैं। छात्र/छात्राओं को राज्य छात्रवृत्ति के लिये आवेदन पत्र   शैक्षणिक सत्र प्रारम्भ होते ही जाति प्रमाण–पत्र आय प्रमाण–पत्र तथा अंक सूची के साथ भर कर प्रधानाध्यापक/प्राचार्य को प्रस्तुत करना चाहिए। नवीनीकरण हेतु पुनः आवेदन नहीं करना होता है।

प्रावीण्य छात्रवृत्ति की पात्रता

समक्ष अधिकारी – संस्था प्रमुख/जिला अधिकारी पिछड़ा वर्ग राज्य प्रावीण्य छात्रवृत्ति

योजना का उद्देश्य–इस योजना का उद्देश्य पिछड़ा वर्ग के प्रतिभावान छात्र–छात्राओं अधिकतम प्रावीण्यता अर्जित करने हेतु प्रोत्साहित करना है। यह छात्रवृत्ति पिछड़ा वर्ग के केवल ऐसे छात्र–छात्राओं को देय होगी जिनके अभिभावक छत्तीसगढ़ के मूल निवासी हों।

छात्रवृत्ति प्राप्त करने के लिए योग्यताएं – छात्र–छात्रा को मान्यता प्राप्त संस्था का नियमित विद्यार्थी होना होगा। प्रावीण्य छात्रवृत्ति प्राप्त करने के लिए पालको को आय का बंधन नहीं होगा। नवीनीकरण हेतु विद्यार्थियों का प्रथम प्रयास में ही उत्तीर्ण होना अनिवार्य होगा अन्यथा आगे छात्रवृत्ति बंद कर दी जायेगी।

प्रावीण्य छात्रवृत्ति प्राप्त करने के लिए चयन–जिले में पिछड़ा वर्ग जातियों के मामले से संबंधित शिक्षण जिले में स्थित शाला में कक्षा 6वीं से 10वीं तक पढ़ने वाले प्रत्येक पिछड़ा वर्ग का विद्यार्थी इस छात्रवृत्ति को प्राप्त कर सकता है, जो कि उस वर्ष आयोजित 5वीं तथा 8वीं बोर्ड परीक्षा में बैठा हो। कक्षा 5वीं तथा 8वीं बोर्ड परीक्षा के आधार पर संबंधित जिले द्वारा छात्रवृत्ति के लिए निर्धारित संस्था तक सर्वप्रथम स्थान पाने वाले विद्यार्थियों की प्रावीण्य सूची तैयार की जायेगी। बोर्ड परीक्षाओं में कम से कम 45 प्रतिशत अंक पाने वाले विद्यार्थियों को ही प्रावीण्य सूची में ही रखा जायेगा और उन्ही विद्यार्थियों को प्रावीण्य छात्रवृत्ति पाने की पात्रता होगी इससे कम अंक पाने वाले को नहीं। लगातार उत्तीर्ण होने पर अगली बोर्ड परीक्षा तक प्रावीण्य छात्रवृत्ति दी जायेगी यह छात्रवृत्ति प्रत्येक जिले में पिछड़ा वर्ग के एक छात्र तथा एक छात्रा को कक्षा 5वी तथा 8वीं बोर्ड परीक्षा में सर्वाधिक अंक प्राप्त करने पर पृथक–पृथक निर्धारित दरों पर दी जायेगी।

प्रावीण्य छात्रवृत्ति स्वीकृतकर्ता अधिकारी – निर्देशित शाला में प्रविष्ट होने पर प्रावीण्य छात्रवृत्ति हेतु विद्यार्थियों को आवेदन पत्र उक्त संस्था के प्राचार्य अन्य नवीनीकरण के आवेदन पत्रों सहित 3 जुन तक आदिम जाति कल्याण विभाग के जिला अधिकारी को अग्रेषित करेंगे। जिला कार्यालय में परीक्षण उपरांत विद्यार्थियों को छात्रवृत्ति स्वीकृत करने का अधिकार जिलाध्यक्ष को होगा।

छात्रवृत्ति की दरें – कक्षा 6वीं से 10वीं तक की कक्षाओं में पढ़ने वाले विद्यार्थियों के लिए निम्नानुसार दरों पर छात्रवृत्ति दी जायेगी, कक्षा 6वीं से 10वीं तक प्रत्येक छात्र–छात्रा को रू. 40/– प्रतिमाह की दर से एवं कक्षा 9वीं से 10वीं तक प्रत्येक छात्र–छात्रा को रू. 50/– प्रतिमाह की दर से यह छात्रवृत्ति दस माह के लिए 01 जुलाई से 30 अप्रैल की अवधि के लिए देय होगी। विद्यार्थियों को शिक्षा सत्र में 10 दिन का आकस्मिक अवकाश तथा 07 दिन की बीमारी छुट्टी संख्या प्रमुख द्वारा स्वीकृत की जा सकेगी तथा उक्त स्थिति में छात्रवृत्ति जारी रहेगी।

छात्रवृत्ति की अदायगी – इस योजना का संपूर्ण व्यय राज्य शासन द्वारा वहन किया जा सकेगा। राज्य शासन छात्रवृत्तियों की संख्या में वृद्धि या कमी कर सकेगा।

पोस्ट मैट्रिक अल्पसंख्यक छात्रवृत्ति (कक्षा 11वीं से पी–एच0डी0 तक)

योजना का उद्देश्य– शैक्षणिक विकास के प्रयासों के प्रोत्याहित करने तथा शिक्षा के लिए पड़ने वाले आर्थिक भार को कम करने के उद्देश्य से उक्त योजना को लागू की गई है।

कार्य क्षेत्र – सम्पूर्ण भारत – यह छात्रवृत्ति एक परिवार के दो विद्यार्थियों को दी जा सकेगी।

लक्ष्य समूह – अल्पसंख्यक कार्य मंत्रालय, नई दिल्ली द्वारा लक्ष्य का निर्धारण किया जाता है।

पात्र हितग्राही – यह छात्रवृत्ति उन विद्यार्थियों को दी जायेगी तथा 50 प्रतिशत से ज्यादा अंक एवं 2.00 लाख रूपये से कम वार्षिक आय वाले पालक/अभिभावक के छात्र/छात्राओं का चयन प्रावीण्यता के आधार पर किया जाता है।

चयन प्रक्रिया – 50 प्रतिशत से अधिक अंक एवं 2.00 लाख रूपये तक वार्षिक आय वाले पालक/अभिभावक के छात्र/छात्राओं का चयन पर किया जाता है। निर्धारित संख्या से अधिक आवेदन पत्र प्राप्त होने पर कम आय के आधार पर चयन किया जाता है।

योजनांतर्गत वार्षिक लक्ष्य –अल्पसंख्या कार्य मंत्रालय नई दिल्ली द्वारा लक्ष्य निर्धारित किया जाता है।

सम्पर्क – जिले में सहायक आयुक्त की ओर से आवेदन पत्र संकलित कर आयुक्त, आदिम जाति तथा अनुसूचित जनजाति तथा अनुसूचित जाति तथा अनुसूचित विकास विभाग रायपुर की ओर भेजा जाता है।

सक्षम अधिकारी – अल्पसंख्यक कार्य मंत्रालय नई दिल्ली द्वारा स्वीकृत प्रदान की जाती है। तदोपरान्त जिलों को राशि का आवंटन आयुक्त के हस्ताक्षर से जारी किया जाता है। जिले के सहायक आयुक्तों द्वारा छात्र–छात्राओं को चेक के माध्यम से संबंधित संस्था द्वारा राशि का वितरण किया जाता है।

प्री० मैट्रिक अल्पसंख्यक छात्रवृत्ति (कक्षा पहली से दसवीं तक)

योजना का उद्देश्य – शैक्षणिक विकास के प्रयासों को प्रोत्साहित करने तथा शिक्षा के लिए पड़ने वाले आर्थिक भार को कम करने के उद्देश्य से यह योजना लागू की गई है।

कार्य क्षेत्र – सम्पूर्ण भारत में यह छात्रवृत्ति एक परिवार के दो विद्यार्थियों को दी जा सकेगी।

लक्ष्य समूह – अल्पसंख्यक कार्य मंत्रालय नई दिल्ली द्वारा लक्ष्य कर निर्धारण किया जाता है।

पात्र हितग्राही – यह छात्रवृत्ति उन विद्यार्थियों को दी जाएगी तथा 50% से ज्यादा अंक कक्षा पहली को छोड़कर प्राप्त किए हो एवं 1.00 लाख रूपये से कम वार्षिक आय वाले पालक/अभिभावक के छात्र/छात्राओं का चयन किया जायेगा।

चयन प्रक्रिया –

(1)   50 प्रतिशत से ज्यादा अंक कक्षा पहली को छोड़कर प्राप्त एवं 1.00 लाख रूपये रूपये वार्षिक आय वाले पालक/अभिभावक के छात्र/छात्राओं का चयन किया जाता है। भारत सरकार द्वारा लक्ष्य से अधिक संख्या में आवेदन प्राप्त होने पर कम आय के आधार पर चयन किया जाता है।

(2)   30 प्रतिशत छात्रवृत्ति छात्राओं के लिए चिन्हित की गई है।

योजनांतर्गत वार्षिक लक्ष्य – अल्पसंख्यक कार्य मंत्रालय नई दिल्ली द्वारा लक्ष्य निर्धारित किया जाता है।

सम्पर्क – जिले में सहायक आयुक्त की ओर से आवेदन पत्र संकलित कर आयुक्त, आदि जाति तथा अनुसूचित जाति विकास विभाग रायपुर की ओर भेजा जाता है।

सक्षम अधिकारी–अल्पसंख्यक कार्य मंत्रालय नई दिल्ली द्वारा स्वीकृति प्रदान की जाती है। तदोपरान्त जिलों को राशि का आवंटन आयुक्त के हस्ताक्षर से जारी किया जाता है। जिले के सहायक आयुक्तों के द्वारा छात्र/छात्राओं को चेक के माध्यम से माध्यम से संबंधित संस्था के माध्यम से राशि का वितरण किया जाता है।

निःशुल्क गणवेश प्रदाय योजना

योजना का उद्देश्य–प्राथमिक शालाओं में अध्ययनरत अनुसूचित जाति/जनजाति वर्ग की छात्राओं को गणवेश प्रदाय कर शिक्षा हेतु प्रोतसाहन देना छात्राओं को प्रतिवर्ष एक सेट गणवेश प्रदान किये जाते है गणवेश का वितरण शाला में शिक्षकों के समक्ष किया जाता है।

विशेष पिछड़ी जनजाति के प्राथमिक एवं माध्यमिक दोनों स्तर के बालक एवं बालिकाओं को गणवेश प्रदान किया जाता है।

कार्य क्षेत्र – समस्त प्राथमिक एवं माध्यमिक शाला।

पात्र हितग्राही – प्राथमिक/माध्यमिक शाला में अध्ययनरत् समस्त अनुसूचित जाति/अनुसूचित जनजाति की छात्रायें। प्राथमिक एवं माध्यमिक शाला में अध्ययनरत् विशेष पिछड़ी जनजाति के समस्त विद्यार्थी।

चयन प्रक्रिया– प्राथमिक/माध्यमिक शाला में अध्ययनरत् समस्त अनुसूचित जाति/अनुसूचित जनजाति की छात्रायें उपरोक्तानुसार पात्र है।

सम्पर्क – सहायक आयुक्त आदिवासी विकास कार्यालय/खण्ड शिक्षा अधिकारी

सक्षम अधिकारी – कलेक्टर/सहायक आयुक्त

सरस्वती सायकल योजना

योजना का उद्देश्य – आदिवासी क्षेत्रों के भौगोलिक स्थिति नदी, पहाड़ ग्रामों से स्कूल की दूरी एवं विरल जनसंख्या के कारण छात्राओं की शिक्षा बाधित होती है। छात्राओं को आठवीं कक्षा के पश्चात् हाई स्कूल शिक्षा ग्रहण करने के लिए प्रेरित करने के उद्देश्य से यह योजना लागू की गई है।

कार्य क्षेत्र – सम्पूर्ण छत्तीसगढ़।

पात्र हितग्राही – छात्रा कक्षा 9वीं में प्रवेशित हो विभागीय शाला में अध्ययनरत हो छात्र अनुसूचित जाति/अनुसूचित जनजाति तथा पिछड़ा वर्ग एवं गरीबी रेखा के नीचे जीवन यापन करने वाले परिवार की हो।

चयन प्रक्रिया – उपयुक्त पात्रता रखने वाली सभी छात्राओं को साइकिल प्रदान करने हेतु चयन किया जायेगा

सम्पर्क – स्कूल के प्राचार्य, विकास खण्ड शिक्षा अधिकारी/सहायक आयुक्त, आदिवासी विकास।

मध्यान भोजन कार्यक्रम

योजना का उद्देश्य – शालाओं में बच्चों की दर्ज संख्या में वृद्धि, औसत उपस्थिति में वृद्धि और शाला त्यागी दर में पोशकता मे वृद्धि करना ताकि बच्चें शारीरिक और मानसिक रूप से स्वस्थ रहे।

कार्य क्षेत्र – छत्तीसगढ़ राज्य के 85 आदिवासी विकासखण्डों में स्थित प्राथमिक एवं माध्यमिक शालाओं में अध्ययनरत छात्र/छात्राओं को प्रत्येक शाला दिवस में गर्म पका हुआ भोजन तैयार कर खिलाना।

लक्ष्य समूह – राज्य के स्थित शासकीय अनुदान प्राप्त अशासकीय एवं स्थानीय निकायों द्वारा संचालित प्राथमिक एवं पूर्व माध्यमिक शालाओं में अध्ययनरत (कक्षा पहली से 8वीं) समस्त छात्र/छात्राएं।

पात्र हितग्राही – समस्त शासकीय अनुदान प्राप्त अशासकीय एवं स्थानीय निकायों द्वारा संचालित प्राथमिक एवं माध्यमिक शालाओं में अध्ययनरत छात्र/छात्राएं।

स्वीकृति प्रक्रिया – योजनान्तर्गत बच्चों की दर्ज संख्या के आधार पर आयुक्त, आदिवासी विकास के द्वारा जिला पंचायत के माध्यम से जनपद पंचायतों को कुकिंग कास्ट हेतु आबंटन उपलब्ध कराया जाता है। जो कि जनपद के द्वारा प्रत्येक माह की औसत उपस्थिति के आधार पर प्राथमिक शाला में 3.30रू. के प्रति छात्र प्रतिशाला दिवस के मान से एवं माध्यमिक शाला के 4.00 रू. के प्रति छात्र प्रति दिवस के मान से कुकिंग एजेंसी को जारी किया जाता है।

जिसमें दाल, नमक, तेल, सब्जी, इंधन आदि का व्यय शामिल है प्रति रसोईया प्रतिमाह 1000/- की दर से मानदेय पृथक से तय किया गया है। इसी प्रकार प्राथमिक शालाओं के छात्रों हेतु प्रति छात्र प्रतिशाला दिवस 100 ग्राम एवं माध्यमिक शाला के छात्रों हेतु 150 ग्राम चावल उचित मूल्य की दुकान से सीधें कुकिंग एजेंसी को वितरण किया जाता है।

अन्य जानकारी— इसके अतिरिक्त प्राथमिक एवं माध्यमिक शालाओं में खाना पकाने एवं खाद्यान्न के भंडारण हेतु रू. 60,000/- प्रतिशाला के मान से किचन शेड—सह—स्टोर की राशि भी उपलब्ध बजट आवंटन की सीमा में जिला पंचायतों को दी जाती है एवं प्रतिशत रूपयें 5,000/- के मान से खाना पकाने एवं खाना परोसने के बर्तन के लिए प्रदान किये जाते है।

जवाहर आदिम जाति उत्कर्ष विद्यार्थी योजना

योजना का उद्देश्य – अनुसूचित जाति/अनुसूचित जनजाति के प्रतिभावन छात्र—छात्राओं को शिक्षा के बेहतर अवसर उपलब्ध कराने हेतु उत्कृष्ट निजी आवासीय शिक्षण संस्थाओं में प्रवेश दिलाकर प्रतिस्पर्धात्मक बनाना।

मेधावी छात्रों के चयन के मापदण्ड – पांचवी एवं 10वीं की परीक्षा में जिले में क्रमशः न्यूनतम 85 प्रतिशत तथा 80 प्रतिशत से अधिक अंक प्राप्त करने वाले विद्यार्थी पात्र होंगे।

छात्र संख्या – मेधावी छात्रों के चयन के मापदण्ड के अनुसार प्रावीण्यता के आधार पर राज्य स्तर पर अनुसूचित जाति/अनुसूचित जनजाति वर्ग के लिए कक्षा 6वीं हेतु 10वीं हेतु 50 सीट तथा अनुसूचित जनजाति के विद्यार्थियों के लिए कक्षा 6वीं में प्रवेश हेतु 50 सीट (37 अनुसूचित जनजाति + 13 अनुसूचित जाति) निर्धारित है। चयन के एक तिहाई सीट बालिकाओं के लिए आरक्षित होगा। योजनांतर्गत विद्यार्थियों का चयन पूर्णतः ग्रामीण क्षेत्रों में स्थित विद्यालयों में अध्ययपरत विद्यार्थियों से किया जायेगा परंतु नगर पंचायत क्षेत्र इस योजना के अंतर्गत पात्रता रखेंगे। पात्रता रखने वाले छात्रों के पालक आयकर दाता नहीं होना चाहिए।

चयन समिति – योजना के अंतर्गत उत्कृष्ट विद्यालयों के जिलेवार निर्धारित छात्र संख्या के अनुसार चयन की कार्यवाई राज्य स्तर पर गठित समिति द्वारा की जाएगी।

संस्था का चयन– उत्कृष्ट संस्थाओं का चयन राज्य स्तरीय चयन समिति द्वारा की जाएगी। राज्य के उत्कृष्ट आवासीय शैक्षणिक संस्था (शासकीय मान्यता प्राप्त) के चयन योजना अंतर्गत निर्धारित मापदण्ड के आधार पर किया जायेगा।

विशिष्ट शैक्षणिक संस्थाएं

आदर्श उच्चतर माध्यमिक विद्यालय कन्या शिक्षा परिसर एवं गुरूकुल विद्यालय

योजना का उद्देश्य – शिक्षा में गुणात्मक सुधार तथा प्रतिभावान आदिवासी बच्चों को बेहतर शिक्षा सुविधा उपलब्ध कराने हेतु विभाग द्वारा आवासीय विद्यालय संचालित हैं। आदर्श उच्चतर माध्यमिक विद्यालय, कन्या शिक्षा परिसर तथा गुरूकुल विद्यालय में कक्षा 6वीं से 12वीं तक अध्यापन किया जाता है। विभाग द्वारा 05 बालक आदर्श आवासीय विद्यालय, 03 कन्या शिक्षा परिसर, 02 प्राथमिक कन्या शिक्षा परिसर एवं गुरूकुल विद्यालय संचालित है।

कार्य क्षेत्र –संपूर्ण छत्तीसगढ़ राज्य।

पात्र हितग्राही – कक्षा 5वीं एवं 8वीं एवं 10वीं उत्तीर्ण अनुसूचित जनजाति—80 प्रतिशत, अनुसूचित जाति—15 प्रतिशत, अन्य पिछड़ा वर्ग—05 प्रतिशत के छात्र/छात्राएं।

चयन प्रक्रिया – कलेक्टर, आदिम जाति कल्याण द्वारा प्रति वर्ष 5वीं, 8वीं तथा 10वीं बोर्ड की परीक्षा में 60 प्रतिशत से अधिक प्राप्तांकों के आधार पर (प्रावीण्यता के आधार पर) चयन किया जाता है।

सम्पर्क – संस्था के प्राचार्य, संबंधित जिलों के सहायक आयुक्त, आदिवासी विकास।

एकलव्य आवासीय विद्यालय

योजना का उद्देश्य – विभाग अंतर्गत वर्ष 2005–06 से राज्य में संविधान के अनुच्छेद 275 (1) द्वारा 06 बालक तथा 02 कन्या इस प्रकार कुल 08 एकलव्य आवासीय विद्यालय संचालित हैं उक्त एकलव्य आवासी विद्यालय में अनुसूचित जनजाति के छात्र–छात्राओं को प्रवेश दिया जाता है।

चयन प्रक्रिया – अनुसूचित जनजाति के छात्र एवं छात्राओं को जिन्होने कक्षा 5वीं में 50 प्रतिशत अंकों के साथ उत्तीर्ण की हो उन्हें कक्षा 6वीं में प्रवेश चयन प्रक्रिया के आधार पर दिया जाता है।

स्वीकृति हेतु सक्षम अधिकारी – सहायक आयुक्त (सचिव) जिला स्तरीय एकलव्य आवासीय विद्यालय समिति तथा प्राचार्य।

क्रीड़ा परिसर

योजना का उद्देश्य – विभाग द्वारा 08 बालकों के लिये तथा 05 कन्याओं के लिये, इस प्रकार कुल 13 क्रीड़ा परिसर संचालित है। उक्त क्रीड़ा परिसरों में अनुसूचित जनजाति के प्रतिभावान उत्कृष्ट खिलाड़ी छात्र – छात्राओं को प्रवेश दिया जाता है जिससे उनकी खेल प्रतिभा सामने आये।

चयन प्रक्रिया – अनुसूचित जनजाति के छात्र एवं छात्राओं की रुचि के अनुसार खेल में दक्षता संबंधी परीक्षण टेस्ट के उपरान्त प्रवेश दिया जाता है।

वार्षिक लक्ष्य – प्रत्येक क्रीड़ा परिसर में प्रति वर्ष 100 छात्र–छात्राओं को प्रवेश दिया जाता है।

स्वीकृति हेतु सक्षम अधिकारी एवं सुविधाएं – शाला गणवेश, ट्रैकसूट, 850/– रूपये प्रति छात्र–छात्रा प्रति माह, पोषण आहार 300 रूपये प्रति छात्र–छात्रा प्रति माह।

भोजन सहाय योजना

योजना का उद्देश्य – विभाग द्वारा संचालित मैट्रिकोत्तर छात्रावास में प्रवेशित अनुसूचित जाति/अनुसूचित जनजाति वर्ग के विद्यार्थियों को विशेष पोषण आहार एवं भोजन व्यवस्था के लिए आवश्यक राशि की पूर्ति हेतु सहायता प्रदान करना।

पात्र एवं अवधि – विभाग द्वारा संचालित पोस्ट मैट्रिक छात्रावास में प्रवेश लेकर सामूहिक मेस में सम्मिलित होने वाले समस्त अनुसूचित जाति/जनजाति वर्ग के छात्र–छात्राओं को भोजन सहाय की राशि केवल उसी अवधि के लिए देय होगी जिस अवधि के लिए पोस्ट मैट्रिक छात्रवृत्ति की पात्रता होती है।

सहायता राशि की दर – मैट्रिकोत्तर छात्रावास में प्रवेशित विद्यार्थियों को 200रू. प्रतिमाह की दर से सहायता राशि देय होगी।

स्वीकृति का अधिकार – योजनान्तर्गत स्वीकृति का प्रस्ताव छात्रावास अधिकारी, सहायक आयुक्त, आदिवासी विकास को होगा।

सम्पर्क – योजना का लाभ लेने हेतु छात्रावास अधीक्षक से संपर्क कर सकते हैं।

कियान्वयन – राज्य स्तर पर विभागाध्यक्ष द्वारा प्रत्येक वर्ष छत्तीसगढ़ माध्यमिक शिक्षा मण्डल, सी0बी0एस0ई0 तथा आई0एस0सी0ई0 से अनुसूचित जाति, अनुसूचित जनजाति वर्ग के अधिकतम अंक प्राप्त करने वाले विद्यार्थी की मेरिट सूची प्राप्त कर लक्ष्य अनुसार विद्यार्थियों की पात्रता सूची तैयार की जाती है। पात्र विद्यार्थियों को इसकी सूचना पुरस्कार के लिए आवेदन पत्र के प्रपत्र की एक प्रति सहित डाक द्वारा दी जाती है। पात्र विद्यार्थी इसी निर्धारित प्रपत्र में अध्ययनरत संस्था के प्राचार्य को आवेदन करते है। संस्था के प्राचार्य द्वारा प्रमाणीकरण पश्चात् पूर्ण गये आवेदन पत्र पुरस्कार की स्वीकृति हेतु संबंधित जिले के सहायक आयुक्त, आदिवासी विकास विभाग को भेजी जाती है जहाँ से उन्होंने कक्षा 10वीं अथवा 12वीं उत्तीर्ण किया हो वहाँ के कलेक्टर द्वारा स्वीकृत पुरस्कार की राशि एकमुश्त बैंक ड्राफ्ट द्वारा संस्था प्रमुख के माध्यम से विद्यार्थी को भुगतान किया जाता है। प्रोत्साहन पुरस्कार एवं प्रमाण–पत्र का वितरण यथा संभव स्वतंत्रता दिवस/गणतंत्र दिवस या अन्य महत्वपूर्ण समारोह के अवसर पर किया जाता है।

स्वीकृति – प्रोत्साहन राशि की स्वीकृति एवं वितरण उसी जिले के कलेक्टर द्वारा किया जायेगा जिस जिले से विद्यार्थी ने कक्षा 10वीं एवं 12वीं परीक्षण उत्तीर्ण की है चाहे वे किसी भी जिले या राज्य में अध्ययनरत हो।

योजना की व्याख्या – योजना के प्रावधानों की व्याख्या का अधिकार आयुक्त, आदिम जाति तथा अनुसूचित जाति विकास विभाग में निहित होगा।

स्वस्थ तन–स्वस्थ मन (स्वास्थ्य सुरक्षा) योजना

योजना का उद्देश्य – मेडिकल सुविधा अप्राप्त क्षेत्रों में संचालित छात्रावासी विद्यार्थियों का नियमित स्वास्थ्य परीक्षण तथा गंभीर रोग/दुर्घटना की स्थिति में तत्काल सहायता उपलब्ध कराना।

पात्रता – जिन जिलों में जिला चिकित्सालय/सामुदायिक स्वास्थ्य केन्द्र तथा प्राथमिक चिकित्सा केन्द्र छात्रावासी विद्यार्थियों के पहुंच में ना हो उन जगहों पर संचालित छात्रावास/आश्रमों के बच्चों को इस योजना में पात्रता होगी।

चिकित्सक की व्यवस्था – योजना के क्रियान्वयन हेतु चिकित्सक की व्यवस्था जिला कलेक्टर की अध्यक्षता में गठित समिति द्वारा की जायेगी। इस हेतु चयनित चिकित्सक को अनुबंधित कर स्वास्थ्य परीक्षण तथा चिकित्सा उपलब्ध कराया जायेगा।

चिकित्सक का दायित्व – चिकित्सक द्वारा माह में कम से कम दो बार स्वास्थय परीक्षण किया जाएगा, स्वास्थ पंजी में विवरण दर्ज किया जायेगा। रेफरल/आपात दुर्घटना की स्थिति में शासन द्वारा अनुबंधित चिकित्सा संस्था के समस्त व्यय की प्रतिपूर्ति विभाग द्वारा किया जायेगा।

चिकित्सक को मानदेय – अनुबंधित चिकित्सक को 50 सीटर छात्रावास/आश्रमों तक के बच्चों को स्वास्थ परीक्षण हेतु 500रू. प्रति भ्रमण एवं 100 सीटर के छात्रावास/आश्रमों तक के बच्चों का स्वास्थ्य परीक्षण हेतु 800 रू. प्रति भ्रमण मानदेय दिया जायेगा, किन्तु शासकीय चिकित्सक को मानदेय की पात्रता नहीं होगी।

सम्पर्क – योजना अंतर्गत लाभ प्राप्त करने हेतु संबंधित छात्रावास के अधीक्षक/विकासखण्ड अधिकारी अथवा जिले के सहायक आयुक्त विकास विभाग से संपर्क किया जा सकता है।

देवगुड़ी विकास योजना

उद्देश्य – योजना का उद्देश्य राज्य के आदिवासी उपयोजना क्षेत्रों के ग्रामों एवं अन्य क्षेत्रों में आदिवासी बहुल ग्राम के अनुसूचित जनजातियों के आदिवासी जो पुरातन संस्कृति को सरंक्षित करने हेतु श्रद्धा स्थलों(देवगुड़ी) या ग्राम देवता स्थलों का परिरक्षण एवं विकास करना है।

कार्य क्षेत्र – संपूर्ण छ.ग. राज्य के ग्रामों में।

स्वरूप – योजना के अंतर्गत आदिवासी उपयोजना क्षेत्र के समस्त ग्रामों तथा अन्य क्षेत्रों में अनुसूचित जनजाति जनसंख्या बाहुल्य ग्रामों में।

मुख्यमंत्री ग्राम उत्कर्ष योजना

क्रियान्वयन एजेंसी– ग्राम पंचायत / ग्रामीण यांत्रिक सेवा

कार्य क्षेत्र– रायपुर, जांजगीर–चांपा और दुर्ग जिले के ग्रामीण क्षेत्र।

योजना का उद्देश्य– मूलभूत सुविधाओं / अधोसंरचना कार्य विकसित करना।

कार्य की प्राथमिकता– (अ) अधोसंरचना कार्य :– 1. गली कांक्रीटीकरण 2. निर्मलाघाट निर्माण 3. मुक्तिधाम 4. उपस्वास्थ्य केन्द्र भवन (बाउण्ड्री वाल सहित) 5. पंचायत भवन–सह–उचित मूल्य की दुकान 6. आंगन बाड़ी भवन (बाउण्ड्री वाल सहित) 7. कांजी हाऊस भवन ।

(ब) रोजगार मूलक कार्य:– 1. निस्तारी नया तालाब निर्माण 2. निस्तारी तालाबों का गहरी करण / मरम्मत 3. रतनजोत पौधा रोपण 4. वृक्षारोपण / केशवकुंज 5. सड़क / पहुंच मार्ग निर्माण 6. अ.जा. / अ.ज.जा. के कृषि भूमि सुधार / सिंचाई सुविधा बाबत्।

मिलने वाले लाभ– राज्य की ग्राम पंचायतों को वर्ष 2010–11 हेतु अधोसंरचना हेतु 05 करोड़ का बजट प्रावधान।

मुख्यमंत्री कन्यादान योजना

योजना का नाम – मुख्यमंत्री कन्यादान योजना

उद्देश्य – निर्धन परिवारों में कन्या के विवाह में होने वाली आर्थिक कठिनाईयों को दूर करने, फिजूल खर्ची पर रोक लगाने एवं सादगीपूर्ण विवाहों को बढ़ावा देना।

क्रियान्वयन एजेंसी – महिला एवं बाल विकास विभाग

कार्य क्षेत्र – संपूर्ण छत्तीसगढ़

आवेदक के लिए पात्रताएं – गरीबी रेखा के नींचे जीवन यापन करने वाले परिवार की 18 वर्ष से अधिक आयु की अधिकतम दो कन्या।

आवेदन प्रक्रिया – जिला महिला एवं बाल विकास अधिकारी / जिला कार्यक्रम अधिकारी या बाल विकास परियोजना अधिकारी के कार्यालय में आवेदन करने पर।

संपर्क सूत्र – अपने क्षेत्र के पास के आंगनबाड़ी केन्द्र, पर्यवेक्षक / बाल विकास परियोजना अधिकारी / जिला महिला एवं बाल विकास परियोजना अधिकारी / जिला कार्यक्रम अधिकारी।

दत्तक पुत्री शिक्षा योजना

योजना का नाम – दत्तक पुत्री शिक्षा योजना।

उद्देश्य – बालिका शिक्षा को बढ़ावा देने के लिए समाज में जागरूकता लाना। गरीब, जरूरतमंद बालिकाओं की शिक्षा में सहयोग के लिए जागरूक नागरिकों की सहभागिता सुनिश्चित करना।

क्रियान्वयन एजेंसी – महिला एवं बाल विकास विभाग

कार्य क्षेत्र – संपूर्ण छत्तीसगढ़

आवेदक के लिए पात्रताएं – गरीब बालिका जिनकी पढ़ाई का खर्च माता–पिता द्वारा वहन किया जाना कठिन होता है।

आवेदन प्रक्रिया – यह योजना पूर्णरूपेण जनसहयोग से संचालित है। इस योजना के अन्तर्गत सक्षम व्यक्ति/संस्था द्वारा प्राथमिक शाला में पढ़ने वाली गरीब बालिकाओं के लिए 300 रूपए वार्षिक तथा माध्यमिक शाला में पढ़ने वाली गरीबी बालिकाओं के लिए 400 रूपये की वार्षिक सहायता उपलब्ध कराने का प्रयास किया जाता है। सहायता नकद राशि के आलावा कपड़े, पुस्तक आदि के रूप में भी दी जाती है।

संपर्क सूत्र – आंगनबाड़ी कार्यकर्ता, ग्राम पंचायत, शाला के प्रधानपाठक, पर्यवेक्षक/बाल विकास परियोजना अधिकारी/जिला महिला एवं बाल विकास अधिकारी/जिला कार्यक्रम अधिकारी।

महिला जागृति शिविर

योजना का नाम – महिला जागृति शिविर

उद्देश्य – महिलाओं को उनके कानूनी अधिकारों और प्रावधानों के प्रति जागृत करना तथा विभिन्न योजनाओं की जानकारी देकर उन्हें सक्रिय बनाना तथा विभिन्न सामाजिक कुप्रथाओं के विरूद्ध महिलाओं को संगठित करना।

क्रियान्वयन एजेंसी – महिला एवं बाल विकास विभाग।

कार्य क्षेत्र – संपूर्ण छत्तीसगढ़

अन्य विशेषताएं – ग्राम पंचायत, जनपद पंचायत और जिला स्तर पर महिला और बाल विकास द्वारा महिला जागृति शिविर का आयोजन किया जाता है।

किशोरी शक्ति योजना

योजना का नाम – किशोरी शक्ति योजना

उद्देश्य – 11 से 18 वर्ष आयु वर्ग की किशोरी बालिकाओं को होने वाले शारीरिक, मानसिक बदलावों के संबंध में जानकारी देना। बालिकाओं को स्वयं के स्वास्थ्य, पोषण एवं स्वच्छता के संबंध में।

छात्र दुर्घटना बीमा

योजना का नाम – छात्र दुर्घटना बीमा

क्रियान्वयन एजेंसी – स्कूल शिक्षा विभाग

कार्य क्षेत्र – सम्पूर्ण छत्तीसगढ़

योजना का उद्देश्य – छात्र–छात्राओं को दुर्घटना की स्थिति में बीमा सुरक्षा प्रदान करना।

हितग्राही की पात्रताएं – शासकीय एवं अनुदान प्राप्त प्राथमिक से उच्चतर माध्यमिक स्तर के सभी छात्र–छात्राएं एवं महाविद्यालयीन छात्र/छात्राएं।

मिलने वाले लाभ – मृत्यु एवं पूर्ण अपंगता की स्थिति में 10,000 (दस हजार) रूपए की क्षतिपूर्ति, आंशिक अपंगता पर 5,000 (पांच हजार) रूपए की क्षतिपूर्ति एवं शौक्षणिक उपचार हेतु 500(पांच सौ) रूपए।

आवेदन प्रक्रिया – आवश्यक नहीं।

चयन प्रक्रिया – शासकीय एवं अनुदान प्राप्त शालाओं में अध्ययनरत सभी विद्यार्थियों को लाभ की पात्रता है।

अनुसूचित जाति, जनजाति एवं पिछड़ा वर्ग की बालिकाओं के लिए निःशुल्क गणवेश

योजना का नाम – शासकीय विद्यालयों में अध्ययनरत कक्षा पहली से पांचवी तक की अनुसूचित जाति, जनजाति एवं पिछड़ा वर्ग की बालिकाओं के लिए निःशुल्क गणवेश।

क्रियान्वयन एजेंसी – स्कुल शिक्षा विभाग

कार्य क्षेत्र– सम्पूर्ण छत्तीसगढ़।

योजना का उद्देश्य – अनुसूचित जाति, जनजाति एवं पिछड़ा वर्ग की बालिकाओं के लिए स्कूल जाने के लिए प्रोत्साहन।

मिलने वाले लाभ – निःशुल्क गणवेश

आवेदन प्रक्रिया – आवश्यक नहीं।

चयन प्रक्रिया – हितग्राही का चयन प्रधान पाठक द्वारा जाति प्रमाण–पत्र के आधार पर किया जाता है।

निःशुल्क पाठ्य पुस्तकों का प्रदाय

योजना का नाम – निःशुल्क पाठ्य पुस्तकों का प्रदाय

क्रियान्वयन एजेंसी – राजीव गांधी शिक्षा मिशन (सर्वशिक्षा अभियान एवं स्कूल शिक्षा विभाग)।

कार्य क्षेत्र – सम्पूर्ण छत्तीसगढ़।

योजना का उद्देश्य – प्रारंभिक शिक्षा के लोकव्यापीकरण के लिए बालिकाओं को पाठ्य पुस्तकें उपलब्ध कराकर उन्हें शाला जाने के लिए प्रेरित एवं प्रोत्साहित करना।

हितग्राही की पात्रताए – कक्षा एक से आठ तक की छात्राएं।

नक्सल हिंसा से प्रभावित बच्चों के लिए मुख्यमंत्री बाल भविष्य सुरक्षा योजना

योजना का नाम – यह योजना नक्सली हिंसा से अनाथ हुए बच्चों के लिए आदर्श आवासीय विद्यालय योजना वर्ष 2007 के स्थान पर नक्सल हिंसा से प्रभावित बच्चों के लिए ''मुख्यमंत्री बाल भविष्य सुरक्षा योजना वर्ष 2010'' कहलायेगा।

योजना का उद्देश्य – राज्य में चल रहे नक्सली हिंसा से अनाथ हुए बच्चों के सर्वांगीण विकास हेतु शिक्षा, आवास, भोजन, खेल, मनोरंजन आदि की सुविधा प्रदान कर विभाग संरक्षक की भूमिका निभाते हुए ऐसे बच्चों के जीवन में रोजगार स्थापित कर उनके जीवन को स्थायित्व प्रदान करना है।

कार्य क्षेत्र – इस योजना अन्तर्गत नक्सल प्रभावित 07 जिलों के बच्चों की पात्रता होगी तथा बच्चों को लाभान्वित करने की दृष्टि से योजना के विभिन्न भागों का क्रियान्वयन प्रदेश के किसी भी जिले में किया जा सकेगा।

पात्रता हेतु शर्तें – प्रदेश के उग्र वामपंथ प्रभावित 07 जिले के बच्चे इस योजना के अंतर्गत पात्र होंगे किन्तु नक्सल हिंसा से सीधे प्रभावित परिवार के बच्चों के लिए इन जिले अथवा छत्तीसगढ़ राज्य के मूल निवासी का बंधन लागू नहीं होगा। बच्चे किसी भी जाति, धर्म के हो सकते है। योजना अन्तर्गत लाभ लेने हेतु आय का बंधन नहीं होगा। इस योजना के अंतर्गत बच्चों को लाभान्वित करने के लिए 03 प्रकार के निम्नानुसार प्रावधान उपलब्ध होंगे :–

(1) आस्था – यह आवासीय विद्यालय, गुरुकुल आवसीय विद्यालय के पैटर्न पर 100 बालक एवं 100 बालिकाओं के लिए स्थापित है।

(2) निष्ठा – नक्सल हिंसा से पीड़ित बच्चों को स्वस्थ, शैक्षणिक परिवेश उपलब्ध कराने बाबत् कियें जा रहें शासकीय प्रयासों के अतिरिक्त स्वयंसेवी संस्थाओं का जन–सहयोग प्राप्त करके चरणबद्ध रूप से विद्यार्थियों को लाभान्वित करने का प्रयास किया जायेगा।

(3) प्रयास – नक्सल प्रभावित जिलों के हाई स्कूल उत्तीर्ण विद्यार्थियों के लिए पोस्ट मैट्रिकोत्तर शिक्षा एवं प्रतियोगी परीक्षाओं की तैयारी विभाग द्वारा कराया जायेगा।

उपरोक्त तीनों विशेष योजनाओं की प्रक्रिया एवं नियम निम्नानुसार हैं:–

आस्था एवं निष्ठा विद्यालय के लिए चयन प्रक्रिया– कलेक्टर की अध्यक्षता में जिला स्तर पर एक समिति का गठन किया जायेगा जो पात्रता अनुसार स्वीकृत सीट की संख्या सीमा तक बच्चों के प्रवेश की अनुशंसा करेगी। पात्र विद्यार्थियों के चयन हेतु प्रत्येक जिले में जिला कलेक्टर की अध्यक्षता में निम्नानुसार समिति गठित की जायेगी :–

सदस्य–01 पुलिस अधीक्षक– उपाध्यक्ष

सदस्य–02 मुख्य कार्यपालन अधिकारी जिला पंचायत

सदस्य–03 जिला शिक्षा अधिकारी

सदस्य–04 जिला महिला एवं बाल विकास अधिकारी

अन्य सदस्य – शिक्षा के क्षेत्र में जिले में कार्यरत दो स्वंयसेवी संस्थाओं के प्रतिनिधि सदस्य जो कलेक्टर द्वारा मनोनीत होगें।

सहायक आयुक्त की भूमिका राज्य सदस्य के रूप में होगें जो जिला स्तरीय समिति के प्रस्ताव को प्रत्येक शिक्षा सत्र के प्रांरभ में योजना अंतर्गत लाभान्वित होने वाले बच्चों की चयन सूची तैयार करके 15 अप्रैल के पूर्व राज्य स्तरीय समिति को प्रेषित करेंगी।

चयन के लिए मापदंड निम्नानुसार होंगे :–

नक्सल हिंसा में मृत माता–पिता के बच्चों को सर्वोच्च प्राथमिकता दी जायेगी, नक्सल हिंसा से पीड़ित परिवार के बच्चों को प्राथमिकता दी जायेगी, नक्सल हिंसा से प्रभावित ऐसे ग्राम, जहां शैक्षिणिक गतिविधियों का संचालन किया जाना अवरूद्ध हो, के बच्चों को प्राथमिकता और कंडिका 2 अनुसार विद्यार्थियों की संख्या प्रवेश हेतु उपलब्ध सीट संख्या से अधिक होने के स्थिति में विगत परीक्षा परिणाम की वरीयता क आधार पर प्राथमिकता दी जायेगी ।

उपरोक्त तीनों विशेष योजनाओं को प्रभावी बनाने अन्य सहयोगी प्रावधान एवं सिथिलतायें:–

(1) नक्सल प्रभावित जिलों के प्रतिभाशाली युवाओं को हाईस्कूल परीक्षा उत्तीर्ण करने के पश्चात् गुणवत्तापरख मैट्रिकोत्तर कक्षा (11वीं एवं 12वीं) की पढ़ाई एवं व्यावसायिक (इंजीनियरिंग एवं मेडिकल) पाठ्क्रमों की परीक्षा हेतु प्रशिक्षण दिलाने का प्रबंध राज्य शासन द्वारा किया जायेगा।

(2) योजनान्तर्गत नवीन शिक्षा सत्र प्रारंभ होने के पूर्व जिलों के विकास खण्ड मुख्यालयों पर काउंसलिंग शिविर आयोजित करके अथवा सीधे बोर्ड परीक्षा परिणामों के आधार पर प्रभावशाली युवाओं का चयन किया जायेगा। इसके लिए 10 वीं बोर्ड परीक्षा में न्यूनतम 60 प्रतिशत अंक प्राप्त करने वाले विद्यार्थियों को प्रवेश दिया जायेगा। विशेष परिस्थितियों में सीट्स की पूर्ति नहीं होने पर अंको का बंधन शिथिल किया जा सकेगा।

(3) ऐसे चयनित छात्र–छात्राओं को मैट्रिकोत्तर (11वीं एवं 12वीं) की पढ़ाई एवं प्रतियोगी (इंजीनियरिंग एवं मेडिकल) प्रवेश परीक्षाओं की तैयारी करने बाबत् राज्य स्तरीय संस्थान में प्रवेश निःशुल्क उपलब्ध कराया जाएगा और ये संस्थान पूर्णतः आवासीय होगें।

संस्थानों की अधिकतम क्षमता 400 होगी जिसमें 300 सीट बालकों के लिए एंव 100 सीट बालिकाओं के लिए निर्धारित होगी इन संस्थानों की स्थापना राज्य मुख्यालय पर विभाग द्वारा की जायेगी ।

(4) चयनित विद्यार्थी के कक्षा 11वीं एंव 12वीं के नियमित अध्यापन एंव प्रतियोगी प्रवेश परीक्षा के प्रशिक्षण की व्यवस्था विभागीय समिति द्वारा "रूचि की अभिव्यक्ति" के माध्यम से चयनित विद्यार्थी के रूप में सम्मिलित होने हेतु माध्यमिक शिक्षा मण्डल से मान्यता एंव पंजीयन की कार्यवाही विभागीय समिति द्वारा की जायेगी ।

(5) निजी प्रतिष्ठित कोचिंग संस्था का चयन आयुक्त की अध्यक्षता में गठित समिति के द्वारा किया जाता है। रायपुर स्थित आवासीय विद्यालय हेतु पटना के 'युरेका इन्स्टीटयूट' का चयन किया गया है तथा 362 विद्यार्थी निवासरत होकर योजना का लाभ अगस्त 2010 से प्राप्त कर रहे है।

वर्तमान में भूपेश सरकार ने लगभग 22 योजनाएं चलाई है जिनमें से बस्तर क्षेत्र को केन्द्र मानकर संचालित की जाने वाली प्रमुख योजनाओं का विवरण संक्षिप्त मे इस प्रकार हैः–

01.   **मुख्यमंत्री सुपोषण अभियानः–** इस योजना के तहत छ.ग. के बच्चों एवं बालिकाओं–महिलाओं के लिए कुपोषण तथा एनीमिया से मुक्ति का लक्ष्य रखा गया है। यह योजना 02 अक्टूबर को बस्तर जिले से प्रारंभ किया गया था। इस योजना में स्थानिय पोषक आहारों को प्रथमिकता दिया गया है। इस योजना के लक्ष्य 0 से 5 वर्ष के बच्चों तथा 15 से 49 वर्ष के महिलाओं के लिए है । कुपोषण तथा एनीमिया से मुक्त करना है। स्थानीय पोषक आहारों को प्राथमिकता देना है । आयरन कृमिनाशक दवाईयां उपलब्ध कराना है। फल, दुध, अण्डा, सोयाबड़ी, लड्डु, भाजी आदि वैकल्पिक पोशक आहार उपलब्ध कराना है।

02.   **मुख्यमंत्री हाट बाजार क्लीनिक योजनाः–** इस योजना मे दूरस्थ अंचलों विशेष कर आदिवासी अंचलों में अन्तिम व्यक्ति तक स्वास्थय सुविधाएं पहुचाने का लक्षय रखा गया है। यह योजना 02 अक्टुबर को बस्तर जिले से प्रारंभ किया गया था। साथ ही साप्ताहिक हाट–बाजारों में नियमित स्वास्थय सुविधाएं, जॉच, उपचार, एवं दवाएं उपलब्ध करायी जाती है। मरीजों को हाट बाजारों क्लीनिक तक लाने हेतु मितानिन व आर0 एच0 ओ0 को दिशानिर्देश दिया जा रहा है। साप्ताहिक हाट–बाजारों में नियमित स्वास्थय सुविधाएं, जाँच, उपचार, एवं दवाएं उपलब्ध करायी जा रही है। महिलाओं को स्वास्थय परीक्षण हेतु गोपनीयता की व्यवस्था किया गया है। गंभीर मरीजों को बड़े केन्द्रो में भेजने की व्यवस्था किया गया है। स्थानीय भाषा मे प्रचार प्रसार किया जा रहा है। चलित इकाइयों तथा पोर्टेबल मशीनों का उपयोग किया जा रहा है।

03.   **छत्तीसगढ़ मुख्यमंत्री मितान योजनाः–** इस योजना के तहत छत्तसीगढ़ प्रदेश का एक डोर स्टेप डिलीवरी है। जिसमें बहुत से कार्य जनता अपने घरों में बैठ पूरे कर पायेगें। इस योजना का प्रारंभ 01 मई 2022 को श्रमिक मजदूर दिवस **बोरे–बासी दिवस** के दिन किया गया था। इस योजना के तहत 8 हजार से 10

हजार बेरोजगार युवकों को रोजगार प्रदान किया जाएगा जो 100 से अधिक सरकारी सर्विस जैसे ड्राइविंग लाइसेंस, राशन कार्ड, कास्ट सर्टिफिकेट, पेंशन सुविधा, बिजली बिल एवं रेवेन्यू इत्यादि की सुविधा घर के दरवाजे पर उपलब्ध करायी जायगी। यह योजना दिल्ली के डोर स्टेप डिलीवरी के तर्ज पर काम करेगी। जिसका एक टोल फ्री नम्बर चालू किया जा चुका है जिसमें लोग घर से नम्बर डायल कर सर्विस का लाभ ले सकते हैं।

04.   गोधान न्याय योजना छत्तीसगढ़ :– यह योजना छ.ग. सरकार द्वारा चलायी गयी बहुत ही बहुआयामी योजना है। जिसमे राज्य सरकार द्वारा पशुधन का उपयोग कर कृषि एवं पशुपालन आश्रितों को लाभ मिलेगा साथ ही छ.ग. मे ग्रामीण अर्थव्यवस्था में बदलाव होगा। योजना प्रारंभ 21 जुलाई 2020 को हरेली पर्व के अवसर पर मुख्यमंत्री निवास पर किया गया था।

उद्देश्य:– इस गोधान न्याय योजना छत्तीसगढ़ से पशुपालकों एवं पशुधनों को बढ़ावा देना है जिसके अंतर्गत छ.ग. सरकार द्वारा पशुपालकों से 2 रूपये किलो की दर से गोबर खरीदेगी जिससे जैविक खाद तैयार कर वर्मी कंपोस्ट का निर्माण किया जायेगा जिसका संचालन महिला स्व–सहायता समूह द्वारा किया जायेगा। इस गोधान न्याय योजना का लाभ लेने पशुपालकों को आवेदन करना होगा जिसमें आधार कार्ड भी जारी किया जायेगा ग्राम संचालित गौधान समिति द्वारा उनके नामित समूहों द्वारा घर–घर जाकर गोबर का संग्रहण किया जायेगा। राज्य सरकार द्वारा सभी 11630 ग्राम पंचायतों एवं 20 हजार से ज्यादा गाँवों मे गोठान निर्माण करने का लक्ष्य रखा गया है।

05-   आजिविका अंगना योजना:– इस योजना के अंतर्गत छ.ग. राज्य के महिलाओं को स्वरोजगार दिलाने हेतु आजिविका अंगना प्रशिक्षण का निर्माण करना है । जिसमें महिलाओं प्रशिक्षण कर खुद का रोजगार स्थापित कर सकती हैं। इस योजना की शुरूआत 01 अगस्त 2019 को मनियारी, तखपुर एवं बिलासपुर से किया गया था।

<table>
<tr>
<td>

प्रश्न 01 क्या आप इस बात से सहमत हैं कि सुकमा जिला छत्तीसगढ़ के दूसरे आदिवासी जिलों के तुलनात्मक दृष्टि से अधिक अविकसित एवं पिछड़ा है?

</td>
<td>

प्रश्न 02   क्या आप इस बात से सहमत हैं कि वर्तमान राज्य सरकार द्वारा सुकमा में कराये जा रहे विकास कार्य का नक्सलवाद उन्मूलन पर सकारात्मक प्रभाव पड़ सकता है?

</td>
</tr>
</table>

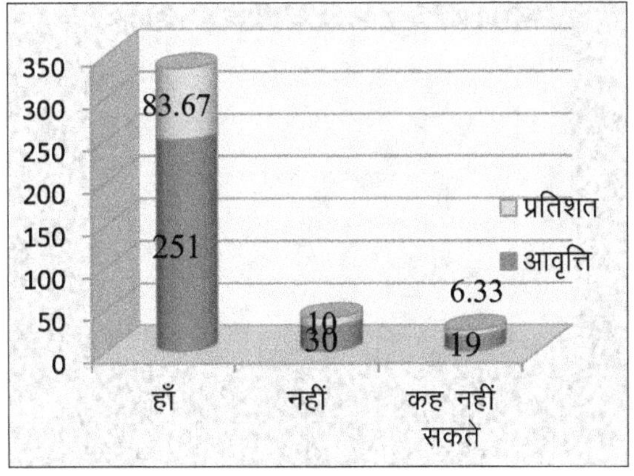

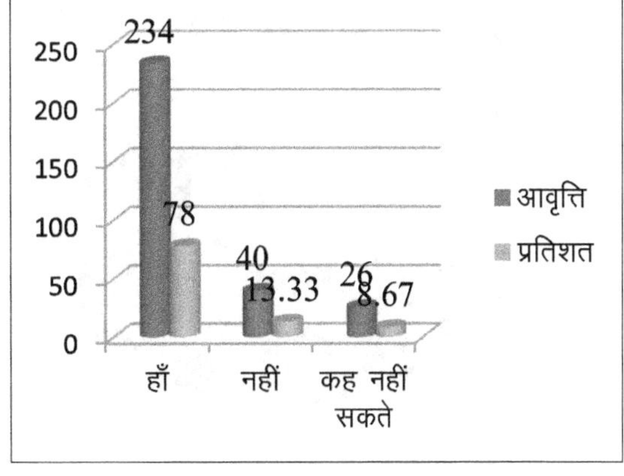

प्रश्न 03 क्या आप इस बात से सहमत हैं कि सुकमा में नक्सलवाद को नियंत्रित करने में राज्य सरकार की कल्याणकारी योजना एक कारगर हथियार हो सकती है?

प्रश्न 04 क्या आप इस बात से सहमत हैं कि सुकमा जिले के अशिक्षित एवं अंधविश्वास को माननें वाले आदिवासियों पर राज्य सरकार की कल्याणकारी योजनाओं का प्रभाव सकारात्मक प्रभाव डाल सकता है?

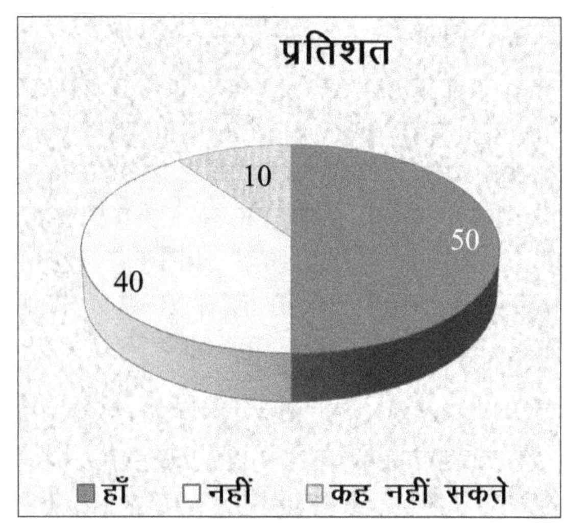

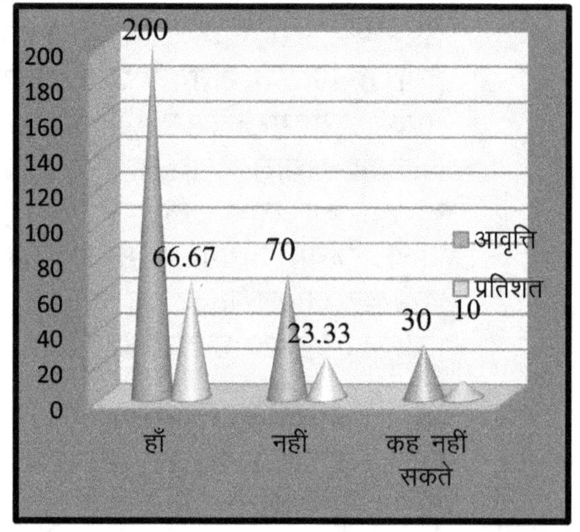

प्रश्न 05 क्या आप इस बात से सहमत हैं कि सुकमा जिला प्रशासन द्वारा राज्य सरकार की कल्याणकारी योजनाओं को विस्तारित करने का सतत प्रयास किया जा रहा है?

प्रश्न 06 क्या आप इस बात से सहमत हैं कि राज्य सरकार की कल्याणकारी योजनाओं को लागू करने में राज्य व केन्द्र सरकार द्वारा गंभीर प्रयास किये जा रहे हैं?

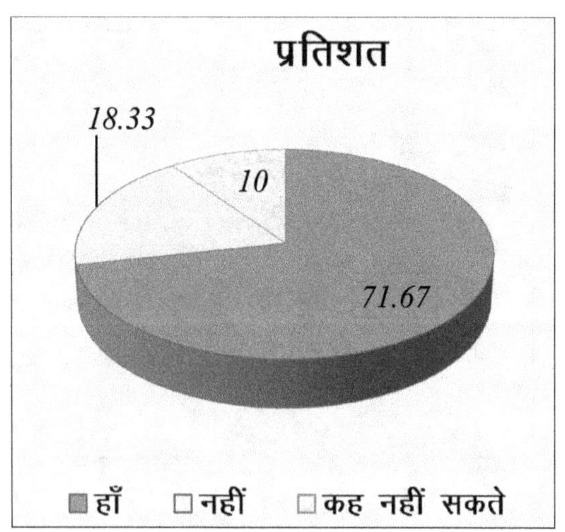

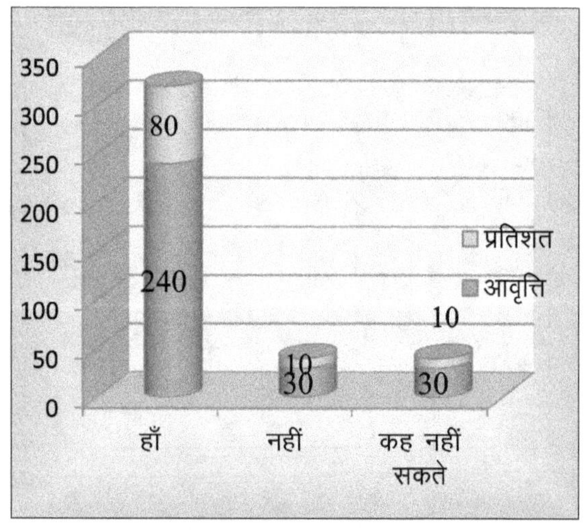

प्रश्न 07   क्या आप इस बात से सहमत हैं कि सुकमा जिले के स्थानीय

जनप्रतिनिधि राज्य सरकार की कल्याणकारी योजनाओं को विस्तारित करने में उत्सुक हैं?

प्रश्न 08   क्या आप इस बात से सहमत हैं कि नक्सलवाद से प्रभावित परिवार के सदस्यों को पर्याप्त सुविधा न मिलना भी इस समस्या को रोकने में घातक सिद्ध हो रहा है?

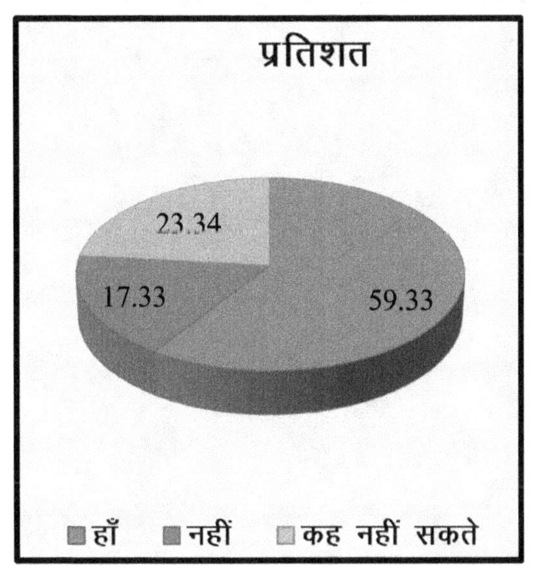

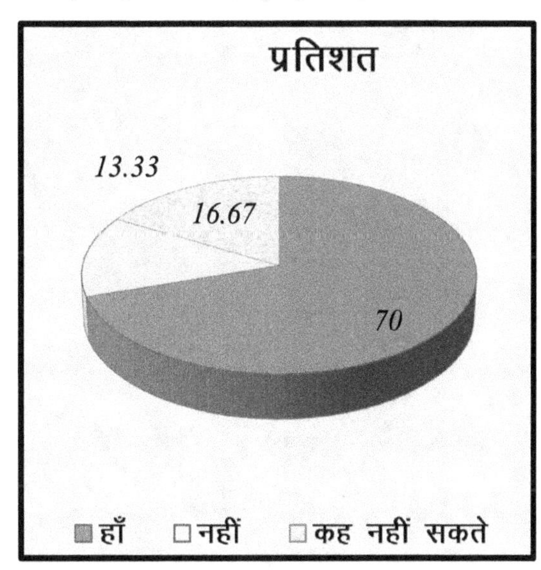

★ संदर्भ ग्रंथसूची ★

- **प्रो. शुक्ल हीरालाल,** आदिवासी अस्मितार्थ और विकास म.प्र. हिन्दी गंथ अकादमी भोपाल 1997 पृष्ठ 22.

- **पटेरिया शिव अनुराग,** व्यवस्था के खिलाफ बंदूक म.प्र. ग्रंथ अकादमी भोपाल 2000 पृष्ठ 35.

- **चौधरी शुधांशु, माओवादी** दुनिया की की एक पड़ताल पेगुइन बुक्स इंडिया प्रा. लि. नई दिल्ली 2012 पृष्ठ 15.

- छत्तीसगढ़ जनमत मासिक पत्रिका, जुलाई 2010.

- छत्तीसगढ़ जनमत मासिक पत्रिका, जुलाई 2016

- **विकास के आयाम,** छत्तीसगढ़ राज्य ग्रामीण विकास संस्थान, निमोरा, रायपुर, 2014,पृ.4.

- वही पृष्ठ 50

- वही पृष्ठ 52

- वही पृष्ठ 56

- वही पृष्ठ 57

- मितान राज्य शासन के विभिन्न विभागों द्वारा संचालित एंव क्रियान्विति हितग्राही मूलक योजनाएँ जन सम्पर्क, रायपुर, 58

अध्याय–10

जिला सुकमा के मूलनिवासीयों, क्षेत्र मे कार्यरत शासकीय सेवकों, सामाजिक कार्यकर्ताओं एवं अन्य नागरिकों की राय और उसका विश्लेषण

''विशेष रूप से जब आप जीत का जश्न मनाते हो और जब कभी अच्छी बातें होती है, तब आपको दूसरों को आगे रखकर पीछे से नेतृत्व करना चाहिए और जब भी खतरा हो आपको आगे लाइन मे आना चाहिए तब लोग आपके नेतृत्व की सराहना करेंगें।''

नेल्सन मंडेला

प्रश्न 01 क्या आप इस बात से सहमत हैं कि सुकमा जिले में नक्सली घटनाओं का मूल कारण स्थानीय स्तर पर शोषण की प्रवृत्ति रही है?

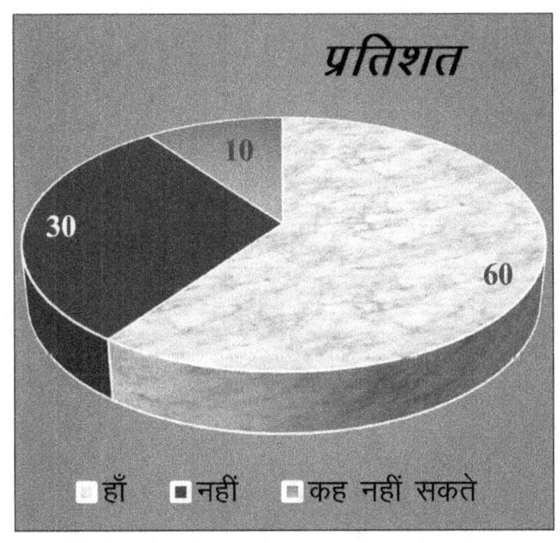
प्रतिशत
10
30
60
हाँ नहीं कह नहीं सकते

प्रश्न 02 क्या आप इस बात से सहमत हैं कि सुकमा जिले में नक्सली समस्या का प्रमुख कारण सड़कों का अभाव एवं घने जंगलों का होना है?

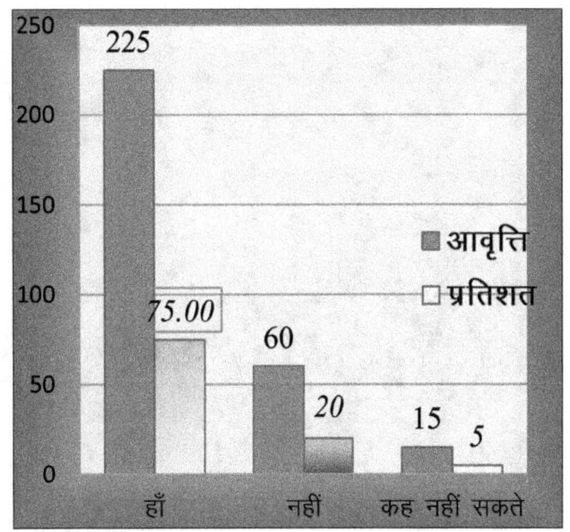
250
225
200
150
आवृत्ति
100
प्रतिशत
75.00
60
50
20
15
5
0
हाँ नहीं कह नहीं सकते

प्रश्न 03 क्या आप इस बात से सहमत हैं कि मध्यप्रदेश राज्य के समय सुकमा क्षेत्र की घोर उपेक्षा नक्सलवाद के उदय का कारण बना है?

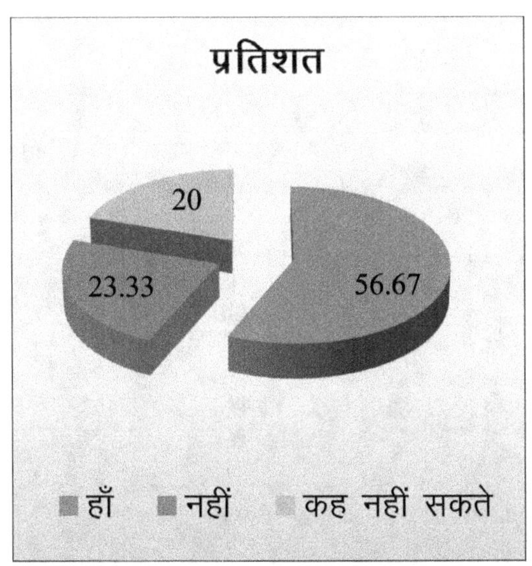
प्रतिशत
20
23.33
56.67
हाँ नहीं कह नहीं सकते

प्रश्न 04 क्या आप इस बात से सहमत हैं कि नक्सली घटनाओं को नियंत्रित करने में सलवा जुडुम आंदोलन की महत्वपूर्ण भूमिका रही है?

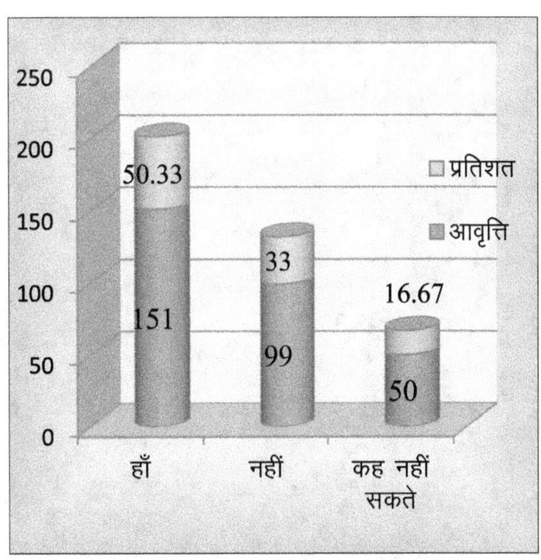
250
200
प्रतिशत
150
50.33
आवृत्ति
100
151
33
16.67
50
99
50
0
हाँ नहीं कह नहीं सकते

प्रश्न 05 क्या आप इस बात से सहमत हैं कि गाँधीवाद की अहिंसावादी विचारधारा के प्रचार–प्रसार से नक्सली विचारधारा को अनुकूल रूप से प्रभावित किया जा सकता है?

प्रश्न 06 क्या आप इस बात से सहमत हैं कि जगदलपुर के पूर्व कलेक्टर श्री गणेश शंकर मिश्रा द्वारा गाँधीवाद के मूल्यों के प्रचार–प्रसार ने सकारात्मक प्रभाव छोड़ा है?

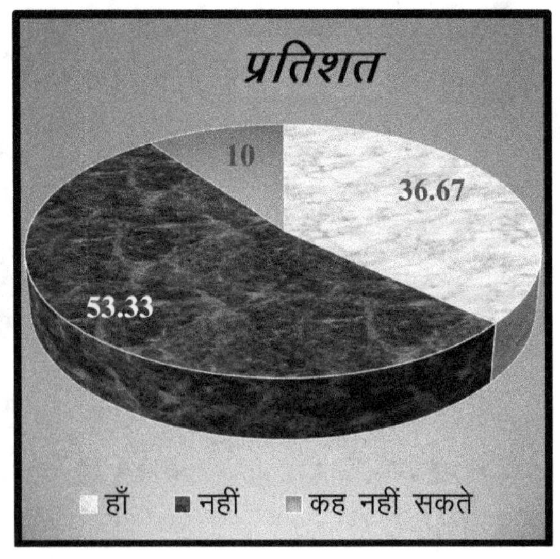
प्रतिशत
10
36.67
53.33
हाँ   नहीं   कह नहीं सकते

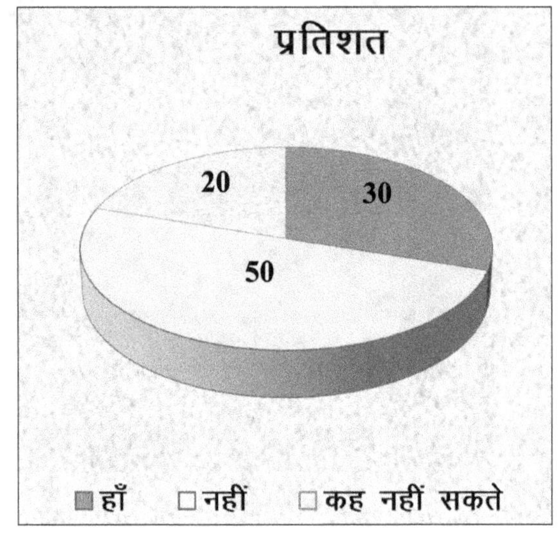
प्रतिशत
20   30
50
हाँ   नहीं   कह नहीं सकते

प्रश्न 07 क्या आप इस बात से सहमत हैं कि सुकमा जिले के पूर्व कलेक्टर एलेक्स पॉल मेनन के अपहरण के बाद नक्सलियों से उनकी रिहाई हेतु गाँधीवादी सिद्धांत का सहयोग लिया गया था?

प्रश्न 08 क्या आप इस बात से सहमत हैं कि सुकमा जिले में कार्यरत् अशासकीय संगठन (NGO) द्वारा समस्या का समाधान में सकारात्मक भूमिका निभाई जा सकती है?

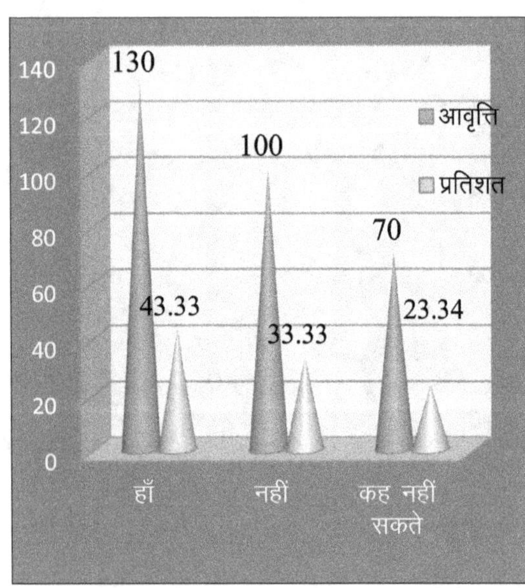
140
130
120
100
100
80
70
60
43.33
40
33.33
23.34
20
0
आवृत्ति
प्रतिशत
हाँ   नहीं   कह नहीं सकते

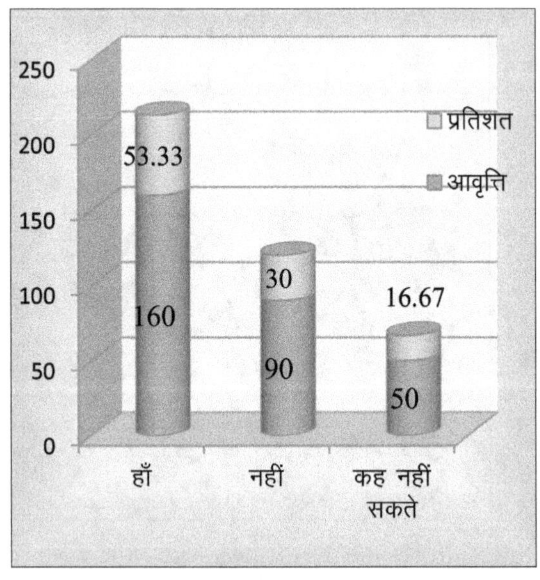
250
200
53.33
150
100
160
30
16.67
50
90
50
0
प्रतिशत
आवृत्ति
हाँ   नहीं   कह नहीं सकते

प्रश्न 09 क्या आप इस बात से सहमत हैं कि नक्सलवाद एक सामाजिक समस्या न होकर एक राजनैतिक समस्या है?

प्रश्न 10 क्या आप इस बात से सहमत कि समय–समय पर अनेक सामाजिक संगठनों के द्वारा सरकारी नीतियों की आलोचना की जाती है, क्या यह उचित है?

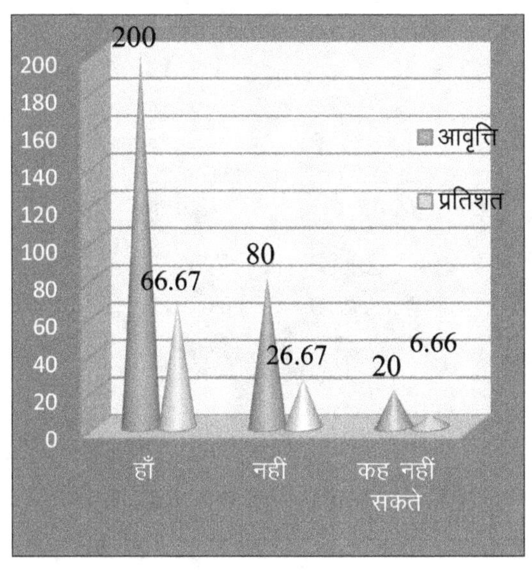

200
66.67
80
26.67
20
6.66
आवृत्ति
प्रतिशत
हाँ
नहीं
कह नहीं सकते

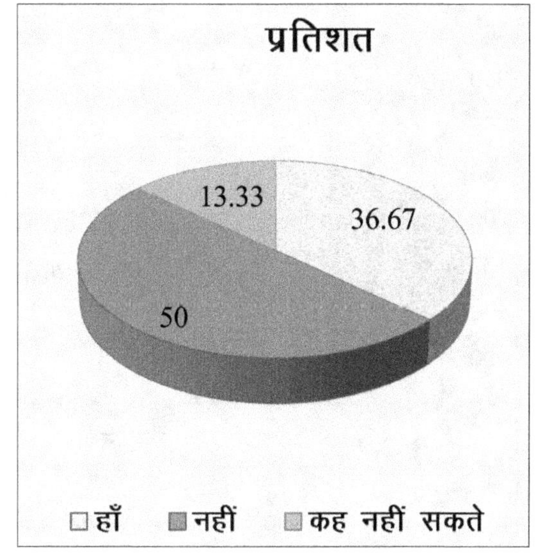

प्रतिशत
13.33
36.67
50
हाँ
नहीं
कह नहीं सकते

प्रश्न 11 क्या आप इस बात से सहमत हैं कि सुकमा में अधिकांश अशिक्षित युवा वर्ग जो मुख्य धारा से भटक गए हैं उन्हें मुख्यधारा से जोड़ने के लिए राज्य सरकार की कल्याणकारी योजनाएं ही एकमात्र रास्ता है?

प्रश्न 12 क्या आप इस बात से सहमत कि सुकमा में बड़े व्यापारी व बड़े अधिकारी और जनप्रतिनिधि की नक्सलियों से सांठ–गांठ है?

आवृत्ति
20
45
235
हाँ
नहीं
कह नहीं सकते

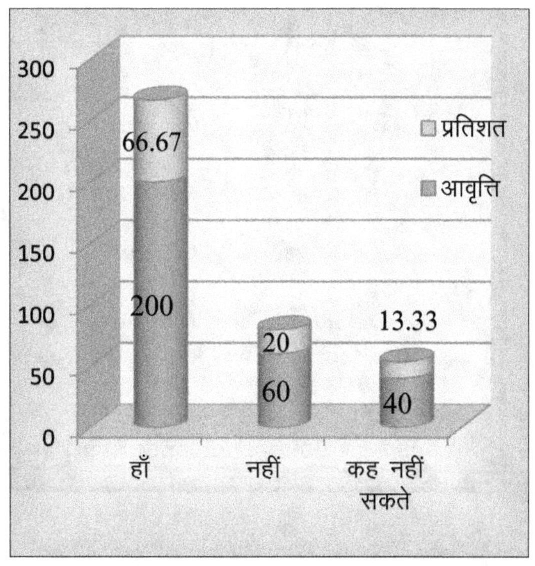

300
250
200
150
100
50
0
66.67
200
20
60
13.33
40
प्रतिशत
आवृत्ति
हाँ
नहीं
कह नहीं सकते

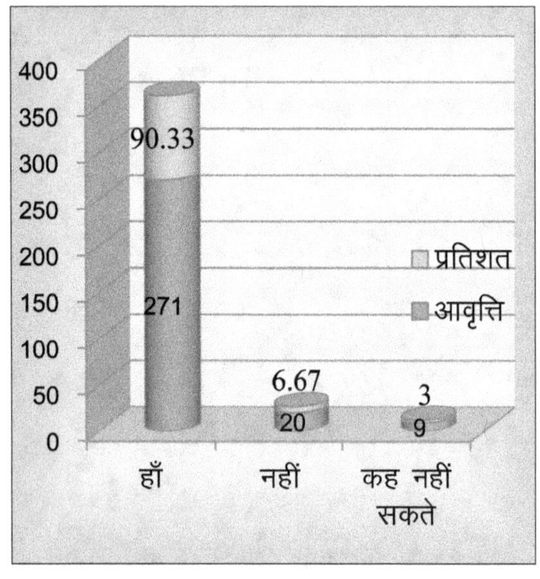

प्रश्न 13 क्या आप इस बात से सहमत हैं कि नक्सलवाद के उन्मूलन में जनजागृति व शिक्षा का प्रसार महत्वपूर्ण प्रभाव डाल सकता है?

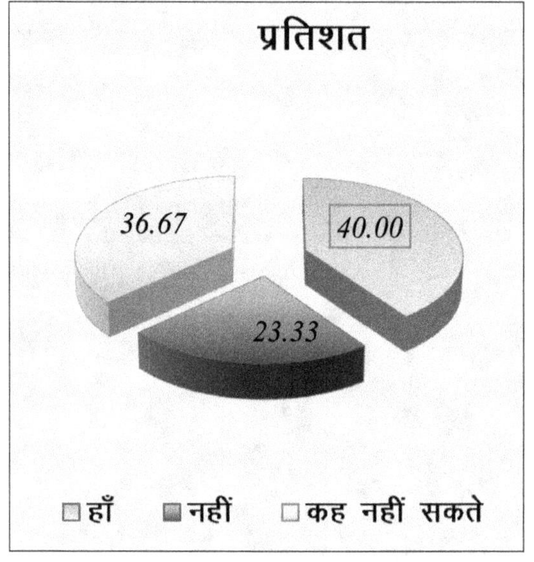

प्रश्न 14 क्या आप इस बात से सहमत हैं कि सुकमा जिले के नक्सली समस्या के लिए केन्द्र व राज्य सरकार के अधिकारियों द्वारा एक दूसरे पर आरोप– प्रत्यारोप लगाते रहना एक महत्वपूर्ण कारण है?

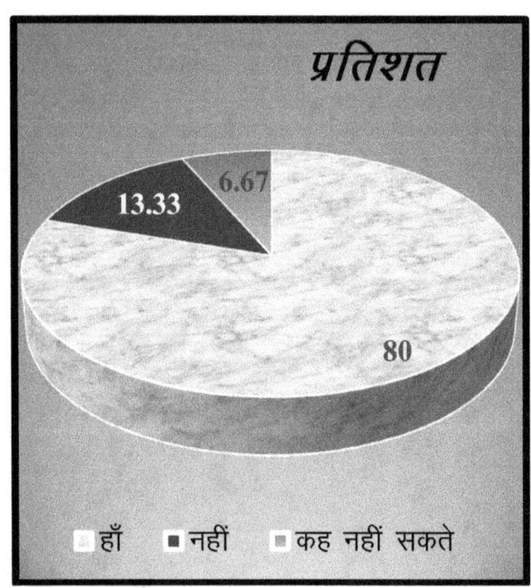

प्रश्न 15 क्या आप इस बात से सहमत हैं कि नक्सली समस्या को दूर करने में राज्य सरकार की दृढ़ राजनीतिक इच्छाशक्ति की आवश्यकता है?

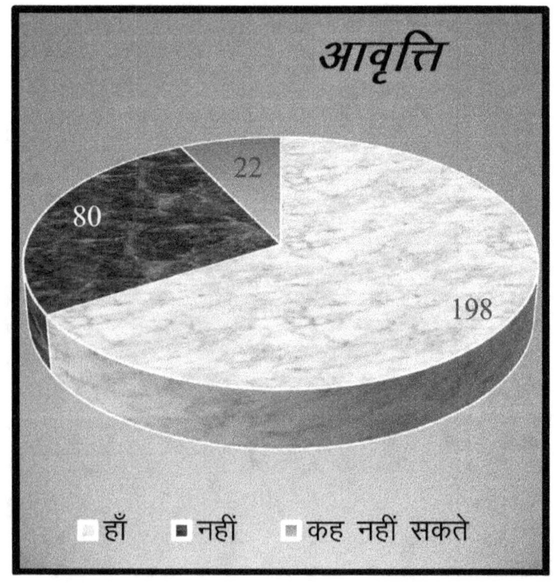

प्रश्न 16 क्या आप इस बात से सहमत हैं कि सुकमा जिले में नक्सलियों की सामान्तर सरकार चलाने के लिए स्थानीय प्रशासन जिम्मेदार है?

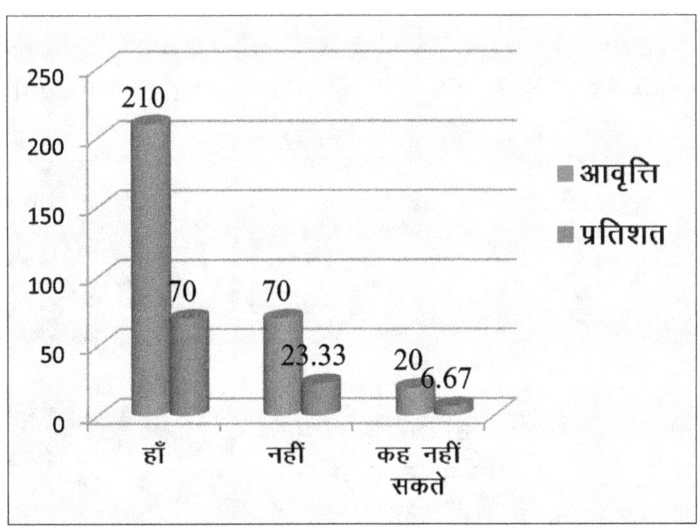

अध्ययनक्षेत्र में चयनित 300 उत्तरदाताओं में से प्रश्नावली साक्षात्कार के माध्यम से उनका अभिमत प्राप्त कर तालिकाओं के माध्यम से उपरोक्तानुसार विश्लेषण किया गया है। इसके अतिरिक्त अध्ययन क्षेत्र में कुछ विशिष्ट उत्तरदाताओं से विस्तृत रूप से व्यक्तिगत चर्चा विषयवस्तु पर किया गया है। जिसका विवरण निम्नानुसार है :–

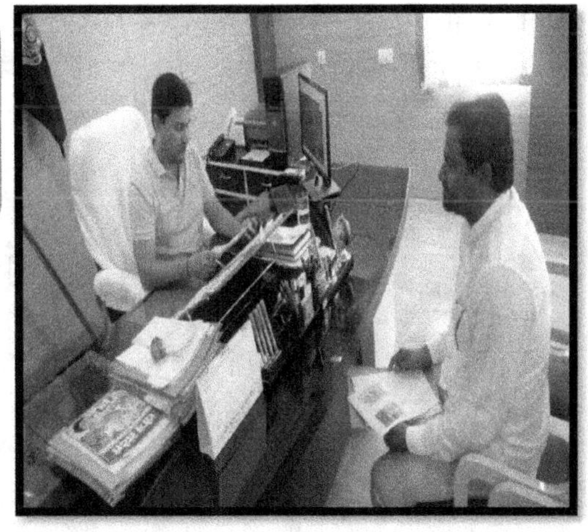

साक्षात्कार के दौरान तात्कालिन पुलिस अधीक्षक, महोदय श्री अभिषेक मीणा (जिला–सुकमा) ने बताया कि नक्सली समस्या का मुख्य कारण सड़कों का अभाव एवं घने जंगलों का होना है, साथ ही सुकमा जिले में नक्सली घटनाओं का मूल कारण स्थानीय स्तर पर होने वाली शोषण की प्रवृत्ति भी रही है। मध्यप्रदेश राज्य के समय इस क्षेत्र की घोर उपेक्षा भी इसके पिछड़ेपन का और नक्सलवाद के उदय का कारण है। छत्तीसगढ़ राज्य निर्माण के पूर्व सुकमा, दंतेवाड़ा जिले का एक विकासखंड था और जिला मुख्यालय से लगभग 90 किलोमीटर दूर होने के

कारण जिला स्तर के अधिकारियों का इन क्षेत्रों में पहुँच पाना संभव नहीं हो पाता था। जिससे विकास की गति धीमी हो जाती थी और राज्य स्तर से भी निरीक्षण न के बराबर होता था। जिसके कारण वर्तमान सुकमा जिले को उपेक्षा का सामना करना पड़ा है। नक्सली घटनाओं को नियंत्रित करने में सलवा जुडुम आंदोलन की महत्वपूर्ण भूमिका रही है। जिसके परिणामस्वरूप इन गतिविधियों में कमी आई है। वर्तमान राज्य सरकार द्वारा सुकमा में कराये जा रहे विकास कार्य का नक्सलवाद उन्मूलन पर सकारात्मक प्रभाव पड़ा है या नहीं इस विषय पर मैं कुछ नहीं कह सकता परंतु जिला के निर्माण हो जाने से राज्य सरकार की विभिन्न योजना प्रशासन द्वारा आम नागरिकों तक पहुँचाने का प्रयास किया जा रहा है जिससे बहुत हद तक उनके रहन—सहन का स्तर ऊँचा उठा है और जागरूकता आ रही है।

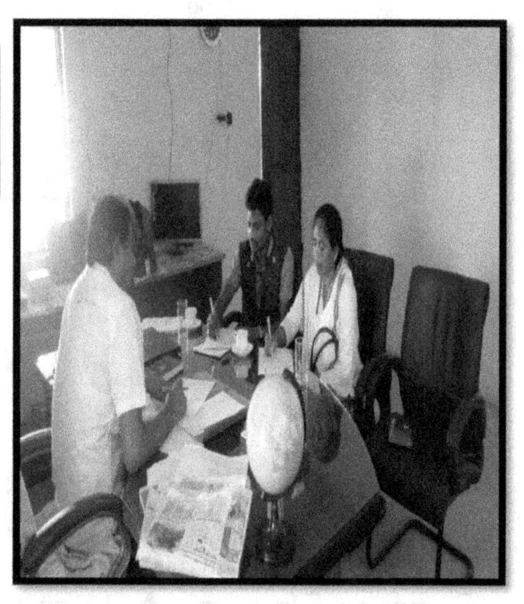

साक्षात्कार के दौरान सामाजिक कार्यकर्ता श्रीमती सोनी सोरी ने बताया कि पुलिस द्वारा जितने नक्सलियों को पकड़ा जाता है उन्हें जेल में राज्य सरकार की कल्याणकारी योजनाओं के द्वारा मुख्यधारा से जोड़ा जा सकता है। समय—समय पर आत्मसमर्पण करने वाले नक्सलियों को राज्य सरकार की कल्याणकारी योजनाओं से जोड़कर नक्सलवाद को नियंत्रित करने में सहयोग उचित हो सकता है। सुकमा जिला ने कांग्रेस की परिवर्तन यात्रा के समय घटित झीरम घाटी की नक्सली घटना के बाद पुलिस प्रशासन का सूचनातंत्र पूर्व की तुलना में मजबूत हुआ है। सुकमा जिले की नक्सली समस्या का स्थायी हल हथियार कभी नहीं हो सकता है। हथियार के चलते कभी नक्सली तो कभी पुलिस जवान तो कभी आम नागरिक को मौत का सामना करना पड़ रहा है। जिसमें सिर्फ जन—धन की हानि हो रही है। चाहे वह झीरमघाटी का हमला हो या चिन्तागुफा, चिन्तलनार, जगरगुंडा, किस्टाराम सभी हमलों में कभी पुलिस, सी. आर.पी.एफ. के जवान शहीद हुए तो कभी आम जनता, परंतु इस समस्या का स्थायी समाधान नहीं मिल सका। सुकमा जिले में नक्सली समस्या को समाप्त करने के लिए शिक्षा के प्रति जागरूकता बढ़ाना चाहिए तथा शिक्षा के स्तर में सुधार के लिए आवश्यक संसाधनों की व्यवस्था की जानी चाहिए। शिक्षा का स्तर सुधर गया तो कई समस्याओं का समाधान स्वतः ही निकल जायेगा और नक्सली हमलों में भी कमी आयेगी। आज सुकमा जिले में स्कूल तो खोले गए हैं परंतु शिक्षकों की व्यवस्था नहीं है, समाज के निर्माण में योगदान देने वालों के प्रति किसी को कोई परवाह नहीं है, शासन—प्रशासन सिर्फ कमी ढूंढने में लगा है परंतु इसका समाधान कोई नहीं कर पा रहा है।

अपने साक्षात्कार के दौरान लिंगाराम कोड़ोपी ने बताया कि सुकमा जिले की नक्सली समस्या का स्थायी हल हथियार कभी नहीं हो सकता है किसी भी समस्या का समाधान सीधे बातचीत के माध्यम से किया जा सकता है। सुकमा में अधिकांश अशिक्षित युवा वर्ग को जो मुख्यधारा से भटक गए हैं उन्हे मुख्यधारा में जोड़ने के लिए राज्य सरकार की कल्याणकारी योजनाएं ही एक मात्र रास्ता है जिसके माध्यम ग्राम स्तर पर विभिन्न योजनाओं को लागू कर विकास की दिशा को गति प्रदान कर रहा है। सुकमा में ग्राम पंचायतों के माध्यम से राज्य सरकार एवं पुलिस प्रशासन की विकासवादी योजना के लागू होने व विस्तार करने से नक्सलवाद को रोकने में एक महत्वपूर्ण प्रयोग सिद्ध हो सकता है। नक्सलवाद के उन्मूलन में जनजागृति व शिक्षा का प्रसार महत्वपूर्ण प्रभाव डाल सकता है। शिक्षा के प्रसार से अंधविश्वास, अज्ञानता को दूर कर विकास का अलख जगाया जा सकता है आज शासन की विभिन्न योजनओं के कारण ही प्रत्येक ग्राम में आंगनबाड़ी, पाठशाला, छात्रावास का निर्माण किया गया है। जिससे अधिकांश ग्रामीण छात्र पढ़–लिखकर शिक्षित हो रहे हैं। **नक्सली समस्या को दूर करने के लिए राज्य सरकार की दृढ़ राजनीतिक इच्छाशक्ति की आवश्यकता है। दृढ़ इच्छाशक्ति के बल पर ही शासन व प्रशासन जिले से समस्या को समाप्त कर सकता है।**

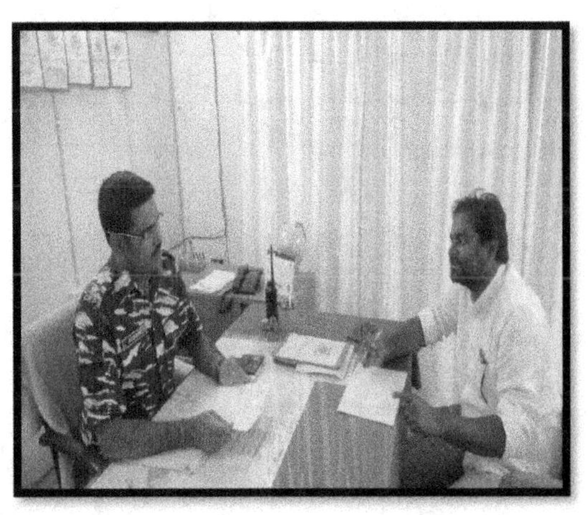

अपने साक्षात्कार के दौरान जितेन्द्र कुमार जी ने बताया कि राज्य सरकार की कल्याणकारी योजनाओं पर पुलिस व प्रशासनिक अधिकारियों द्वारा वर्तमान परिस्थितियों में सही क्रियान्वयन किया जा रहा है व राज्य सरकार द्वारा गंभीर प्रयास किये जा रहे हैं। वर्तमान में राज्य व केन्द्र सरकार की विभिन्न योजनाओं जैसे स्वजल धारा, प्रधानमंत्री आवास योजना, प्रधानमंत्री ग्राम सड़क योजना, आँगनबाड़ी, उपस्वास्थ्य केन्द्र जो ग्राम स्तर पर विकास की ओर अग्रसर हो रहा है। सुकमा जिले में नक्सलियों द्वारा समय समय पर पुलिस को विभिन्न चेतावनी में हिंसक घटनाओं को अंजाम देने की धमकियाँ शामिल रहती है। जिसके कारण कभी कभी प्रशासन भी सोचने पर मजबूर हो जाती है। जिले के कार्यरत विभिन्न अशासकीय संगठन द्वारा समस्या के समाधान में सकारात्मक भूमिका निभाई

जा रही है। कई संगठन शिक्षा के स्तर को सुधारने के लिए प्रयास कर रहे हैं। स्थानीय स्तर पर जनप्रतिनिधि, राज्य सरकार की कल्याणकारी योजनाओं को विस्तारित करने में उत्सुक है जिसका परिणाम है कि आज सुकमा के ग्रामीण क्षेत्रों में भी विकास हो सका है और साथ ही शासन की योजनाओं का क्रियान्वयन सफल हो सका है।

कमलु दूला ने अपने साक्षात्कार में बताया कि सुकमा जिले के अशिक्षित व अंधविश्वास को मानने वाले आदिवासियों पर राज्य सरकार की कल्याणकारी योजनायें साकारात्मक प्रभाव डाल सकता है। नक्सलवाद एक सामाजिक समस्या न होकर एक राजनैतिक समस्या बन गई है। शासन के विभिन्न योजनाओं का भी लाभ राजनैतिक समस्या के कारण नहीं हो सका है। सुकमा जिले की सीमाओं से आंध्र प्रदेश, बिहार, उड़ीसा की सीमाएं लगी हुई है। यह भी नक्सलवाद के विस्तार का प्रमुख कारण है क्योंकि नक्सली अपने विभिन्न गतिविधियों को अंजाम देने के बाद वे सीमाओं से लगे आंध्र प्रदेश, बिहार, उड़ीसा की ओर भी भाग जाते हैं। वर्तमान छ.ग. राज्य नक्सल प्रभावित राज्य होने के कारण उसका नकारात्मक प्रभाव प्रदेश के सभी जिलों के विकास पर पड़ रहा है परंतु समय समय पर अनेक सामाजिक संगठनों के द्वारा सरकारी नीतियों की आलोचना की जाती है जो उचित नहीं है। शासन सभी जिलों के साथ प्रदेश स्तर में विकास की नीति बनाते हैं और लागू कर विकास को बढ़ावा देने में प्रयासरत है। सुकमा जिले की नक्सली समस्या के निदान हेतु सेवानिवृत्त उच्च पुलिस अधिकारियों की मध्यस्थता लाभप्रद हो सकती है। सेवानिवृत्त अधिकारियों के अनुभव का लाभ देकर नक्सली समस्या को बहुत हद तक सुधार किया जा सकता है।

हरीश राठौर ने अपने साक्षात्कार में बताया कि सुकमा जिले में नक्सलवाद को नियंत्रित करने में राज्य सरकार की कल्याणकारी योजना एक कारगर हथियार हो सकता है साथ ही गांधीवाद की अहिंसावादी विचार के प्रचार–प्रसार से भी नक्सली विचारधारा के अनुकूल रूप से प्रभावित किया जा सकता है। जगदलपुर के पूर्व कलेक्टर श्री गणेश शंकर मिश्रा द्वारा गांधीवाद के मूल्यों के प्रचार–प्रसार ने सकारात्मक प्रभाव छोड़ा है इसके साथ ही इसक स्पष्ट रूप जिला कलेक्टर कार्यालय में देखा जा सकता है जहाँ गांधीवादी विचार धारा को प्रचारित करने का प्रयास किया है। हरीश राठौर का मानना है कि किसी भी समस्या का

समाधान हथियार कभी भी नहीं हो सकता। समस्या का समाधान तो आपसी बातचीत व सांमजस्य से हो सकता है। सुकमा जिले में पूर्व की तुलना में वर्तमान में जिला प्रशासन द्वारा राज्य सरकार की कल्याणकारी योजनाओं को विस्तारित करने का सतत् प्रयास किया जा रहा है। जिससे आज गांव–गांव में शासन की योजनओं का क्रियान्वयन ग्राम पंचायत स्तर पर ग्राम सचिवों द्वारा किया जा रहा है। जिले के भोले–भाले आदिवासी जो अशिक्षित एवं अंधविश्वास को मानने वाले, उन पर राज्य सरकार की विभिन्न कल्याणकारी योजनाओं का प्रभाव सकारात्मक रूप से डाल सकता है। शासन के ही योजनाओं के चलते आज इन आदिवासियों की जीवन शैली में परिवर्तन व सुधार देखने को आया है। जिसका प्रभाव वर्तमान सुकमा जिले में देखा जा सकता है।

नाम – रणजीत कुमार सिंह, उम्र – 43 वर्ष, शिक्षा – स्नातकोत्तर
पद – सी. आर. पी. एफ. अधिकारी,   पता – सुकमा (छ.ग)

साक्षात्कार के दौरान **रणजीत कुमार सिंह** ने बताया कि '**सुकमा में जब तक अधिकारियों द्वारा आदिवासियों का शोषण बंद नहीं होगा, नक्सलवाद की समस्या का समाधान संभव नहीं है। किसी भी समस्या का आरंभ शोषण से होता है पूर्व में हुए शोषणों का परिणाम है जो आज नक्सली समस्या का जन्म हुआ जिसको आज समाप्त करने के लिए पुलिस व प्रशासन कठिन परिश्रम कर रहा है।**' नक्सली समस्या के समाधान के लिए दोनों पक्षों द्वारा हथियार छोड़कर बातचीत का रास्ता अपनाना चाहिए। ग्रामीण स्तर में विकास की दशा सुधारने के लिए ग्राम पंचायतों के माध्यम से राज्य सरकार एवं पुलिस प्रशासन की विकासवादी योजनाओं का विस्तार नक्सलवाद को रोकने में एक महत्वपूर्ण प्रयोग हो सकता है। साथ ही अधिकांश अशिक्षित युवा वर्ग को जो मुख्यधारा से भटक गए हैं। उनमें शिक्षा के प्रति जागरूकता बढ़ाकर उन्हें मुख्यधारा से जोड़ने का प्रयास करना चाहिए। वर्तमान सुकमा जिले में काँग्रेस की परिवर्तन यात्रा में हुए बड़े नक्सली हमले के बाद कोई बड़ी वारदात नहीं हुई है। छोटी–मोटी घटनाएं होती रहती हैं, परन्तु अब इनमें भी जागरूकता बढ़ रही है। नक्सलवाद के उन्मूलन में जनजागृति व शिक्षा का प्रसार ही महत्वपूर्ण प्रभाव डाल सकता है। शिक्षा के द्वारा समस्याओं का समाधान किया जा सकता है।

नाम – राजा राठौर,   उम्र – 28 वर्ष,   शिक्षा – बी.एस.सी.,   पद – पत्रकार
पता – सुकमा (छ.ग)

साक्षात्कार के दौरान **राजा राठौर जी** ने बताया कि नक्सली समस्या को दूर करने में राज्य सरकार की दृढ़ इच्छाशक्ति की आवश्यकता है। जिसके बल पर शासन व प्रशासन इस समस्या का समाधान कर सके। '**नक्सलवाद से प्रभावित परिवार के सदस्यों को पर्याप्त सुविधा न मिलना भी इस समस्या को रोकने में घातक सिद्ध हो रहा है और बदले की भावना के चलते नई समस्याएं सामने खड़ी हो रही है।**' सुकमा जिले

में राज्य सरकार की कल्याणकारी योजनाओं को प्रचारित करने में स्थानीय स्तर पर परंपरागत मद्यपान एक महत्वपूर्ण समस्या बनी हुई है। **'वहीं साथ ही पुलिस द्वारा जितने नक्सलियों को पकड़ा जाता है उन्हें जेल में राज्य सरकार की कल्याणकारी योजनाओं द्वारा मुख्यधारा से जोड़ा जा सकता है। उन्हें रोजगार प्रदान कर समाज में सम्मान से जीवन व्यतीत कर सकते हैं।'** यही समय–समय पर आत्मसमर्पण करने वाले नक्सलियों को राज्य सरकार की कल्याणकारी योजनाओं से जोड़कर नक्सलवाद को नियंत्रित करने में सहयोग लेना उचित हो सकता है।

> नाम – शिव नेताम, उम्र – 40 वर्ष, शिक्षा – स्नातकोत्तर
> पद – ग्रामीण कृषि विस्तार अधिकारी, पता – सुकमा (छ.ग)

साक्षात्कार के दौरान शिव नेताम जी ने बताया कि सुकमा जिले के अशिक्षित व अंधविश्वास को मानने वाले आदिवासियों पर राज्य सरकार की कल्याणकारी योजनाओं का प्रभाव सकारात्मक रूप से डाल सकता है। सुकमा जिला प्रशासन द्वारा राज्य सरकार की कल्याणकरी योजनाओं को विस्तारित करने का सतत प्रयास किया जा रहा है। राज्य सरकार की कल्याणकरी योजनाओं पर पुलिस व प्रशासनिक अधिकारियों द्वारा वर्तमान परिस्थितियों में सही क्रियान्वयन किया जा रहा है। सुकमा जिले में पूर्व कलेक्टर एलेक्स पॉल मेनन के अपहरण के बाद नक्सलियों द्वारा किसी भी उच्च शासकीय अधिकारी की अपहरण की घटना सामने नहीं आई है। एलेक्स पॉल मेनन को रिहा करने में शासन–प्रशासन ने गांधीवादी सिद्धांत को अपनाते हुए सफलता प्राप्त की और कलेक्टर एलेक्स पॉल मेनन को सकुशल सुरक्षित वापस लाया जा सका। **सुकमा जिले की नक्सली समस्या के लिए केन्द्र व राज्य सरकार के अधिकारियों द्वारा एक दूसरे पर आरोप प्रत्यारोप लगाते रहना भी एक महत्वपूर्ण कारण है वहीं नक्सली समस्या के समाधान के लिए समय समय पर केन्द्र व राज्य सरकार के द्वारा नई–नई योजनाएं बनाई जा रही है जिसमें बहुत हद तक सफलता भी प्राप्त हो रही है।**

> नाम – कोमल देव मरकाम, उम्र – 42 वर्ष, शिक्षा – स्नातकोत्तर
> पद – जिला अध्यक्ष, आदिवासी कर्मचारी प्रकोष्ठ, पता – सुकमा (छ.ग.)

श्री कोमल देव मरकाम ने अपने साक्षात्कार में बताया कि सुकमा जिले में नक्सली वारदात व उनके परिणाम के संबंध में समाचार पत्रों के माध्यम से जानकारी प्राप्त होते रहती है। राज्य निर्माण के बाद छ.ग. में नक्सली घटनाओं में परिवर्तन आया है। सुकमा जिले के भौगोलिक परिवर्तन से भी नक्सलवाद की घटना पर विपरीत प्रभाव पड़ा है। सुकमा जिला छ.ग. के आदिवासी जिलों से तुलनात्मक दृष्टि से अविकसित एवं पिछड़ा हुआ था, परंतु वर्तमान में सुकमा जिला विकास की दिशा में अग्रसर है। विकास की दृष्टि से सुकमा 2012 के पूर्व की तुलना में बहुत आगे आया है। आज सुकमा जिले में शासन की विकास योजनाओं

के कारण जिले में पहुँच मार्ग सुगम व सरल हो सके हैं। सुकमा के वर्तमान जिला मुख्यालय जो पूर्व में दंतेवाड़ा जिला का विकासखंड था वह आज बहुत विकसित हो सका है। विभिन्न प्रकार के बसों की आवाजाही से आवगमन सरल हो सका है।

उपरोक्तानुसार सुकमा जिले के चयनित 300 उत्तरदाताओं ने अपने साक्षात्कार में अपने अनुभव व कार्यक्षेत्र के अनुसार अपना अभिमत प्रदान किया है जिसमें जिले के पुलिस अधीक्षक से लेकर आम मजदूर तक नक्सली वारदातों के संबंध में जितनी जानकारी रखते हैं उसको अपने अभिमत में सम्मिलित करने का प्रयास किया है। साक्षात्कार के दौरान यह बात स्पष्ट होती है कि उच्च अधिकारी एवं शिक्षित उत्तरदाताओं ने बिना किसी संकोच के प्रश्नों का जवाब दिया जबकि ग्रामीण परिवेश के अशिक्षित उत्तरदाता कुछ डरे–सहमें नजर आये और डरते हुए जवाब दिये, कुछ ने कुछ भी कहने से इंकार कर दिया। इससे ज्ञात होता है कि आज भी नक्सलियों का डर आम नागरिक के दिल दिमाग में बैठा हुआ है और शिक्षा का प्रचार–प्रसार ज्यों–ज्यों बढ़ता जा रहा है लोगों के दिल दिमाग से नक्सली भय भी समाप्त हो रहा है। अतः राज्य सरकर की जनकल्याणकारी योजनाओं के साथ शिक्षा व जनजागरूकता का भी अभियान सतत् रूप से जारी रहना चाहिए, ताकि पुलिस प्रशाासन को नक्सली उन्मूलन में सार्थक सफलता हासिल हो सके एवं बस्तर तथा अध्ययन क्षेत्र सुकमा जिला नक्सली वारदातों से मुक्त हो सके।

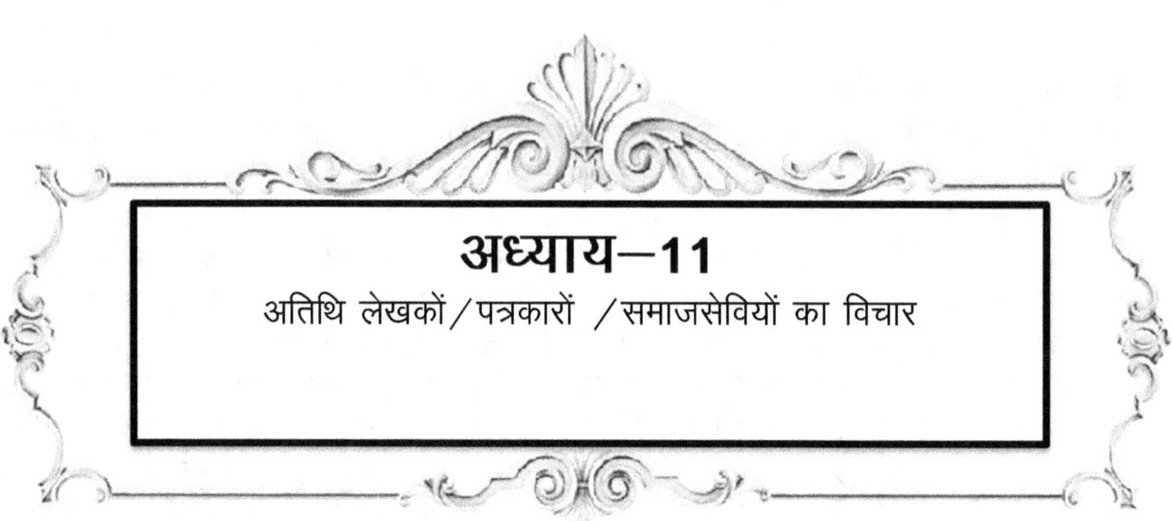

अध्याय–11

अतिथि लेखकों / पत्रकारों / समाजसेवियों का विचार

''विशेष रूप से जब आप जीत का जश्न मनाते हो और जब कभी अच्छी बातें होती है, तब आपको दूसरों को आगे रखकर पीछे से नेतृत्व करना चाहिए और जब भी खतरा हो आपको आगे लाइन मे आना चाहिए तब लोग आपके नेतृत्व की सराहना करेंगें।''

नेल्सन मंडेला

आदिवासियों की क्या समस्याएं क्या हैं, उनका क्या समाधान है? आओ जानिए! वैसे तो आदिवासियों की बहुत सारी समस्याएं है पर मुख्य समस्याएं पाँच प्रकार के है जैसे किः–अज्ञानवाद, ब्राह्मणवाद, पूंजीवाद, जातिवाद एवं दुविधावाद ।

- **अज्ञानवाद :–** अज्ञानवाद हम उसे कहते हैं जो किसी की भी बात को मान कर उस पर पूरा भरोसा करके उसको अपने जीवन में धारण करते हैं और कभी भी उस बात पर विचार नहीं करते कि वह बात सही है या गलत है, यानि कि उस बात को आँखें बंद करके सच मान लेते हैं।

- **ब्राह्मणवादः–** ब्राह्मणवाद अज्ञानवाद का बेटा है और जिसको आज कल हिंदुत्व भी कह सकते हैं जिसका काम भारत मे पाखंडवाद फैलाकर लोगों के बीच मे नफरत फैलाना है।

- **पूंजीवादः–** पूंजीवाद लालच और नफरत का बच्चा है जैसे–जैसे इंसान का लालच बढ़ता चला जाता है वैसे–वैसे ही इन्सान के नजदीक नफरत आ जाती है। जब लालच और नफरत का मिलन होता है तब पूंजीवाद का जन्म हो जाता है। जब लालच और नफरत मिलकार पूंजीवाद का पालन–पोषण कर–करके बड़ा करते हैं और लोगों की जमीन छीनते हैं और लोगों को मारते है फिर भी सुकून नही मिलता है और पूंजीवाद एक ऐसा भयानक रोग बन जाता है। पूंजीवादी इंसान के पास चाहे पूरे विश्व की धन, दौलत, सोना, चाँदी, हीरे–जवाहरात, हवाई जहाज, रेलगाड़ियाँ भी हो जाए फिर भी उनको सुकून नही मिलता।

- **जातिवादः–** जातिवाद एक काल्पनिक नाम है विश्व के अंदर इसका कोई सबूत नहीं मिलता कि जातिवाद कहाँ से पैदा हुआ है फिर भी आजकल भारत के अंदर जातिवाद एक भयानक मानसिक रोग बन गया है जो इंसान की सभी प्रकार कि खुशियों को खा जाता है जैसे कि जो आज्ञानी लोग अपने आप को नींच जात का मानते हैं उनके अंदर हीन भावना पैदा हो जाती है जिसके कारण वह हमेशा ही दुःखी रहते हैं और जो अज्ञानी इंसान अपने आप को उँची जात का मानते हैं उनके अंदर घमंड और आत्ममुग्धता पैदा हो जाती है जिसकी वजह से वह हमेशा दुःखी रहते है। भारत के अंदर इस काल्पनिक जात–पात को लोगों ने हकीकत मान लिया है इसलिए जातपात को मानने वाले सभी लोग परेशान रहते हैं।

- **दुविधावादः–** दुविधावाद हम उसे कहते हैं जो दूसरे इंसान के प्रति हमारे अंदर शंका पैदा हो गई हो या हम अपने लोगों के उपर शक करने लगे हैं उदाहरण के तौर पर जैसे कि अगर कोई दूसरा इंसान जिसको आप जानते नहीं अगर वह आपको अपने दोस्त के खिलाफ यह बयान बोले कि आपका दोस्त आप का नुकसान करना चाहता है या आपका दोस्त ही आपको मारना चाहता है इतनी बात सुन कर ही अगर आप बिना सबूत के अपने ही दोस्त के उपर शक करने लगे तो इसी बात का नाम दुविधावाद होता है। अगर कोई लीडर दूसरे लीडर को दुश्मनों का एजेंट बताते हैं और उनके प्रति ही अपने को फॉलोअर्स मान उस दूसरे लीडर के प्रति अपने फॉलोअर्स के मन में नफरत भरते हैं और उन फॉलोअर्स को बिना सबूत के और बिना सोचे समझे दूसरे लीडरों से नफरत करने लग जाते हैं इसी को दुविधावाद बात कहते हैं।

अज्ञानवाद, ब्राह्मणवाद, पूंजीवाद, जातिवाद, दुविधावाद इन सभी समस्याओं का समाधान यह है कि, जैसे कि सच और ईमानदारी पूरे विश्व के इंसान के लिए बहुत ही महत्वपूर्ण होती है जैसे कि सच और ईमानदारी से इंसान की जिंदगी में सुख ही सुख आ जाते हैं। झूठ और बेईमानी से इंसान की जिंदगी मे दुख ही दुख आ जाते हैं। सच और ईमानदारी से इंसान की जमीर जिंदा रहती है। झुठ और बेईमानी से इंसान की जमीर मर जाती है। सच और ईमानदारी से सभी प्रकार के मानसिक रोगों का सर्वनाश हो जाता है। झूठ और बेईमानी से सभी प्रकार के मानसिक सुखों का सर्वनाश हो जाता है। सच्चे और ईमानदार इंसानों को पूरे विश्व के इंसान अपने नजर आएंगे। झूठे और बेईमान इंसानों को अपने परिवार के सदस्य भी अपने नजर नही आएंगे। झुठे इंसान भी अगर सच को सचमुच ही अपनाएंगे उनके अंदर होगा सच का प्रकाश। सच के प्रकाश मे ही इंसान के जीवन मे हमेशा रहेगा खुशियों का विकास।

- **अज्ञानवाद :–** जो भी इंसान सच बोलेंगे सच लिखेंगे उनके अंदर से अज्ञानवाद का सर्वनाश हो जाएगा फिर वह सही और गलत की पहचान कर पाएंगे और सच का रास्ता अपनाकर अपने जीवन को खुशहाल बना पाएंगे।

- **ब्राह्मणवाद :–** ब्राह्मणवाद एक अनदेखा हथियार हैं जो लोगों के मन के उपर वार करता है इस हथियार से ब्राह्मण लोगों के मनों के उपर कई अन्य प्रकार से वार करता है जैसे कि तुम नीच हो, तुम दलित हो, तुम अछुत हो, तुम अपवित्र हो, तुम हमारे सेवक हो इत्यादि इस प्रकार के वार से इंसान का मन कमजोर हो जाता है और फिर इंसान के अंदर नफरत पैदा होती है जिसके कारण इंसान की खुशियाँ सब बर्बाद हो जाती है इसका ईलाज सच और ईमानदारी ही कर सकती है जैसे कि जब इंसान सच बोलतें हैं और ईमानदारी से काम करते हैं तब उनका मन ताकतवर बन जाता है। जिस इंसान का मन ताकतवर हो वह किसी भी प्रकार के मानसिक रोग खत्म करके उस पर जीत हासिल कर लेता है।

- **पूंजीवादः–** पूंजीवाद को खत्म करने के लिए अपने समाज के लोगों के सहयोग से दुकानें खुलवाएं और हर प्रकार के काम करें जिससे समाज का पैसा समाज के लोगों के पास ही लौटकर वापस आ जाए ऐसा करने से धीरे–धीरे पूंजीवाद खत्म हो जाएगा।

- **जातिवादः–** जातिवाद को खत्म करने के लिए सबसे पहले अपने अंदर यह बात दृढ करें कि इस संसार के अंदर जात–पात का कोई भी अस्तित्व नहीं है और इस जात–पात के उपर मूर्ख और नासमझ लोग यकीन करते हैं। जात–पात के उपर ज्ञानवान और समझदार इंसान यकीन नहीं करते हैं। सबसे आसान तरीका यह है कि अगर कोई दूसरा व्यक्ति आप को कोई छोटी जात का कहे या बडी जात का कहे तो उसको आप नासमझ और अज्ञानी समझे और अपने आपको महान इंसान समझ लो और सच को सचमुच ही अपना लो ऐसा करने से जात–पात का सर्वनाश हो जाएगा।

- **दुविधावादः–** दुविधावाद में वह फँसते है जो बेफिजूल के नास्तिक लोग होते हैं और बेफिजूल के आस्तिक लोग होते हैं बेफिजूल के आस्तिक और नास्तिक का मतलब हैं। यह की जो लोग बिना सोचे समझे आंखे बंद करके धर्म को मान लेते हैं वह बेफिजूल की आस्तिक लोग होते हैं और जो लोग बिना सोचे समझे आंखे बंद करके धर्म को छोडकर भाग जाते है वह बेफिजूल के नास्तिक लोग होते है। जो लोग सोच समझकर

के, खोज कर के, पडताल करके और सोंचविचार करके धर्म को मानते हैं और या किसी भी अन्य बात पर विचार करके मानते हैं वह वास्तविक लोग होते है सच्चे और ईमानदार इंसान ही वास्तविक इंसान होते है वही लोग दुविधावाद से बाहर निकलकर अपने जीवन को खुशहाल बना सकते है।

महत्वपूर्ण बातें :– जिन इंसानों के अंदर झूठ ही झूठ होगा, चाहे वह किसी भी धर्म के हो वह अज्ञानवाद, ब्राह्मणवाद, पूंजीवाद, जातिवाद, दुविधावाद जैसी समस्याओं से बिल्कुल भी बाहर नहीं निकल पाएंगे। जिन इंसानो के अंदर थोड़ा सच होगा, थोड़ा झूठ होगा चाहे वह किसी भी धर्म के हो वह हमेशा ही दुविधा मे फंसे रहेगें वह अज्ञानवाद, ब्राह्मणवाद, पूंजीवाद, जातिवाद, दुविधावाद जैसी समस्याओं को कभी नहीं समझ पाएंगे। जिन इंसानों के अंदर सच ही सच होगा, ईमानदार ही ईमानदारी होगी चाहे वह किसी भी धर्म के हो वह अज्ञानवाद, ब्राह्मणवाद, पूंजीवाद, जातिवाद, दुविधावाद जैसी समस्याओं और सभी प्रकार के मानसिक समरयाओं से बाहर निकल जाएंगे।

मेघराज सिंह , उत्तर प्रदेश के मूल निवासी, 1997 में सिख धर्म अपनाया

वर्तमान में संयुक्त राज्य अमेरिका में व्यवसायी, समाजसेवी और चार पुस्तकों के लेखक, उनकी पुस्तकें :–

1. क्या सिख हिन्दू हैं? जानिए सच क्या हैं!
2. सत्य ही धर्म हैं!
3. परिवार एवं विश्व की गंभीर समस्याओं का क्या समाधान है? आओ जानिए!
4. पूरे विश्व के इंसान कैसे जीयेंगे आजादी से जिंदगी?(आओ जानिए!)

श्री हेमन्त पोयाम जी :– पिता श्री मांडो राम पोयाम , ग्राम व पोस्ट – पंडरीपानी , तहसील– जगदलपुर, जिला– बस्तर (छ.ग.)
योग्यता– स्नातक, कार्य– कृषि,
वर्तमान में– प्रदेशाध्यक्ष बहुजन समाज पार्टी (छ.ग.)

भारत देश को आजादी 15 अगस्त 1947 को मिली। आजादी के बाद से ही देश मे रहने वाले विभिन्न जातीय समूहों में देश पर कब्जा करने की होड़ लग गयी। संविधान निर्माताओं ने भविष्य में कमजोर जातीय समूहों पर, ताकतवर जातीय समूहों के द्वारा किये जाने वाले संभावित सामाजिक, आर्थिक और राजनीतिक शोषण को पहले से ही भांप लिया था। इसलिए देश के सबसे कमजोर व असंगठित जातीय समूह देश की कुल आबादी का **लगभग 8–10 प्रतिशत अदिवासी समाज की सुरक्षा का प्रबंध संविधान की 5वीं और 6वीं अनुसूची में कर दिया था ताकि भविष्य में इन अदिवासी क्षेत्रों में**

प्रकृति प्रदत्त बेशकीमती खनिज संसाधनों को कब्जा करने की होड़ में सरकारी संरक्षण प्राप्त पूंजीपति इन आदिवासियों को उनकी प्राकृतिक बसाहद से विस्थापित न कर दें लेकिन संविधान निर्माताओं को जिस बात का डर था वही हुआ। जब से सामान्य क्षेत्रों के साथ–साथ अनुसूचित क्षेत्रों में भी चुनाव होने लगे और कांगेस–बीजेपी जैसी पार्टियों की दखलअंदाजी अनुसूचित क्षेत्रों में भी बढ़ने लगी, वैसे ही इन पार्टियों ने विधानसभा और लोकसभा में बहुमत पाने के लिए आरक्षित सीटों से ऐसे आदिवासियों को चुनाव जितवाने का काम किया जो इन पार्टियों के एहसानों तले दबे होते थे और सदन में पार्टी हाईकमान के आदेश बगैर एक शब्द भी नहीं बोल सकते थे जिसका परिणाम यह हुआ कि आदिवासी विधायकों, सांसदों की ही सहमति से सदन के अंदर ऐसे–ऐसे कानून पास होने लगे जो कि आदिवासियों के लिए ही काल बन गये। सरकार के संरक्षण में बड़े–बड़े पूंजिपति अनुसूचित क्षेत्रों में बड़े–बड़े खदान, फैक्ट्रियां और कारखाने खोलने लगे जिसकी वजह से बड़े पैमाने पर अदिवासियों को अपने **जल–जंगल–जमीन** से विस्थापित होना पड़ा। आदिवासियों के भोलेपन का फायदा उठाकर और कानून का डर दिखाकर सरकारी अधिकारी इनका शोषण करने लगे, जिसकी वजह से आदिवासियों के मन में सरकारी सिस्टम और संवैधानिक व्यवस्था के प्रति नफरत पैदा हो गई जिसका फायदा कुछ उग्रपंथी, अलगाववादी विचारधारा के लोगों ने उठाया और सीधे–साधे अदिवासियों के बीच में साम्यवाद, मार्क्सवाद, लेनिनवाद और माओवाद की विचारधारा को गलत ढंग से प्रस्तुत किया जिसे सुनकर पहले से ही हर तरह के शोषण और समस्या से ग्रस्त अदिवासियों ने उसे एक अंधेरे में रोशनी की एक किरण की तरह समझा और उपरोक्त विचारधारा को अपनाने में देरी नहीं किया। धीरे–धीरे माओवादी संगठनों ने अदिवासियों के बीच अपनी पैंठ बनाने के लिए जन अदालत लगाकर आदिवासियों का शोषण करने वाले अधिकारियों, ठेकेदारों और नेताओं आदि को सजा देने लगे, जिससे आदिवासियों का विश्वास माओवादी संगठनों पर और अधिक मजबूत होने लगा। माओवादी संगठन अपने इन्ही कार्यप्रणाली से भ्रष्ट अधिकारी, ठेकेदार और नेताओं के मन में अपनी खौफ पैदा करने में कामयाब होने लगे लेकिन पूंजीवाद अपनी शोषणकारी प्रवृत्ति में बदलाव लाने के बजाय अपने विरोधियों से समझौते का रास्ता अपनाते हैं। पूंजीवाद ने अपनी इसी प्रवृत्ति के तहत माओवादी संगठनों से ही समझौते का रास्ता अपनाया और जो तथाकथित आन्दोलन जल–जंगल–जमीन की रक्षा के लिए शुरू हुआ था, वो उन्ही शोषणकर्ता पूंजीवादी सरकारों से मिलकर दिशाहीन हो गई और पूंजीवादी व्यवस्था के हाथों खेलने लगी। आज माओवादी संगठन भी पूंजीवादी सरकारों के इशारे पर अपने बंदूक का निशाना निरीह आदिवासियों की तरफ मोड़ दिया है और पूंजीवादी परस्त सरकारें बस्तर जैसे 5वीं अनुसूचित क्षेत्र में **पेसा कानून** का उल्लंघन कर जगह–जगह पैरामिलिट्री फोर्स के कैंप लगाकर आदिवासियों को फर्जी मुठभेड़ में मारकर नक्सली घोषित करने में लगी है। इस समस्या का संवैधानिक समाधान करने में कांग्रेस व बीजेपी दोनों सरकारें विफल रही हैं। ऐसे मे इस समस्या का समाधान आखिर कैसे हो? इसका समाधान तो संविधान में ही निहित है। जो भी सरकार भारतीय संविधान मे निहित 5वीं, 6वीं अनुसूची का पूर्णतः पालन कर आदिवासियों को स्वायत शासन का अधिकार जब तक नही देंगी तब तक इस समस्या का समाधान होना मुश्किल हैं। पूंजीपतियों के लिए बड़े–बड़े फैक्ट्रियां निर्माण करने के लिए आदिवासियों का विस्थापन बंद होना चाहिए। **5वी अनुसूचित**

क्षेत्र के शासन–प्रशासन में, नौकरियों में, ठेकेदारी, व्यापार आदि में आदिवासियों को समानुपातिक भागीदारी देनी होगी। आदिवासियों का विकास उनकी मंशा के रूप में उनकी **रूढ़ी प्रथा** को बगैर नुकसान पहुंचाये उनके अनुसार होनी चाहिए। **5वी अनुसूची का मकसद ही आदिवासियों की आजादी से है आदिवासियों को आजादी देकर ही हम उनका विकास कर सकते हैं, अपना सिस्टम थोपकर नहीं।** बस्तर सहित सभी आदिवासी बहुल अनुसूचित क्षेत्रों में गांधीवाद, हिन्दुत्ववाद, मार्क्सवाद की विचारधारा से बनी सरकारें इस क्षेत्र का विकास करने में असफल ही साबित हुई है अब उम्मीद केवल धर्मनिरपेक्ष समतावादी, मानवतावादी विचारधारा पर आधारित अंबेडकरवाद पर टिकी है कि शायद इस विचारधारा को मानने वालों की सरकार आये तभी इस विकराल समस्या अर्थात माओवाद या नक्सलवाद का जड़ सहित समाधान हो सके।

मैं सोमडू उर्फ सोमलू मरकाम पिता स्व0 जग्गू मरकाम निवासी मडकामीरास, हिरोली जो कि अपने बाल्यकाल से **मलांगेर एरिया कमेटी** के नक्सल संगठन में तात्कालीन मलांगेर एरिया कमेटी के नक्सली कमांडर विनोद हेमला के द्वारा बाल संघम सदस्य के रुप में वर्ष 2006 में नक्सल संगठन में भर्ती हुआ था। नक्सल संगठन में अच्छा कार्य करने के कारण मुझे वर्ष 2011 में **पालनार एलओएस** में सदस्य के रुप में पदोन्नति दिया गया। वर्ष 2013 में मलांगेर एरिया कमेटी कमाण्डर बदरु के द्वारा मुझे पदोन्नति देकर पालनार एलओएस डिप्टी कमाण्डर का पद दिया गया। पालनार एलओएस में कार्यरत रहते हुये मेरी शादी हुई थी और मेरे 02 बच्चे हुये। नक्सलियों के द्वारा क्षेत्र में स्कूल एवं अन्य विकास कार्य को संचालित नही होने देने के कारण मुझे अपने बच्चे एवं स्वंय के भविष्य के प्रति चिंता सताने लगी। इसी दौरान मुझे शासन के आत्मसमर्पण नीति की जानकारी हुई। जिसमें के.रि.पु. बल का महत्वपूर्ण योगदान रहा। संगठन में रहने के दौरान मै जब भी घर जाता तो किसी ना किसी माध्यम से के.रि.पु.बल से सम्पर्क करने की कोशिश कर रहा था। जनवरी वर्ष 2021 में मुझे कार्यालय पुलिस उप महानिरीक्षक (परि.) के.रि.पु.बल, दन्तेवाड़ा में पदस्थ श्री विनोद कुमार टंडन, उप कमांडेण्ट के बारे में जानकारी प्राप्त हुई जिनसे प्रेरित होकर मै दिनांक 21/01/2016 को के.रि.पु.बल के माध्यम से कार्यालय पुलिस अधीक्षक, जिला–दक्षिण बस्तर दन्तेवाड़ा में आत्समपर्ण किया। आत्मसमपर्ण करने के पश्चात् पुर्नवास नीति का जब तक मुझे शासन से लाभ नही मिला तब–तक लगभग 03 माह मुझे कार्यालय पुलिस उप महानिरीक्षक(परि.) के.रि. पु.बल के कैम्पस में रखा गया। इस दौरान श्री विनोद कुमार टण्डन, उप कमाडेण्ट महोदय के द्वारा मुझे यह कभी भी आभास नहीं होने दिया गया कि मैं नक्सल संगठन से आया हूँ और जब तक(03 माह) तक मुझे पूर्नवास नीति के तहत लाभ या नौकरी नही मिला तब तक मेरे खाने–पीने, रहने और मेरे परिवार के भरण–पोषण का खर्च उठाये। माह अप्रैल 2016 में मुझे

छत्तीसगढ शासन के पुर्नवास नीति के तहत पुलिस विभाग में नौकरी मिला गया। नक्सल संगठन छोड़ने के पश्चात् मैं समाज में सम्मानपूर्वक अब जीवन–यापन कर रहा हूँ तथा मेरे 02 बच्चे अंग्रेजी मीडियम स्कूल जावंगा, गीदम में अध्ययनरत हैं जिससे मैं उनके भविष्य को उज्जवला देख रहा हूँ।

अत : मैं अपने वर्तमान अच्छे जीवन के लिये छ0ग0 शासन की पुर्नवास नीति एवं कार्यालय पुलिस उप महानिरीक्षक (परि.) के.रि.पु.बल, दन्तेवाड़ा में उस समय पदस्थ श्री विनोद कुमार टंडन, उप कमाडेण्ट जी का सादर आभार व्यक्त करता हूँ तथा आशा करता हूँ कि वर्तमान में जो भी सक्रिय नक्सली है उनसे भी मेरा अनुरोध है कि नक्सल विचार धारा को छोड़कर समाज के मुख्य धारा में वापस लौटें जिससे कि वे अपना एवं समाज का विकास कर सकें ।

श्री पी0 रंजन दास, पत्रकार बस्तर

मैं किशोरावस्था से निकलकर परिपक्वता की अवस्था को स्पर्श कर रहा था तब नक्सलवाद की परिभाषा तो दूर इसके सूक्ष्म मायने से भी मैं पूरी तरह से अपरिचित था। पंरतु नक्सलबाड़ी का नाम गाहे–बगाहे अपने स्वर्गीय पिता की जुबान से सुनता जरूर था। दरअसल मेरा जन्म पश्चिम बंगाल के उतर 24 परगना के एक छोटे से गॉव मे हुआ था। पिता मूलतः बंगाल से थे और नक्सलबाड़ी में चाय बगान के मजदूरों के संघर्ष से वे वाकिफ थे।

खैर! मेरा गहरा नाता तो दण्डकारण्य से रहा। बैलाडीला की उंची उंची पहाड़ी श्रृंखला जिसमें लोहे के अकूत भंडार आज भी मौजूद है और वर्तमान में बेशकीमती खनिज का दोहन भी अपने चरम पर है। पहाड़ियों के बीच अपना बचपन बिताने के साथ मेरी स्कूली शिक्षा पूरी करते ही मैं समय के साथ परिपक्वता की उस अवस्था में पहुंचा जब दक्षिण बस्तर में नक्सलवाद के खिलाफ जनसंघर्ष का बिगुल फूंका जा चुका था। मैं बात कर रहा हूँ 'सलवा जुडूम' की। जुडूम शब्द से मैं तब भी पूरी तरह से वाकिफ नहीं था, लेकिन बस्तर में नक्सलवाद के पहले सबसे बड़े नरसंहार **रानी बोदली कांड** को जब मैनें अपनी आंखो से देखा तब जहन मे दर्जनों सवाल कौंधनें लगे थे। उस वक्त एक प्रशिक्षु पत्रकार के रूप में मैं बस्तर में आदिवासियों में आपस मे खींची तलवार को समझने का प्रयत्न कर रहा था। बीजापुर से लेकर कोंटा तक जुडूम चलाया जा रहा था। शांति बहाली की आस में हजारों आदिवासियों को अपने गॉव–खेत–,खलिहान त्याग शिविरों में पनाह लेते देख रहा था। उनकी यह बेबसी तब भी मेरे समझ से परे थी आखिरकार बस्तर में व्याप्त नक्सलवाद से देश की आंतरिक सुरक्षा को गहरी चुनौती मौजूदा सरकार बता रही थी। हालात तब संभले प्रतीत नहीं हो रहे थे लेकिन नक्सलबाड़ी से जन्मा नक्सलवाद बस्तर कैसे पहुंचा और आगे इसके भयावह परिणाम क्या होंगे, इसे और करीब से जानने–समझने साल दर साल मैं एक पत्रकार के रूप में लगा था। जहाँ अंग्रेजी तो दूर, हिंदी बोलने वाले लोग भी आपको विरले ही मिले। लुंगी पहने और कंधे पर थ्री नॉट थ्री बंदूक थामे कुछ आदिवासियों से यह मेरी पहली मुलाकात थी। पत्रकार **बप्पी राय** और वरिष्ट पत्रकार **अनिल मिश्रा** के साथ मैं निकल पड़ा था बैलाडीला की पहाड़ियों के पार उन गावों के सफर पर जहाँ नक्सल संगठन समानांतर सरकार चलाने का दम्भ भरते थे। यहाँ तो वर्दीधारी हार्डकोर कॉमरेड से हमारी भेंट ना हुई हो

लेकिन जनताना सरकार की पैरवी करने वाले लोग दर्जनों मिले। इसी बीच एक दृश्य नक्सलवाद और इसके निपटारे का दावा करने वाली मौजूदा सरकार के दावों के बीच की गहरी खाई कुछ हद तक समझ आई। **बैलाडीला की पहाड़ी पर एन0 एम0 डी0सी0 का संयंत्र 24 घंटे उत्खनन में व्यस्त है।** पहाड़ी के उस पार चमचमाती कालोनियाँ, पार्क, शॉपिंग कॉम्प्लेक्स इत्यादि हो वहीं पहाड़ी के इस पार जहाँ मैं ठंड की रात मे पेंड़ के निचे हथियारबंद ग्रामीण वेशभुषा में बैठे आदिवासियों के साथ घुप्प अंधेरे में समाए एक गांव को निहार रहा था। तब ''अमीर धरती के गरीब लोग'' की यह लाइन मेरे जहन मे बारम्बार आ रही थी।

करीब एक दशक से ज्यादा समय से पत्रकारिता के पेशे में सक्रिय रहते दक्षिण बस्तर के दर्जनों गांव एवं दर्जनों घटनाओं को कवर करते आज भी मैं इस निष्कर्ष पर नहीं पहुंच पाया हूँ कि आखिर बस्तर में नक्सलवाद किस ओर जा रहा है। बीजापुर को जगरगुंडा से जोड़ने सड़क निर्माणाधीन है उधर अरनपुर से जगरगुंडा सड़क बनकर तैयार है सड़कों के किनारे दशक भर में सुरक्षा बलों के दर्जनों कैम्प खुल चुकें हैं जहाँ नेटवर्क नही उन बीहड़ इलाकों में युवाओं के हाथों में स्मार्ट फोन जरूर है फिर भी नक्सलवाद अपना वर्चस्व कायम होने का दंभ भर रहा है और एक बारगी यह हकीकत भी है। बीजापुर जिले से सटे गढ़चिरौली और तेलंगाना के माओवाद प्रभावित इलाकों में माओवाद का अस्तित्व आज पूरी तरह से सिमटा नजर आता है। लेकिन दंडकारण्य के इस छोर पर मेरी नजरें जाती है तो सरकार और नक्सलवाद में घमासान के बीच आदिवासियों का एक बड़ा तबका आज भी अपनी रची−बसी संस्कृति को संजोए अपने अस्तित्व को तटस्थ रखने की जुगत में है।

नक्सलवाद उन्मूलन के नाम पर सरकार पुर्नवास, माओवाद प्रभावित इलाकों में बुनियादी जरूरतों को पूरा करने का विश्वास दे रही है। इन सबके बावजूद नक्सलवाद को दिनों−दिन 'हाइटेक' होते हुए भी देख रहा हूँ। हाल मे कोमटपल्ली मे नक्सलियों की एक बड़ी सभा हुई, नक्सलियों की यह सभा उस वक्त हुइ जब प्रदेश में विधानसभा चुनाव की घड़ियाँ नजदीक आती जा रही है। पिछली भाजपा और अबकी सतारूढ़ कांग्रेस सरकार भी नक्सलियों के बैकफुट पर होने का राग अलाप रही थी इन सबके बीच कोंडापल्ली गांव से कुछ दूरी पर नक्सनी 64 फीट उंचा स्मारक तान देते है और पक्के मंच तले सैकड़ों आदिवासियों को साथ लेकर रैली−सभा करते हैं। **बकायदा जनरेटर, आईपैड, और तमान इलेक्ट्रॉनिक गैजेट से लैस नक्सली सभाओं को रिकार्ड कर रहे होते हैं।**

आखिर सवाल उठता है कि नक्सलवाद से आदिवासियों को क्या फायदा, जिन्हे अपनी रची−बसी संस्कृति में रहना पंसद है वो पीढ़ियों से घने जंगल, नदी, नालों जैसे प्रकृति पदत्त उपहारों पर निर्भर है तो दूसरी ओर सरकार का विकास का पैमाना जिसमें शिक्षा, स्वास्थ्य जैसी बुनियादी जरूरतों को शामिल कर इन्हें नक्सलवाद के चक्र से बाहर लाने की कोशिश शामिल है। वर्तमान परिस्थितियों को बारम्बार विचारते मेरे मन में सवाल यही उठता है कि क्या नक्सल उन्मूलन को लेकर हमारी नीतिया पूरी तरह से पारदर्शी है? इस सवाल के पीछे कुछ ठोस वजह है, मसलन आज दोनों ही परिस्थितियों में यहाँ पत्रकारिता चुनौतीपूर्ण है। दक्षिण बस्तर में जमीनी स्तर पर काम करने वाले पत्रकार **'इधर कुआँ तो उधर खाई'** जैसे हालातों का सामाना कर रहे हैं। **मानवाधिकार हनन जैसे आरोपों पर सरकार और पुलिस प्रशासन का अपना−अपना अलग स्टैण्ड होता है।** आरोप− प्रत्यारोप के बीच

जमीनी सच्चाई शायद ही बाहर आ पाती हो किंतु सरकारें विकास का अपना—अपना दंभ भरती है। लेकिन प्रभावित इलाकों से आदिवासियों का पलायन, सरकार का उनका विश्वास ना जीत पाना और पेसा कानून के प्रभावी क्रियान्वयन की मांग को लेकर जगह—जगह आदिवासियों का बदस्तूर जारी प्रदर्शन वर्तमान हालातों से कैसे नतीजे पर पहुंचे और यह अंदाजा लगाएं कि नक्सलवाद का खात्मा करते हुए बस्तर में विकास की नई इबारत लिखी जा रही है?

जहाँ तक मेरा मानना है कि केरल राज्य से क्षेत्रफल के मुकाबले बड़े बस्तर में नक्सलवाद के खिलाफ हथियारों के बूते लड़ाई कल को किसी नए संघर्ष की जन्मधात्री ना बन जाए? सवाल तो यह भी बनता है कि आखिर विकास का जो पैमाना इसके समाधान को लेकर तैयार है क्या वो पूरी तरह से सार्थक हैं कि आगे चलकर हमें इसके सुखद परिणाम देखने को मिलेंगे। इस पर विचार—मंथन की जरूरत मैं महसूस करता हूँ कि बस्तर के जमीनी पत्रकारों, आदिवासियों के सर्वभौर अधिकारों की रक्षा करते हुए पहले—पहल उन्हें प्राथमिकता मिलनी चाहिए कि वो अपना विकास कैसे और किस रूप में देखना चाहते है। यह बेहतर होगा कि हम विकास के उस पैमाने को उन पर जबरिया ना थोपें जिससे की कल को उनका अस्तित्व, उनकी संस्कृति बस्तर के समृद्ध वनों का भविष्य खतरे में पड़ जाए। अंत में यही कहना चाहूंगा कि नक्सलवाद भी अपने सिद्धांतों, नीतियों पर विश्लेषण करें कि उनकी लड़ाई से बस्तर के उस तबके को जिसके लिए वे लड़ने का दंभ भरते हैं। उन्हे फायदा पहुंचा पाए हैं?

अपने ही देश की धरती पर अपनी ही व्यवस्था के खिलाफ लड़ाई का भविष्य किस नतीजे पर जाकर टिकेगा? इस पर नक्सल संगठन को भी विचार करने की जरूरत है साथ ही सरकारों को भी इसे गंभीरता से उन आदिवासियों की बातें, उनकी मांगे सुनी जानी चाहिए जो खामोश तो है लेकिन उनके जहन में अगर नफरत है तो उसकी क्या वजह है और दर्द है तो मर्ज की दवा क्या है?

श्री सुनिल कुमार जाटवर, समाजिक कार्यकर्ता सरगुजा छ.ग.

हसदेव अरण्य क्षेत्र वर्तमान में राष्ट्रीय एवं अंतराष्ट्रीय परिदृश्य में चर्चा का विषय बना हुआ है। कारण है कोयले के लिए शाल के वृक्षों की कटाई।

हसदेव अरण्य बचाओ आंदोलन की शुरूआत 2011 से हुई जब अडानी समूह(राजस्थान राज्य विधुत युटीपी निगम लिमिटेड के माध्यम से) को आंवटित पारसा पूर्व और केंटे बासन (पी0ई0के0बी0) को वन और पर्यावरण मंजूरी दी गयी थी।

हसदेव के घने जंगल छत्तीसगढ़ के तीन जिलों सूरजपुर, सरगुजा और कोरबा में 1,70,000 हेक्टेयर के क्षेत्र में फैले हैं। छत्तीसगढ़ के फेफड़े के रूप में जाना जाने वाला हसदेव अरण्य मध्य भारत के सबसे बड़े जंगलों में से एक है जिसमें समृद्ध जैव विविधता और हसदेव बांगो बांध का जलग्रहण क्षेत्र है। यह जंगल हाथियों के लिए भी खास घर है। इन

जिलों में लगभग 1,79 लाख आदिवासी रहते हैं जिनमें गोड़, उराँव और लोहार समुदाय के लोग शामिल है। हसदेव अरण्य क्षेत्र का वनोपज आदिवासियों की आजीविका का भी मुख्य स्त्रोत है ।

साल, बीजा, महुआ, तेंदूपता, जंगली पुटु (मसरूम) इत्यादि चीजें आदिवासियों की आजीविका का साधन रही है जिस भूमि को आज खदान बना दिया गया है वो धरती सदियों से आदिवासियों की रही है जिसे कानूनी संरक्षण भी मिला लेकिन इन सभी बातों को दरकिनार करते हुए जुन 2022 मे केन्द्र सरकार ने वन संरक्षण नियम 2022 से ग्राम सभा की सहमति को अनिवार्य करने वाले खंड को हटा दिया। साल 2006 के वन अधिकार अधिनियम में कहा गया है कि वन भूमि के परिवर्तन से पहले ग्राम सभा को सुचित कर उसकी सहमति ली जाए इसने वनवासी समुदायों को यह तय करने का अधिकार दिया था कि वे उस भूमि का जिसमे वे निवास करते हैं और जिस पर उनका जीवन निर्भर है वे क्या करना चाहते हैं लेकिन हालिया संशोधन ने प्रकिया को उलट दिया है और आदिवासियों और उनकी जमीनों को शोषण के खतरे में डाल दिया है। बिल्डर्स द्वारा पहले भी मूलनिवासियों की जमीनों को गैरकानूनी तरीके से लूटा जा चुका है जिसमे उपर से लेकर नीचे तक अधिकारी, कर्मचारी संलिप्त रहे हैं फिर हसदेव के जंगल के नीचे कोयले होने की पुष्टी हुई। संभी पूंजीपतियों की नजरे इस खुबसूरत जंगल मे गड़ गई अंततः 2022 के गर्मियों के मौसम मे कटाइ शुरू हो गई। **"हसदेव अरण्य बचाओ"** के आंदोलनकारी साथियों द्वारा पुरजोर विरोध किया गया लेकिन सरकार के पास फौज है और सरकार ने फौज का उपयोग किया। फौज की मदद से जंगल की कटाई शुरू की गई आधी रात में मशीनों से पेड़ों की कटाई का काम शुरू हुआ और सुबह होते सैकड़ों पेड़ों की लाशें बिछ गई इस बात को साल भर होने को है फिर भी आंदोलन रूका नहीं है आंदोलन तब तक चलता रहेगा जब तक की ये सांसे है। अब आते हैं इस बात पर कि हम सब क्यों यह "हसदेव अरण्य बचाओ" आंदोलन कर रहे हैं? उत्तर है:– पेड़ों को कटाई से छत्तीसगढ में खदान के लिए हो रहे विस्फोटों से हवा में धूल और बारूद को महसूस किया जा सकता है और हम ये बारूद नही चाहते थे। चिंता इस बात की है कि जब ये जंगल बचेगा ही नहीं तो हाथियों का आशियाना कहा होगा? जंगल से लगे हुए गांव और खेत की ओर जब हाथी भागने लगेंगें तब इस आपदा की जवाबदारी कौन लेगा? जिन पूंजीपतियों के लिए जंगल को उजाड़ा जा रहा है क्या वे तबाह हुई फसलों और घरों की जवाबदारी लेंगे, लोगों की जिंदगियाँ जायेंगी, पर मूलनिवासियों/आदिवासियों के जीवन का कोई महत्व थोड़ी ही है जो इस विषय पर सोंचा जायेगा, महत्व तो बस पूंजिपतियों के जीवन का है। पर प्रकृति के लिए सब एक समान है आज नहीं तो कल बारी सबकी आयेगी। मैं पुंछता हुं सांसे तो सब लेते हैं ना? इस अचानक बढ़े प्रदूषण की जवाबदारी कौन लेगा? जब हम ये सवाल पूछते हैं तो सरकार की तरफ से जवाब आता है कि बिजली उत्पादन के लिए कोयले की जरूरत है, जंगल काटना ही पड़ेगा फिर खदान खुलने से वहाँ के लोगों को रोजगार भी मिलेगा। मैं पुंछता हुं जब हम टेक्लोलॉजी की बात करते हैं, इंडिया को डिजिटल बनाने की बात करते हैं तो जापान और चीन जिस तरह से बिजली उत्पादित करते हैं हम

उसे क्यों नहीं अपनाते? जापान, चीन और दुनिया के बांकी देश क्या अपने वनों को इस तरह से नष्ट करते है? हमारा देश उर्जा के क्षेत्र मे नए अनुसधान क्यों नहीं करता है? क्या वर्तमान सरकारें बस पूंजिपतियों की जेबें भरने आई है खनिज तो पूरे छत्तीसगढ़ में है तो क्या पुरा छत्तीसगढ खोदा जायेगा? पूरे भारत मे जहाँ–जहाँ जंगल है, पहाड़ हैं उन हर जगहों पर खनिज है तो क्या हर जगह को खदान बना देंगे और ये खदान खुलने के बाद रोजगार मिलने की बात सरासर झूठ है। वहाँ खदान खुलेगा, बाहर से साहब आयेंगे और वहाँ के रहवासी–आदिवासी उनकी चाकरी करेंगे क्या यही आपका रोजगार है? ये छलावे से ज्यादा कुछ नहीं है। यकीन नहीं तो जहाँ–जहाँ खदानें हैं वहाँ–वहाँ जा कर जायजा ले लेवें कि वहाँ के मूलनिवासियों की क्या हालात है? राजस्थान में बिजली पहुंचाने के लिए जिस जगह को खदान बना दिया है वहाँ पास के गांव में बिजली नहीं है, पानी इतना प्रदूषित है और लोग बीमार हो रहे हैं। यदि विकास का मतलब यही होता है तो हम अविकसित ही बेहतर थे। मातृभूमि के नाम पर वोट बटोरने वाले लोग सदियों से रह रहे आदिवासियों की मातृभूमि को तहस–नहस कर रहे हैं। धरती को माँ कहने का ढोंग करने वाले लोग धरती के गर्भ को चीर रहे हैं। जिस तरह से जल–जंगल को लूटा जा रहा है वह बेहद ही विभत्स है। त्वरित परेशानी सिर्फ इस जंगल पर निर्भर लोगों को हो रही है, जानवरों को हो रही है। धीरे–धीरे पूरे छत्तीसगढ़ को परिणाम भुगतना पड़ेगा। जंगल के कटने से ऋतु चक्र में परिवर्तन साफ दिख रहा है। परिणाम भयावह होने वाले हैं इसलिए सरकार को चाहिए कि उर्जा के लिए विकसित देशों की तकनीक को अपनाया जाये। जल–जंगल–जमीन की रक्षा की जाये। आदिवासियों/मूलनिवासियों को सिर्फ वोट बैंक न समझकर उन्हें उनकी जमीनों और उनके जंगलों को उनके जल को बचाना होगा। प्रकृति को संजोना हम सबकी जिम्मेदारी है ताकि हमारे आने वाली पीढ़ी एक साफ सुथरी हवा मे सांस ले सके। वरना पेड़ों को काटने के परिणाम आज नहीं तो कल हर किसी को भुगतने पड़ेंगें। धरती अगर माँ है तो हसदेव अरण्य क्षेत्र भी माँ है विश्व बंधुत्व की बात करने से पहले देश में जो आदिवासियों/मूलनिवासियों के साथ अत्याचार हो रहे हैं उसे खत्म करने पर जोर देना होगा।

श्री मंगल कुंजाम, बस्तर पत्रकार, फिल्म अभिनेता (फिल्म न्युटन)

छत्तीसगढ़ के बस्तर जो कि अपने प्राकृतिक संसाधनों के लिए दुनिया में विख्यात है इसके इतर पिछले कई दशकों से नक्सलवाद की खूनी संघर्ष के लिए भी कुख्यात रहा है। बस्तर का दुर्भाग्य है कि यह नक्सल प्रभावित कई राज्यों की सीमाओं से लगा है। बस्तर में नक्सलवाद की शुरुआत सन 1960 में ही आंध्रप्रदेश की सीमा से लगे बस्तर के भोपालपट्टनम क्षेत्र में हुई हालांकि तब इन असामाजिक तत्वों को नक्सल के रूप में नहीं जाना जाता था लेकिन 1967–68 तक अपनी गतिविधियों से नक्सल के रूप में जानने लगे। सन 1980 तक ये क्षेत्र में अच्छी तरह अपनी उपस्थिति दर्ज कर दिये थे। नक्सलवाद एक ऐसी समस्या जिसे पिछले कई दशकों से कई राज्य और केंद्र सरकारें सिर्फ राज्यों की समस्या व कानून व्यवस्था की समस्या मानने की भूल करती रही सरकारों को इसके व्यापक प्रभाव का या तो भान नहीं

था या इस समस्या को लेकर कोई स्पष्ट नीति नहीं थी। पूर्ववर्ती सरकारों की ढुलमूल नीति के चलते ही ये समस्या इतनी विकराल होती गई और भारत के कई राज्यों में पांव पसार लिया जो बाद में देश और राज्यों की आंतरिक सुरक्षा, एकता और कानून व्यस्था के लिए बड़ी चुनौती बन गई। आइए हम बस्तर में नक्सलवाद की शुरूआत, इसके प्रसार, हिंसा की चरम स्थिति, सामाजिक, आर्थिक, शैक्षिक प्रभाव की स्थिति पर एक नजर डालते हैं।

सन् 1980 के दौरान जब अविभाजित मध्यप्रदेश में बस्तर में नक्सलवाद ने अपना पांव पसारने शुरू किए और देखते ही देखते एक बड़े भूभाग को अपनी चपेट में ले लिया। बस्तर एक ऐसा क्षेत्र जो दुनियां के नजरों से दूर वनों से आच्छादित क्षेत्र और जो अपनी प्राकृतिक संसाधनों के लिए एक अलग पहचान रखती है, नक्सलवाद को पनपने और विस्तार के लिए भी एक ऐसा ही क्षेत्र चाहिए था जहाँ अधिकांश अशिक्षित, बेरोजगार और जीवन मे बिना उद्देश्य के लोग मौजूद हों, यही वो कारण है जिसे स्थानीयता और पूंजीवाद के विरोध के स्वर चासनी में परोसा जाता है। जहां अशिक्षा, जुल्म और बेरोजगारी हो वहाँ लोगों को गुमराह किया जाना बहुत आसान हो जाता है इसका नक्सलवाद के प्रसारकों ने बखूबी इस्तेमाल किया। प्रशासन से लोगों को विलम्ब से न्याय मिलना या न्याय न मिलना, आदिवासियों के वनों में सीमित होते अधिकारों, जबरिया भूमि अधिग्रहण और तथाकथित विकास के नाम पर विस्थापन के कारण भी युवक–युवतियां इस शसस्त्र आंदोलन से जुड़े, ऐसे बेरोजगार, दमित, अपने अधिकार से वंचित लोगों को अधिकारबोध की अनुभूति देता प्रतीत हुआ। ऐसे युवक–युवतियां जिनकी अपने क्षेत्र में कोई पहचान नहीं थी ऐसे में नक्सल आंदोलन से जुड़ना वो भी सशस्त्र तरीके से तो उनमें एक नेतृत्वकर्ता का भाव उभरने लगा और कई ऐसे स्थानीय भर्ती लोगों को नक्सल आंदोलन के निचले स्तर के अहम पदों पर नियुक्त किया गया क्योंकि वे उस क्षेत्र के लोगों की भाषा, रीति–रिवाज, परंपरा, सामाजिक, भौगोलिक स्थिति से भली–भांति परिचित थे ऐसे में उन्हें नक्सलियों ने बड़ी संख्या में अपने से जोड़ा। शुरुआत में नक्सली ने अपने आंदोलन से लोगों को जोड़ने और प्रचार–प्रसार में ज्यादा समय लगाया बाद में छिटपुट घटनाओं को अंजाम दिया इसी कड़ी में नक्सलियों ने सुरक्षा बलों के उपर सबसे पहला बड़ा हमला सन 2006 सी.आई.एस.एफ., एन.एम.डी.सी. खदान किरंदुल में किया। जिसमें 7–8 सी.आई.एस.एफ. के जवान मारे गए। हमला में संयंत्र की पत्रिका के साथ नक्सली भारी मात्रा में बारूद, विस्फोटक सामग्री लूट कर ले गए। जिसका उपयोग बाद में होने वाले कई बड़ी घटनाओं को अंजाम देने में किया गया। इस बारूद और विस्फोटक की लूट से नक्सलियों को अन्य घटनाओं को अंजाम देने में काफी मदद मिली।

शिक्षा पर सरकार को विशेष ध्यान देने की आवश्यकता है तभी ही लोगों में जागरूकता आएगी, अपने अधिकारों को जान सकेंगे। बेरोजगारी और पलायन इस क्षेत्र के बड़े मुद्दे रहे हैं जिन पर त्वरित काम करने की आवश्यकता है। **भूमि अधिग्रहण, पेसा कानून और एफ. आर. ए. (फॉरेस्ट राइट एक्ट) ऐसे मुद्दे रहे हैं जिसके लिए आदिवासी वर्षों से आंदोलनरत हैं,** जिस पर सरकार को भी कानून के मूल भावना के अनुरूप जमीन पर क्रियान्वयन करना चाहिए। उचित कियान्वयन के बिना क्षेत्र अशांत ही रहेगा। पुलिसिया कार्यवाही में जेलों में बन्द आदिवासियों पर जल्द सुनवाई कर उचित न्याय देना होगा जिससे लोगों का भरोसा कानून पर बनी रहे। प्राकृतिक खनिजों से भरा बस्तर आज भी विकास का बाट देख रहा है, लोगों में अब भी आस है कि कभी तो हमारा क्षेत्र भी शांत होगा और हम अमन–चैन से रह सकेंगे। **अमीर धरती के गरीब लोगों की ये आस बेईमानी भी नहीं है।** यह पहला हमला इस बात का द्योतक था कि उन्होंने अपनी स्थिति बहुत मजबूत बना ली

है और काउंटर अटैक की स्थिति में लड़ने में सक्षम भी हैं। फिर ऐसे हमलों का सिलसिला ही चल पड़ा, कभी नक्सलियों के द्वारा हमला तो कभी सर्च आपरेशन के नाम पर सुरक्षा बलों और पुलिस का हमला। ऐसे ही हमलों के बीच नक्सलियों के द्वारा आम लोगों पर भी हमले के मामले बढ़ने लगे, मरने वाले लोगों पर प्रायः पुलिस की मुखबिर होने के आरोप होते तो पुलिस द्वारा गिरफ्तार लोगों में अधिकांश लोगों के नक्सलियों के सहयोगी होने के आरोप होते।

बीजापुर जिले में नक्सलियों के द्वारा 4 सितंबर 2009 को 4 ग्रामीणों को मुखबिर होने के शक पर मौत के घाट उतार दिया गया। बीजापुर जिले में 8 मई 2010 को बुलेट प्रूफ गाड़ी में सवार जवानों को विस्फोट कर उड़ा दिया गया जिसमें सी आर पी एफ के 8 जवान शहीद हो गए। फोर्स के लिए भी विकट स्थिति थी भाषा की समस्या, क्षेत्र की भौगोलिक स्थिति से अनजान, ग्रामीणों से संवाद या सहमति के अभाव के कारण भी फोर्स को शुरुआती अभियानों में खासा नुकसान उठाना पड़ा और इन्ही कमियों के चलते भी फोर्स पर काफी हमले हुए, बस्तर में सबसे ज्यादा हमले सी आर पी एफ पर ही हुए और कई जवानों की शहादत हुई इसमें एक प्रमुख कारण यह भी था कि CRPF में ज्यादातर जवान अन्य राज्यों के थे और क्षेत्र के भौगोलिक बनावट से अनभिज्ञ थे और CRPF मुख्यतः मैदानी इलाके में लड़ाई के लिए प्रशिक्षित थी। एक बड़ा कारण CRPF और स्थानीय पुलिस के बीच सामंजस्य की कमी भी थी। हमले के बाद कई बार इनके बीच सामंजस्य की कमी और नक्सली गतिविधि की इनपुट साझा में कमी की बात अखबारों में आती थी। ऐसा लगता था कि रणनीतिकारों को या तो नक्सलियों की ताकत का अंदाजा नहीं था या क्षेत्र की स्थिति से वाकिफ नहीं थे। यह एक बड़ी समस्या थी जो सिर्फ आरपार की लड़ाई, मुठभेड़ों से नहीं जीती जा सकती है ऐसे में रणनीतिबद्ध कुछ और तरीके की जरूरत थी जिसे रणनीतिकारों नें समय पर समझने में भूल की थी। यू पी ए की सरकार के समय 2009 में ऐसा ही एक अभियान चलाया गया जिसे छत्तीसगढ़ पुलिस ने आपरेशन ग्रीन हंट का नाम दिया इस संयुक्त आपरेशन में 5 राज्यों जिसमें छत्तीसगढ़, ओडिसा, आंध्र प्रदेश, तेलंगाना और महाराष्ट की पुलिस शामिल थी। यह एक संयुक्त अभियान था जिसमें नक्सली गतिविधि की इनपुट को साझा करते हुए एक साथ अभियान चलाना था। वस्तुतः पहले ऐसा होता था कि नक्सली एक राज्य में घटना को अंजाम देकर अन्य सीमावर्ती राज्यों में प्रवेश कर जाते थे ऐसे में एक राज्य पुलिस अन्य राज्य में प्रवेश नहीं कर पाती थी अतः नक्सली बच निकलते थे। आपरेशन ग्रीन हंट के पहले 2005 में ही कांग्रेस नेता स्वर्गीय श्री महेंद्र कर्मा की अगुवाई में "सलवा जुड़ूम" अभियान शुरू किया गया जिसमें जनता, नक्सलियों से आगे बढ़ कर प्रत्यक्ष रूप से लड़ रहे थे, ऐसा विरोध पहली बार हो रहा था जिसमें जनता इतनी मुखर थी, इस अभियान में शामिल लोगों को नक्सलियों से लड़ने के लिए हथियार भी दिए गए थे, ऐसे हथियारधारी लोगों को स्पेशल पुलिस ऑफिसर कहा गया। बाद में कई सामाजिक और मानवाधिकार कार्यकर्ताओं के द्वारा इसके खिलाफ सुप्रीम कोर्ट में याचिका दायर कर इसे लोगों के खिलाफ खुली खूनी संघर्ष कहा गया बाद में 2011 में अंततः सुप्रीम कोर्ट ने इसे अवैध घोषित किया। इसके बाद 22 जून 2017 में सुरक्षा बलों ने आपरेशन प्रहार प्रथम आभियान चलाया जिसमें COBRA COMMANDO, STF, DRG, CRPF के जवान शामिल थे जो कि एक संयुक्त अभियान था जोकि अब तक कि बड़ी नक्सल उन्मूलन अभियान थी। सरकार द्वारा दावा किया गया कि इस अभियान में 15—25 नक्सली मारे गये और इसके ठिकानों को नष्ट किया गया। नवंबर 2017 में ही द्वितीय चरण का आपरेशन प्रहार शुरू किया गया जोकि एक संयुक्त अभियान था जिसमें सरकार के द्वारा दावा किया गया कि अभियान में 63 नक्सली मारे गए। सरकार द्वारा 2020 में आर—पार की लड़ाई के इतर इस बार नक्सलियों और इस विचार धारा से जुड़े लोगों से एक मार्मिक अपील

की गई कि वे हथियार छोड़ आत्म समर्पण कर मुख्य धारा से जुड़ें, इस अपील का असर भी हुआ और कई नक्सली हथियार छोड़ अच्छे जीवन के आस में आत्मसमर्पण किये और कई आत्मसमर्पित नक्सली सरकार की योजना के तहत के क्षेत्रों में नौकरी कर रहे हैं। इस अभियान को स्थानीय बोली में "लोन वर्राटू" जिसका शाब्दिक अर्थ "घर वापसी" होता है। सरकार द्वारा भी आर—पार की लड़ाई के अलावा समय—समय पर की गयी वार्ता के द्वारा समस्या का हल निकालने की कोशिश भी होती रही परंतु सरकार के प्रयास विफल रहे, सरकार कहती कि नक्सली पहले हिंसा छोड़े फिर वार्ता करें परंतु नक्सली नेताओं के द्वारा भी कोई उल्लेखनीय पहल नहीं हुई और आज भी लड़ाई निरन्तर जारी है अभी हालिया अरनपुर, जिला—दंतेवाड़ा वारदात से इसी बात की पुष्टि होती है। बस्तर में जगह—जगह सी आर पी एफ, सी ए एफ के कैम्प खुलने और निरंतर सर्च अभियान से नक्सली गतिविधि में निसंदेह कमी आई है, कई बड़े नक्सली कमांडर, एरिया कमांडर, संघम सदस्य या तो मुठभेड़ में मारे गए या तो नक्सल आंदोलन से मोह भंग होने से आत्मसमर्पण किये जिससे नक्सल आंदोलन को भारी क्षति हुई है। पहले की तरह अब नक्सली अब लोगों को अपने से जोड़ नहीं पा रहे हैं, निकटवर्ती राज्यों जैसे आंध्र और ओडिशा में भी नक्सली हिंसा में कमी आई है, जिसका असर बस्तर में भी पड़ा है। कई बड़े नक्सली नेताओं के या तो मारे जाने या आत्मसमर्पण से निचले स्तर के नक्सलियों में हताशा और भविष्य की चिंता ने असर डाला है जिसके परिणाम के कारण ही इतने लोगों का नक्सल आंदोलन से मोहभंग हुआ है और आत्मसमर्पण किये हैं। हाल के वर्षों में निश्चय ही नक्सली कमजोर हुए हैं परंतु गाहेबगाहे होने वाली वारदातों से यह स्पष्ट है कि उनकी मौजूदगी अभी भी अंदरूनी क्षेत्रों में है और ऐसी घटनाओं से अपनी उपस्थिति जताने की कोशिश में रहते हैं। इस लड़ाई ने क्षेत्र को विकास के हर पैमाने पर कई दशक पीछे कर दिया है जहाँ आज भी सड़क, पानी, बिजली, स्वास्थ्य और शिक्षा जैसी बुनियादी चीजों की बहुत कमी है या कई जगह है ही नहीं। **नक्सल घटनाओं में कमी आने से पूर्व में स्थानान्तरित स्कूलों और होस्टलों को पुनः उसी ग्राम में स्थापित करने का प्रयास होना चाहिए जिससे ग्राम के अधिकांश बच्चे शिक्षा लाभ प्राप्त कर सकें।** नक्सलवाद को पांव पसारने का अवसर सरकार द्वारा क्षेत्र की अनदेखी, अशिक्षा, सामाजिक पिछड़ापन, जागरूकता की कमी, प्रशासन की आम जनों से जुड़ाव का न होना, अलगाववाद की भावना जैसे कारकों ने दिया। इन चीजों को सरकार द्वारा उचित हल से ही लोगों का प्रशासन पर विश्वास होगा और लोग गुमराह होने से बचेंगे। इन्हीं कमियों के चलते नक्सलियों ने अपना वर्चस्व स्थापित किया जहाँ गरीबी, अशिक्षा, अधिकारों का हनन और वहां के लोगों को गुमराह बहुत आसानी से किया जा सकता है। बस्तर एक ऐसा क्षेत्र जो अपने खनिज संपदा से जानी जाती है वही पर विकास के सारे पैमाने पर क्षेत्र का फिस्सडी होना अचरज करता है। ऐसे असंतुलित विकास से ही लोगों में अविश्वास की भावना पनपने लगती है। **आज भी बस्तर में कई उद्योग चल रहे हैं लेकिन स्थानीय लोगों की भागीदारी ना के बराबर है और क्षेत्र के लोग आए दिन रोजगार और स्थानीयता के मुद्दों पर आंदोलनरत रहते हैं।** बस्तर जैसे क्षेत्र में रोजगार और पलायन एक बड़ा मुद्दा है जिसे सरकारें भी समझने में नाकाम रही हैं। बस्तर क्षेत्र 5वीं अनुसूची क्षेत्र है जिसको कई विशेष अधिकार प्राप्त है। **पेसा कानून सन 1996 से ही लागू है और इसके नियम राज्य सरकारों को बनाना था लेकिन राज्य सरकार की ढुलमूल रवैय्ये के कारण ही आज पर्यन्त तक कोई कानून नहीं बन पाया, वर्तमान में भी यह प्रक्रियाधीन ही है। सरकारों का आदिवासी क्षेत्रों के प्रति इनके रवैय्ये का अंदाजा इसी बात से लगाया जा सकता है कि सिर्फ नियम बनाने में लगभग 27 साल लग गए।** अगर नियम कानून बनते ही लागू किये जाते तो अनुसूचित क्षेत्रों में विकास की गाथा

ही कुछ और होती। इस नुकसान की जवाबदेही किसी भी राजनीतिक दलों के पास नहीं है सिर्फ आरोप–प्रत्यारोप की अंतहीन बहस इनके पास जरूर है। सरकार और नक्सलियों के बीच समय–समय पर शांति वार्ता, युद्ध विराम की बात होती रहती है लेकिन दोनों पक्षों की अपनी–अपनी शर्तें हैं। जहाँ सरकार नक्सलियों से हिंसा और हथियार छोड़ने के बाद वार्ता की बात करती है तो वहीं नक्सलियों के द्वारा फोर्स पहले क्षेत्र से हटे और जिलों में बंद उनके बड़े नेताओं की रिहाई करे। ऐसे में दोनों के बीच वार्ता की बात आगे नहीं बढ़ सकी है।

फोर्स और पुलिसिया कार्यवाही से भी नक्सलियों को लोगों के बीच पैंठ बनाने में मदद मिली, ऐसी ही घटना 2011 में बीजापुर के **पीड़िया गांव में** पुलिस आपरेशन के दौरान 31 घरों को, तिम्मापुरम और मोरपल्ली में 200 से अधिक और ताड़मेटला में 160 से अधिक घरों को पुलिस कार्यवाही में आग लगा दिया गया। 2011 में सी. बी. आई. ने अपनी स्टेटस रिपोर्ट में सुप्रीम कोर्ट के जज जस्टिस मदन बी लोकुर की अध्यक्षता में बने बेंच के सामने लिखित में बात रखी कि 160 से अधिक घरों को ताड़मेटला में पुलिस द्वारा आग के हवाले किया गया और कार्यवाही के लिए घटना में संलिप्तता के आधार पर 08 पुलिस कर्मियों को निलंबित भी किया गया। पुलिसिया कार्यवाही पर कई बार फर्जी मुठभेड़ करने के आरोप भी लगे। नक्सलियों के द्वारा बड़ी वारदात या सर्चिंग के दौरान शक के आधार पर बड़ी संख्या में लोगों की गिरफ्तारी की जाती और कानून की किसी–किसी धाराओं में जेलों में ठूस दिया जाता। ऐसी ही फर्जी मुठभेड़ सारकेगुड़ा में हुआ जहां 17 निर्दोष ग्रामीण मारे गए वहीं एड़समेटा में 08 ग्रामीण मारे गए जबकि फोर्स और पुलिस इनके नक्सली होने और मुठभेड़ में मारे जाने का दावा करती रही। जेलों में शक के आधार पर आरोप लगा हजारों आदिवासियों को जेलों में ठूसा गया है जो थकाऊ और अंतहीन कानूनी प्रकिया के चलते आज भी जेलों में बंद है। और कई लोग गंभीर आरोप के बाद भी पुलिस द्वारा उचित सबूत प्रस्तूत न कर पाने के कारण जेल से बरी हो गये ऐसे प्रकरणों से पुलिसिया कार्यवाही पर और भी सवालिया निशान लगते हैं।

नक्सलियों ने सबसे ज्यादा क्षति सड़को को ही पहुँचाई, फोर्स की गतिविधि बढ़ने से आवाजाही को रोकने के लिए ही बड़ी संख्या में सड़कों को खोदकर आवागमन को अवरुद्ध किया गया इसके पीछे फोर्स को अंदरूनी क्षेत्रों में प्रवेश से रोकना और क्षेत्र में अपनी पकड़ मजबूत करना ही था। नक्सली काफी हद तक लोगों को ये समझाने में सफल भी रहे कि सड़कों से आवाजाही बढ़ेगी और बाहरी लोगों का घुसपैंठ बढ़ेगी और भूमि अधिग्रहण होगा। क्योंकि उसी समय कई जगह पर 'लोहंडीगुड़ा' और 'रावघाट परियोजना' के लिए भूमि अधिग्रहण की प्रक्रिया चल रही थी।

नक्सलियों के द्वारा स्कूलों और होस्टल को ध्वस्त करने से जल्द ही फोर्स अपने कैंपो में चले गए और वही से अभियान जारी रखी, क्षेत्र के गांव फोर्स और नक्सलियों दोनों के पहुँच में थे अतः आमजन पर यह दोहरी मार थी, सर्चिंग के दौरान फोर्स गांव में प्रवेश करती, जरूरत अनुसार पूछताछ भी करती जो उनका रूटीन काम था परंतु फोर्स के जाने के बाद आम जनों के लिए नक्सलियों को जवाब देना मुश्किल होता था।

नक्सलियों ने कई बड़े वारदातों को सन् 2000 से 2017 के बीच अंजाम दिया। अगर हम उल्लेखनीय घटनाओं की सूची करें तो पहले सन 2009 में बस्तर जिले में ग्रामीणों को मौत के घाट उतारा। दंतेवाड़ा जिले में 27 जुलाई 2009 को 6 लोगों की मृत्यु नक्सलियों द्वारा बिछाए गए लैंडमाइंस की चपेट में आने से हुई। 06 अप्रेल 2010 को ताड़मेटला थाना

चिन्तागुफा में सी०आर०पी०एफ० के 76 जवानों की हत्या, 25 मई 2013 को काग्रेस परिवर्तन यात्रा में हमला कर 29 नेताओं की हत्या, दंतेवाड़ा जिले में 28 फरवरी 2014 को छत्तीसगढ़ पुलिस पर नक्सलियों ने हमला किया जिसमें 6 पुलिसकर्मी मारे गए। सुकमा जिले में 12 मार्च 2017 को सी०आर०पी०एफ० जवानों पर हमला थाना क्षेत्र भेज्जी में किया गया जिसमें 12 जवान शहीद हो गए। 24 अप्रैल 2017 को ही नक्सलियों के साथ मुठभेड़ में सी०आर०पी०एफ० के 24 जवान मुकरम थाना चिन्तागुफा में शहीद हो गए।

छत्तीसगढ़ के बस्तर जो कि अपने प्राकृतिक संसाधनों के लिए दुनिया में विख्यात है इसके इतर पिछले कई दशकों से नक्सलवाद की खूनी संघर्ष के लिए भी कुख्यात रहा है। ग्रामीणों को इस बात का भय था कि गांव में फोर्स के आने के बाद नक्सली जरूर आते थे, या किसी गांव में नक्सली गतिविधि की सूचना पर फोर्स गांव में आती थी ऐसे में लोगों में दहशत था। ऐसे ही दहशत के बीच क्षेत्र के कई **हाट–बाजार बंद हो गए।** लोगों के लिए जीवन–यापन करना आसान नहीं था। सरकार या सुरक्षा बलों के पास कुछ बड़े नक्सली नेताओं के छद्म नामों की जानकारी की फोटो थी ऐसे में फोर्स के पास भी कौन–कौन नक्सली हैं इसकी पुख्ता जानकारी नहीं थी।

क्षेत्र में सबसे पहले CRPF के जवान दंतेवाड़ा जिले के ग्राम पालनार स्थित लड़कों के होस्टल और ग्राम भूसारास स्थित स्कूल में अपना ठिकाना बनाया इसके बाद से ही नक्सलियों के द्वारा क्षेत्र के अन्य कई होस्टल और स्कूलों को निशाना बनाया गया। फोर्स के होस्टल और स्कूलों में रुकने के विरुद्ध दिल्ली विश्वविद्यालय के प्रोफेसर नंदिनी सुंदर ने सुप्रीम कोर्ट में एक याचिका डाली, सुप्रीम कोर्ट के फटकार के बाद फोर्स ने स्कूलों और होस्टलों में रुकना बन्द कर दिया। फोर्स के स्कूलों एवं होस्टलों से जाने के बाद नक्सलियों के द्वारा इन स्कूलों को पुनः शुरू करने के लिये स्थानीय जनप्रतिनिधियों पर दवाब डाला गया और बन्द पड़े स्कूलों और होस्टलों को पुनः शुरू करने के लिए नक्सली जनप्रतिनिधियों पर रैली के लिए दबाव बना रहे थे और कई रैलियां भी हुई। **अभी भी क्षेत्र में लगभग 3000 से ज्यादा स्कूल और होस्टल बन्द पड़े हैं और उनके नाम से ही अन्य क्षेत्र में संचालित भी हो रहे हैं। अन्यंत्र संचालित होने से एक तो स्कूलों में दर्ज संख्या में भारी कमी आई है। पोटा केबिन (वैकल्पिक स्कूल भवन)** पर शिक्षा की गुणवत्ता पर स्थानीय जनप्रतिनिधियों के कोई दबाव नहीं रह गया था ऐसे में पोटा केबिन में गुणवत्ता की निगरानी का कोई तंत्र ही नहीं था।

क्षेत्र में नक्सली समस्या का स्थायी रूप से उन्मूलन के लिए सरकार को क्षेत्र में विकास के परिभाषा को नए सिरे से गढ़ने की आवश्यकता है। आज भी आजादी के इतने वर्षों के बाद भी स्थानिय लोग बुनियादी सुविधाओं के लिए तरस रहे हैं। राज्य के अन्य मैदानी इलाकों से अगर तुलना की जाए तो क्षेत्र विकास के हर मानक में सालों पीछे है।

क्षेत्र में नक्सलियों ने काफी संख्या में संघम सदस्यों के रूप में युवक–युवतियों की भर्ती विभिन्न कैडरों में किया था। चूंकि संघम सदस्य गांव के ही होते थे अतः उनके माध्यम से गांव की सूचना बड़ी आसानी से नक्सल कमांडर तक पहुँच जाती थी ऐसे में ग्रामीणों की फोर्स और पुलिस के प्रति असहयोग की भावना ही होती थी। पुलिस की मुखबीर होने के संदेह मात्र से ही कई लोगों को नक्सलियों के द्वारा जन अदालत के द्वारा

सार्वजनिक रूप से मौत की सजा दी जाती थी। जब फोर्स ने लड़ाई तेज किया तब फोर्स की पहुँच गांवों में आसान न हो इसलिए कई सड़के, पुलिया को खोद कर, बम से उड़ा दिया गया, रास्ते मे बड़े–बड़े पेड़ों को गिरा दिया गया। इन सब से गांव के लोगों का शहर, कस्बों में आवागमन बाधित हो गया, खासकर स्वास्थय सेवाओं जो कि क्षेत्र में पहले से खस्ता हाल में थी, के लिए बहुत कठिनाईयों का सामना करना पड़ा।

क्षेत्र के स्थानीय पत्रकार भी हमेशा दोहरी मार में रहे एक ओर नक्सली द्वारा सरकार समर्थक होने आरोप थे तो दूसरी ओर सरकार की ओर से नक्सली समर्थक होने के आरोप थे। **सांई रेड्डी** जो कि बीजापुर जिले में एक स्थानीय पत्रकार थे सरकार के द्वारा UAPA के तहत् कार्यवाही ही गई वहीं अंत मे नक्सलियों के द्वारा सरकार समर्थक होने के आरोप में मार दिया गया। सुकमा के ग्राम तोंगपाल में भी नेमीचन्द जैन को भी ऐसे ही आरोप के चलते मार दिया गया। क्षेत्र के कई और पत्रकार भी इस दोहरी मार को झेलते हुए भी पत्रकारिता करते रहे।

ऐसे ही कई अनगिनत छोटे–बड़े हमले हुए हैं जिसमें केंद्रीय सुरक्षा बलों और राज्य पुलिस को अपने जवानों को खोना पड़ा है। सुरक्षा बलों और नक्सलियों की लड़ाई में कई ग्रामीणों और आमजनों को अपनी जान गवानी पड़ी है। जिसका सही आंकड़ा न तो सरकार के पास है और न ही पुलिस के पास। नक्सलियों और पुलिस के बीच संघर्ष के में आम जनमानस ही पीस रहा था। आम जनता खासकर ऐसे अंदरूनी इलाके जहाँ नक्सलियों ने अपनी पैठ बना रखी थी वे लोग इन दोनों, नक्सलियों और पुलिस के निशाने पर रहे वे दोराहे पर खड़े थे उन्हें कुछ समझ मे नहीं आ रहा था कि वे जाएं तो जाएं कहाँ? उनकी सुनाई कहीं नहीं हो रही थी चूंकि वे ऐसे क्षेत्र में थे जहां नक्सलियों से संपर्क बेहद आम थी भले ही उनके समर्थक न हो, ऐसे में नक्सली समर्थक होने का भय और अगर कभी पुलिस के संपर्क में आये तो पुलिस के मुखबीर होने का खतरा था। नक्सली समर्थक होने का परिणाम तरह–तरह के कई धाराओं से अंतहीन थकाऊ कानूनी प्रक्रिया से होते हुए जेल जाना था, जबकि पुलिस की मुखबीर होने के आरोप मात्र से ही परिणाम मौत थी। ऐसे कई लोग मुखबीर के आरोप में मौत के घाट उतार दिए गए जबकि कई लोग नक्सली सहयोगी के आरोप में कई साल जेल में रहे उनमें कई लोग अपनी उम्र जेल में ही खो दी, कई लोग लम्बी कानूनी प्रकिया से आरोप मुक्त होकर बरी भी हुए लेकिन उनके जेल में काटे गए सालों की भरपाई कौन करे? वे लोग जो नक्सली समर्थक या सहयोगी होने के आरोप में कई सालों तक जेल में रहने के बाद में पर्याप्त सबूत के अभाव में या पुलिस को पर्याप्त साक्ष्य प्रस्तुत ना कर पाने के कारण आरोप से बरी हो गए ऐसे लोगों के लिए सरकार के पास न तो कोई संवेदना थी और ना ही उनके नुकसान की भरपाई करने का कोई नीति न उपाय थी। ऐसे लोग आरोप मुक्त होने के बाद भी इनके लिए सामाजिक जीवन आसान नहीं रही। सन 2000 से 2017 तक नक्सली हिंसा अपने चरम पर था। इसी बीच मे ही बस्तर में बड़ी वारदातों को अंजाम दिया जिसने पूरे देश का ध्यान अपनी ओर खींचा और सरकार और सुरक्षा एजेंसियों को अपनी रणनीति पर पुनर्विचार करने पर विवश कर दिया। ताड़मेटला और झीरम घाटी के हमले बहुत बड़ी वारदात थी। इसके बाद सुरक्षा बलों और नक्सलियों के बीच लड़ाई और ज्यादा बढ़ गई। दोनों के बीच की लड़ाई में आम जन भी काफी संख्या में हताहत हुए और अपनी जान गंवाई। सरकार ने नक्सलियों के विरुद्ध लड़ाई और तेज कर दी इसी कड़ी में बड़ी संख्या में सी0आर0पी0एफ0 और नागा फोर्स की तैनाती हुई और किसी भी मैदानी इलाके में उस वक्त भारत में सबसे ज्यादा पैरामिलिट्री फोर्स की तैनाती बस्तर में हुई थी। इसी

तैनाती के दौरान कई होस्टलों और स्कूलों में पैरामिलिट्री फोर्स रुके क्योंकि तैनाती के समय फोर्स के लिए कैम्प का निर्माण ही नहीं हुआ था। ऐसे क्षेत्र में कैम्प की स्थापना भी आसान नहीं थी, कैम्प स्थल के चुनाव के साथ ही स्थानीय जनता का विरोध भी प्रमुख कारण था। कैम्प की स्थापना से भी आम जनों में डर का माहौल था और फोर्स और सरकार ने भी जनता को अपने विश्वास में नहीं लिया था। फोर्स के स्कूलों और हॉस्टलों में रुकने से नक्सलियों को लगा कि जहाँ फोर्स रुकी है वहीं से उनका अभियान शुरू हो रहा है ऐसे में नक्सलियों ने क्षेत्र के होस्टलों और स्कूलों को निशाना बनाया और जमींदोज कर दिया ऐसे ही पोटाली ग्राम में क्षेत्र के एक बड़ा आवासीय स्कूल के साथ होस्टल भी था जिसे नक्सलियों ने पूरी तरह नष्ट कर दिया ऐसे कई और होस्टल, स्कूलों और विश्रामगृह को निशाना बयाना। ऐसे समय में क्षेत्र के कई स्कूल और होस्टल बंद हो गए। बच्चों ने स्कूल जाना बंद कर दिया और होस्टल से बच्चे अपने घर चले गये। इस लड़ाई के बीच स्कूल पुनः शुरू करना और बच्चों में विश्वास दिलाना आसान भी नहीं था यह सरकार के लिए भी बड़ी चुनौती थी। ऐसे में जिला प्रशासन ने अन्दरूनी क्षेत्र से स्कूलों और होस्टलों को अन्य शांत मैदानी और शहर, कस्बों में स्थानांतरित करने शुरू कर दिया और उस ग्राम के नाम से ही अन्य ग्रामों में स्कूल और होस्टल के नए भवन बनाये गए। कुछ अस्थाई स्कूल भवन जो कि बांस और लकड़ी से बने थे जिसे पोटा केबिन कहा जाता है।

ऐसी ही एक घटना को नक्सलियों ने 9 अप्रैल 2019 को दंतेवाड़ा जिले के श्यामगिरी गांव में अंजाम दिया जिसमें तत्कालीन विधायक श्री भीमा मंडावी को विस्फोट के द्वारा मार दिया गया। आजादी के 76 सालों के बाद भी बस्तर रेल जैसे आवागमन की सुविधा से कोसों दूर है, यह जानना भी जरूरी है कि जब 1968 में एन.एम.डी.सी. कम्पनी की शुरुआत हुई बैलाडीला पहाड़ो से लोहा अयस्क दोहन करने के लिए तो रेल मार्ग बिछाया गया है लेकिन लोगों की सुविधा के लिए आज तक बस्तर को रेलसुविधा से नहीं जोड़ा गया, लगातार बस्तर के अंदरूनी गावों में ग्राम सिलगेर जैसे बड़े आन्दोलन कर रोड निर्माण को रोकने ओर बस्तर में तैनात पुलिस कैम्प को हटाये जाने के लिये वर्षों से जनता आंदोलनरत है यही है कि बस्तर को चाहे रेल मार्ग से जोड़ने की बात हो या सड़कों का निर्माण केवल आदिवासियों का जमीन अधिग्रहण कर उद्योग लगाने के लिए ही किया गया है न कि स्थानीय लोगों की सुविधा के लिये। विकास की ऐसी अनदेखी से सरकार के प्रति लोगों में खासा रोष ब्याप्त है।

अभी 26 अप्रैल 2023 को हुए हमले में दंतेवाड़ा जिले के अरनपुर मार्ग पर विस्फोटक के द्वारा डी. आर. जी. पुलिस की गाड़ी को उड़ा दिया गया जिसने छत्तीसगढ़ पुलिस के 10 जवान और वाहन चालक सहित 11 लोगों की जान चली गई। 26 अप्रैल 2023 की घटना का उल्लेख करना आवश्यक है। डिस्ट्रिक्ट रिजर्व ग्रुप जिसमें कभी नक्सल गतिविधि में शामिल रहे लोग आत्म समर्पण किये उनकी नियुक्ति डी.आर.जी. पुलिस के रूप में की गई है। सन् 2023 में ही सुकमा जिले में भी 12 डी.आर.जी. के जवान मारे गए। ऐसे लोगों पर पहले कई गंभीर आरोप लगे हैं परंतु "लोन वर्राटू" अभियान के बाद आत्मसमर्पण में तेजी आई। 29 जून 2010 को बस्तर के नारायणपुर जिले में सी0आर0पी0एफ0 जवानों पर नक्सलियों के द्वारा एम्बुश लगाकर हमला किया गया जिसमें 26 जवान शहीद हो गए। 25 मई 2013 को नक्सलियों के द्वारा किया गया हमला किसी भी राजनीतिक दल के नेताओं पर हुआ जोकि सबसे बड़ा हमला था, यह हमला तब हुआ जब कांग्रेस पार्टी की रैली के बाद कांग्रेस नेता सड़क मार्ग से काफिले के रूप में वापस लौट रहे थे तभी दरभा के झीरम घाटी में घात लगाकर काफिले पर हमला किया गया, जिसमें कांग्रेस के श्री महेंद्र कर्मा, नेता

प्रतिपक्ष श्री नंद कुमार पटेल और उनके पुत्र, श्री विद्या चरण शुक्ल सहित कुल 30 लोग मारे गए। यह हमला राज्य की राजनीति पर भूचाल ला दिया और देश की सुरक्षा एजेंसियों को नक्सल रणनीति पर पुनर्विचार करने पर फिर से विवश कर दिया। 21 अप्रैल 2012 को सुकमा जिले के कलेक्टर एलेक्स पॉल मेनन को नक्सलियों के द्वारा अपहरण किया गया और 13 दिनों तक अपने साथ रखा और अपहरण के दौरान उनके एक सुरक्षा कर्मी की गोली मारकर हत्या कर दिया। 15 मार्च 2007 को बीजापुर जिले के रानीबोदली गांव में स्थित कैंप में रात के करीब 1 बजे सोते हुए जवानों पर करीब 500 नक्सलियों ने हमला कर दिया इस हमले में 55 जवान शहीद हो गए। जवानों की तैनाती 2005 में शुरु हुए सलवा जुड़ूम अभियान के बाद राहत शिविरों में आये लोगों की सुरक्षा के लिए की गई थी। मरने वालों में अधिकांश लोग सी. ए.एफ. और एस.पी.ओ. थे।

श्री बप्पी राय जी, पत्रकार बस्तर

सलवा जुड़ुम आंदोलन का 'अंश' और 'दंश'

सलवा जुड़ुम आंदोलन सन् 2005 से प्रांरभ और 2010 में समाप्त माना जाता है इस दौरान सलवा जुड़ुम प्रभावित क्षेत्र की जनता या स्थानिय ग्रामीण विभिन्न हिस्सों में बंट गये। विवरण है:—

01.   कुछ नक्सली संगठन में भर्ती हो गये,

02.   कुछ ग्रामीण विस्थापन शिविरों में शरणागत हुए,

03.   कुछ एस0 पी0 ओ0, गोपनीय सैनिक बने तो कुछ पुलिस या अन्य सरकारी कार्यालयों में अपनी योग्यतानुसार नौकरी में आ गये,

04.   कुछ ग्रामीण अपने गाँव से विस्थापित होकर के नजदीकी शहर या कस्बों के किनारे झोपड़ी बनाकर दैनिक मजदूरी करने लगे, और

05.   कुछ छत्तीसगढ़ से बाहर अन्य राज्यों में पलायन कर गयें।

यह लेख क्रंमाक 05 में वर्णित 'छत्तीसगढ़ से बाहर अन्य राज्यों में पलायन करने वालों की बानगी बयाँ करने का प्रयास है:—

यह सलवा जुड़ुम आंदोलन एक स्वत: फूर्त आंदोलन था इसमे बहुत ज्यादा मानवाधिकार का उलंघन हुआ था। गांव के गांव जल रहे थे, जो महत्वपूर्ण बात थी वह सत्यता पूर्वक रिपोर्टिंग नहीं हो रही थी। 31 पत्रकारों ने दंतेवाड़ा में CG NET शुरु किये जिसमें वही लोग लिख रहे थे जो समाचार पत्रों मे नहीं लिख पा रहे थे। इस आंदोलन का मूल नाम शांति आंदोलन था जिसे गोंड़ी में सलवा जलुम कहते थे जो 20 मार्च को शुरु हुआ था यह आंदोलन बहुत हिंसक था। धीरे—धीरे यह पता चला कि यह एक सरकारी षडयंत्र था। इसमें सभी लोग जुड़े थे सरकार, पक्ष, विपक्ष, पत्रकार आदि। यह एक प्रयोग मात्र था जो सफल नहीं हुआ।

सलवा जलुम कि योजना काफी पुरानी हैं यह एक ऐसी योजना है जिसको साबित करना बहुत कठिन हैं। जगह-जगह लोग तलास रहे थे कि कही से कोई चिंगारी मिले यह लोग कोइ और नहीं बल्की सरकार के ही लोग थे। यह एक सैन्य योजना थीं यह कोई नयी बात नहीं थी, यह पहले उत्तर पूर्वि राज्यों, अमेरिका, ब्रिटेन, वियतनाम जैसे देशों में लागु किया जा चुका था कुछ जगहों में यह सफल हुआ पर यहॉ यह सफल नहीं हुआ।

क्या यह योजना सैन्य योजना के अलावा आर्थिक उदेश्य पूर्ति हेतु था? इसमें औद्योगिक घरानों का भी कोई छुपा हुआ ऐजेंडा था? घटना क्रमों को कड़ी दर कड़ी जोड़ने पर यह कहानी स्पष्ट झलकती है कि यह पूरी योजना आर्थिक उदेश्य पूर्ति हेतु था। मध्यप्रदेश बडा प्रदेश था इसको सूक्ष्म प्रबंधन करना बहुत कठिन था यहाँ पर जमिन के निचे अकूत धन संपदा है, अगर इसको प्रबंध करना है तो छोटा प्रदेश बनाना है इसीलिए ही छोटे राज्य के रूप में छत्तीसगढ़ अस्तिव में आया यह बात भी गौर करने वाली है कि छत्तीसगढ़ बना तो राज्यपाल कौन बने? उपरोक्त सभी बड़े पदाधिकारी सैन्य और पुलिस के बड़े आला अधिकारी ही इन पदों पर काबिज हुये। जैसे ही राज्य बना तो कांकेर में मिजोरम के तौर पर 'जंगल वारफेयर कॉलेज' बनाया गया।

यह एक हिंसक प्रयोग था जिसमे हजारों लोग मारे गये। इसके बाद समाज तीन टुकडों मे बट गया उस समय दंतेबाडा का जिलाधिकारी के0 आर0 पिसदा थे उनहोने प्रेस कान्फ्रेंस के माध्यम से बताया कि 55 हजार लोग सलवा जलुम कैम्प में गये और 55 हजार लोग आंध्र प्रदेश चले गये तथा बचे हुए लोग गांव के जंगलो मे चले गये। आंध्र प्रदेश पलायन करने वाले 55 हजार लोग अभी तक वापस नहीं आये वे वही जंगल सफाई कर खेत बनाकर खेती करने लगे और अपना जीवकोपार्जन करने लगे किन्तु वहाँ की हालिया सरकार अभी उन लोगों का जमिन उनसे वापस ले रहे हैं, उनका ये कहना है कि छत्तीसगढ में नक्सली के उपर बहुत दबाव डाला है अब ये नक्सली छत्तीसगढ से निकल कर कही और जाना चाहेंगे तथा नक्सल के अधिकांस नेता तमिल और तेलगु के है ऐसे में ये नक्सली यहाँ आने के कोशिश करेंगे क्योंकि यह जंगल छत्तीसगढ, आंध्र प्रदेश और तेलंगाना के बीच मे पड़ते हैं जिसे हम 'दण्डकारण्य जंगल' कहते हैं। इस जंगल मे गोदावरी नदी के दोनों किनारे करीब 260 गांव जिसमें कुल 10 हजार परिवार रहते हैं तेलंगाना के सरकार को ऐसा लगता हैं की नक्सली इन जगहों को लांचिंग पैड के तरह उपयोग करेंगे इस कारण यहाँ के सरकार कहते है कि ये लोग या तो वापस चले जाय या तो आंध्र प्रदेश और तेलंगाना के शहर के गंदी बस्तीयों (Slums Area) मे रहें। तेलंगाना में वही रहेगें जिसका यहाँ के जमिनों का मालिकाना हक हैं। इन 10 हजार परिवार के घरों पर माओवादियों का कब्जा हैं

ऐसा तेलंगाना राज्य का कहना है। छत्तीसगढ के गृहमंत्री का पिछले बजट सत्र में एक लिखीत बयान आया की छत्तीसगढ से नक्सली हिंसा के कारण कोइ भी बाहर नहीं गया हैं जिससे इन लोगों के पुनर्वास का कोई प्रश्न ही नहीं उठता है। आंध्र प्रदेश और तेलंगाना उन्हें रखना नहीं चाहते। National Commission of Schedule Tribe ने 2019 मे छत्तीसगढ़ सरकार से कहा कि तीन महीने में इनका सर्वे किया जाए की ये कीतने लोग हैं लेकिन आज तक यह सर्वे नहीं हुआ। क्या लगता है कि ये लोग फिर से वापस आ सकते हैं? थोडा कठीन है पर अगर हम इतिहास को देखें तो दो वर्ष पहले मिजोरम के बूरु आदिवासी मिजोरम से त्रिपुरा विस्थापित हुए। केन्द्रीय गृह मंत्रालय ने Brue Rehabilitation Plan बनाया जिसके तहत ये लोग वापस अपने राज्य चले आये इसी तरह से इन्हे भी वापस लाया जा सकता है।

सलवा जुडूम से विस्थापित ग्रामीण से चर्चा के अंश

प्रश्नः– आपका नाम क्या है, और आप कहाँ रह रहे हैं?

उत्तरः– मेरा नाम सोयम नागेश राव है, और मैं ऐरागुंटा मे रह रहा हूँ।

प्रश्नः– इससे पहले आप कहाँ रहते थें?

उत्तरः– इससे पहले मैं पंचायत–सीना गुल्लूर, तहसील–फीली ब्लॉक–उसुर के मुंडा गाँव में रहता था, वर्ष 2005 में सलवा जुडूम आया इसलिए हम लोग यहाँ अर्थात **आंध्र प्रदेश** वर्तमान तेलंगाना आये ।

प्रश्नः– सलवा जुडूम में क्या हुआ था?

उत्तरः– गाँव को जलाना, पुलिस और नक्सली के बिच संघर्ष, इससे डर कर हम लोग जमीन खेत छोड़ कर भाग गये थे।

प्रश्नः– 2007 की घटना आपको याद है क्या–क्या हुआ था?

उत्तरः– गाँव वाले पर जुल्म जैसे गाँव को जलाना, गाव वालों को डराना, गला काटना, गर्भवति महिलाओं का पेट काटना, फेंकना इत्यादि से डर कर हम गाँव छोड़कर **आंध्र प्रदेश** आ गए।

प्रश्नः– हिंसा एक तरफ से हो रहा था या दोनों तरफ से?

उत्तरः– हिंसा दोनों तरफ से हो रहा था, पुलिस से बात करने पर नक्सली डराते थे और नक्सली से बात करने पर पुलिस।

प्रश्नः– वहाँ गाँव में कितना जमीन था?

उत्तरः– वहाँ गाँव में 10–15 एकड़ जमीन था।

प्रश्नः– वहाँ से कितने परिवार आये थे?

उत्तरः– वहाँ से कम से कम 26 परिवार आये थे।

प्रश्नः– कब आये वहाँ से?

उत्तरः– वहाँ से वर्ष 2007 में आये।

प्रश्नः– जब यहाँ आये तब यहाँ की क्या स्थिति थी और अब क्या स्थिति है?

उत्तरः– जब हम यहाँ रिजर्व फॉरेस्ट में आये थे तब फॉरेस्ट वालों ने बोला यहाँ आने के लिए कौन बोला? यहाँ तुमको रहने के लिए कौन जमीन देगा? जंगल काटने के लिए कौन बोला ऐसा फॉरेस्ट वालों ने बोला।

प्रश्नः– आस–पास के कौन–कौन गाँव है जो पलायन करके यहाँ आये है?

उत्तरः– बहुत गाँव है यहाँ आस–पास हजारों लोग आये हैं।

प्रश्नः– क्या सभी लोग यहाँ पर खेती–बाड़ी करते हैं?

उत्तरः– हाँ सभी लोग यहाँ पर खेती–बाड़ी करते हैं।

प्रश्नः– अभी कि समस्या क्या है, फॉरेस्ट वाले क्या बोलते हैं?

उत्तरः– अभी भी फॉरेस्ट वाले बोलतें हैं कि यहाँ तुमको आने के लिए कौन बताया, यहाँ तुमको रहने को कौन जमीन देगा, जंगल काटने को कौन बोला आदि। यहाँ रहने पर तुमको जाति, निवास प्रमाण पत्र नहीं मिलेगा। जमीन नहीं मिलेगा कब तक ऐसे जियोगे। जहाँ से आये हो वहाँ चले जाओ।

प्रश्नः– आप वापस अपने गाँव जाते हो या नही?

उत्तरः– हाँ हम लोग जाते हैं साल मे दो बार हमारे सगा–संबधी लोग वहीं रहते हैं।

प्रश्नः– सगा लोग क्या बोलते हैं?

उत्तरः– तुम लोग यहाँ क्यों आये हो उस समय तो तुम छोड़ कर चले गये थे, डर के मारे भाग गये थे।

प्रश्नः– यहाँ पर आये हुए हजारों आदिवासी क्या वापस जाना चाहते हैं या नहीं?

उत्तरः– क्या पता सर सब अपना–अपना काम में व्यस्त है।

प्रश्नः– आप यहाँ दिल से रहना चाहते हो या मजबूरी में?

उत्तरः– दिल से रहना चाहता हूँ कहाँ बाल–बच्चा को लेकर जाऊँगा, पशु भी हैं वहाँ ले जाकर कहाँ रखूंगा।

प्रश्नः– क्या सरकार ने आप लोगों के लिए कोइ फैंसला लिया है?

उत्तरः– थोड़ा बहुत कर रहा है।

प्रश्नः– फॉरेस्ट वालों नें आप लोगों के साथ क्या किया?

उत्तरः– हम कपास के खेती करते हैं, और फॉरेस्ट वालों ने बाद में उस पर कब्जा कर के वहाँ पौधा लगा देते हैं जिससे हमारा फसल खराब हो जाता है।

प्रश्नः– यहाँ पर जो आदिवासी पहले से रहते हैं, क्या उनलोगों से बात होती है?

उत्तरः– हाँ होता है उससे मिलते रहते हैं आपस मे त्योहार भी मनाते हैं।

प्रश्नः– फॉरेस्ट वाले आप लोगों का फसल कब से बर्बाद कर रहे हैं?

उत्तरः– जब से **TRS PARTY** आया है, पहले कम होता था।

प्रश्नः– अब आप लोग क्या करोगे?

उत्तरः– अब जो जमीन हमारे पास बचा हुआ है, उसके लिए सोचते हैं, कि कौन पार्टी हमारा मद्द करेगा ।

अतिथि लेखकों / पत्रकारों / समाजसेवियों के विचारों, 550 उतरदाताओं और वर्तमान घटनाओं के आलोक में नक्सलवाद के बदलते वर्तमान परिदृश्य

उपरोक्त गणमान्य लेखक, पत्रकारगण, सामाजिक कार्यकर्ताओं और उत्तरदाताओं के विचार उनके स्वंय के स्वतंत्र विचार हैं उनके विचारों को मूलरूप में इस पुस्तक में शामिल किया गया है ताकि नक्सल समस्या के बहुआयाम और बहुविचारों को वृहद रूप से पाठकों, इस मामले में रूचि रखने वालों, नक्सल प्रभावितों / पीड़ितों, नक्सल क्षेत्र में जारी सरकारी कल्याणकारी योजनाओं के लाभार्थियों तथा नक्सलवाद के रोकथाम में कार्यरत अभिकरणों तक पहुंचाना और नक्सलवाद के बदलते वर्तमान परिदृश्य को प्रस्तुत करना है। उपरोक्त विभिन्न क्षेत्रों और विधाओं में कार्यरत लेखकों और उत्तरदाताओं के अभिमत से **'नक्सलवाद के वर्तमान परिदृश्य'** का विवरण संक्षिप्त में बिंदुवार प्रस्तुत है:–

- प्रत्येक सामाजिक कार्यकर्ता को नक्सल सहयोगी की दृष्टि से ना देखा जाये क्योंकि बहुसंख्य ग्रामीण अपनी मांग लोकतांत्रिक तरीके से काम करने के अधिकारों की मांग को लेकर कर रहे हैं और क्षेत्र के पढ़े–लिखे युवा या कुछ सामाजिक कार्यकर्तागण इन ग्रामीणों को उनके लोकतांत्रिक मांग में अपनी योग्यतानुसार सहयोग कर रहे हैं। कई ग्रामीण क्षेत्रों में ग्रामवासियों के जमीन का नामकरण, नामांतरण, भूमि पंजीयन और अन्य पहचान पत्र वर्तमान प्रचालित नियमों के अनुसार नहीं है तो उनके पहचान का संकट उनके लिये बने सरकारी कल्याणकारी योजनाओं का लाभ दिलाने में बाधा उत्पन्न कर रही है अतः उन सामाजिक कार्यकर्ताओं को काम करने दिया जाय ताकि जागरूकता फैले और सरकार से उनकी नजदीकियां बढ़े। पुलिस या पुलिसिया राज्य जो कि इतने छोटे से क्षेत्र जहाँ की आबादी 2,70,821 है और वहाँ अधिक मात्रा में नक्सल और 02 उपमहानिरीक्षक रेंज कार्यालय, 16 बटालियनें, 67 कंपनी पोस्ट और 13 कोबरा कंपनियां फोर्स तैनात है तो ऐसे में यह क्षेत्र के नागरिक जिला के रूप में नही है यह एक सैन्य शासन वाला जिले के रूप संचालित है ऐसे में आम नागरिकों का प्राकृतिक जीवन निसंदेह प्रभावित होता है और ऐसे जगह के नागरिक अपने निजी मामलों में इसे सरकार का अनावश्यक दखल समझते है। हालांकि आंतरिक सुरक्षा एक महत्वपूर्ण चुनौती है तो पुलिस बल की तैनाती जरूरी है किन्तु इस तैनात बल को अधिक से अधिक लोकतांत्रिक चेहरा के रूप में प्रस्तुत किया जाये ताकि आम नागरिक अपनी समस्या के सामाधान हेतु नक्सलियों के उपर आश्रित होने के बजाय पुलिस, सुरक्षा बल और प्रशासन के तरफ जाना सुलभ समझ सकें। वर्तमान स्थिति में नक्सल घटनाएं कम हो रही है और नक्सली घटनाओं में जीत का दर पुलिस का ज्यादा है अतः ऐसा प्रतीत होता है कि नक्सल बैकफुट पर आ चुके हैं परंतु इसका दूसरा पहलू यह भी है कि विगत 02 वर्षों में नक्सल संगठन में भर्ती बढ़ रही है, हो सकता है इसका कारण लोकतांत्रिक तरीकों की सुनवाई और समाधान ना होने पर इसे नक्सलवादी विचारधारा की तरफ झुकाव के एक अलग खतरे के रूप में देखा जाना चाहिए।

- जो पढ़े लिखे हैं, स्थानीय हैं वे लोकतांत्रिक लड़ाईयां भूमि अधिग्रहण के विरूद्ध कर रहे हैं जो प्रायः गैर राजनीतिक और आज पढ़–लिख कर शिक्षित हो चुके युवाओं का समूह है अथवा वे सामान्य ग्रामवासी हैं, वे न तो नक्सली हैं, और ना ही किसी राजनीतिक संगठन से हैं ऐसे में लोकतांत्रिक सुनवाई होनी चाहिए अन्यथा असंतुष्टि बढ़ेगी।

- चूकि नक्सल प्रभावित क्षेत्र, क्षेत्रफल की दृष्टि से बड़ी है, प्राकृतिक संसाधनो से भरपूर है किन्तु आदिवासी आबादी में रसुखदार, पढ़े–लिखे लोगों की संख्या बहुत ही कम है ऐसे में वर्तमान राज्य में उन पढ़े–लिखे युवाओं, सामाजिक कार्यकर्ताओं और आम ग्रामीणों के लोकतांत्रिक मांग को केवल इस नजरिये से देखा जाये की यदि उनकी मांगें सही है तो वे राजनीति में आकर बहुमत प्राप्त करें और अपने अनुकूल योजनायें एवं नीति निर्माण स्वंय करें तो ऐसे में वे पूर्ण बहुमत से कभी भी नहीं आ सकते हैं। इसलिए अनुकूल नीति निर्माण और आदिवासी राज्यों, क्षेत्रीय परिषदों, पेशा कानून और 5वीं एवं 6वीं अनुसूची की मांग बढ़ रही है और यह मांग पूर्ण ना होना प्रभावित वर्ग के असंतुष्टि और आंतरिक अशांति का कारण है।

- नक्सल लड़ाई में नव प्रयोग एवं नवीन तकनीकों का प्रयोग नक्सली बहुतायत में कर रहे हैं जो चुनौती भविष्य में भी रहेगा ही। शायद यही वर्तमान में जनप्रतिनिधियों के उपर हमला बढ़ने का प्रमुख कारण है अर्थात नक्सली संगठन पहले केवल पुलिस, वन अधिकारी, ठेकेदारों, निचले स्तर के ग्रामीण राजनीतिक कार्यकर्ताओं एवं तथाकथित गुखबिरों पर हमला करते थे किन्तु वर्तमान परिदृश्य में जनप्रतिनिधियों पर हमला, सरकारी प्रतिष्ठान, सरकारी संपत्ति और सड़क निर्माण पर ज्यादा से ज्यादा हमला कर रहे हैं। इससे यह भी इंगित होता है कि पुलिस और सुरक्षा बलों से सीधी लड़ाई में नक्सलियों को हानि होने पर वे इनके आलावा भी अन्य टारगेट तलाश अपनी उपस्थिति दर्ज कराने प्रयत्नशील होते हैं।

- नक्सलवाद का पूर्ण खात्मा जैसे वक्तव्य पूर्णतः आर्दशात्मक है नक्सलवाद या माओवाद, मार्क्सवाद, लेनिनवाद जैसा कोई भी नाम दें सुकमा या बस्तर के अपने तात्कालिक हालात और दशा के कारण आज बस्तर नक्सल प्रभावित है जिस प्रकार से कभी पश्चिम बंगाल, बिहार या आंध्र प्रदेश प्रभावित था। ठीक उसी प्रकार से यदि बस्तर नक्सलवाद मुक्त होता है किंतु देश के अन्यत्र भागों में असामानता, शोषण और नागरिक अधिकारों का हनन होता रहेगा तो नक्सलवाद ऐसे क्षेत्रों में स्थापित हो जायेगें जैसा कि पश्चिमी छत्तीसगढ़, पूर्वी मध्यप्रदेश, एवं पश्चिमी घाट, केरल में नक्सल पैर पसार रहें हैं।

अध्याय–12
निष्कर्ष एवं सुझाव

''जब हम परेशानियों में फंसे होते है तो हमें अहसास होता है कि एक छुपा हुआ साहस हमारे अंदर है जो हमें तब ही दिखाई देता है जब हम असफलता का सामना कर रहे होते हैं।''

डा0 ए0 पी0 जे0 अब्दुल कलाम

मानव सभ्यता का जब से विस्तार व विकास प्रारंभ हुआ उसमें सकारात्मक और नकारात्मक दोनों विचारधारा देखने को मिला। एक सकारात्मक स्वरूप में मानव को शांति, सद्भाव, अहिंसा के साथ आगे बढ़ाने का प्रयास करती है तो दूसरी विचारधारा सभ्य व शांत समाज को उद्वेलित कर शांति विरोधी और हिंसक रही है। भारत भूमि पर बुद्ध, महावीर, गुरुनानक, गुरुघासी दास, संत कबीर, ज्योतीबा फूले, साहुजी महाराज जैसे अनेक महापुरूषों एवं सूफी संतों के प्रताप से मानवीय संस्कृति की जड़ें इतनी गहराई तक जा चुकी है कि संसार की कोई भी नकारात्मक शक्ति उसे बदल नहीं सकती। 1947 में जब भारत स्वतंत्र हुआ तब भारत में राज्यों की स्थापना हुई और प्रजातांत्रिक व्यवस्था के अनुसार डा0 भीमराव अम्बेडकर और भारतीय संविधान सभा ने विश्व के सबसे बड़े और प्रगतिशील संविधान का निर्माण किया जिसमें भारत में आदि–अनादि काल से चले आ रहे असमानताओं, बुराईओं, सामाजिक शोषण, धार्मिक–जातीय और महिला उत्पीड़न से लेकर के भारत के सम्पूर्ण विकास के साथ–साथ **आदिवासी क्षेत्रों को विशेष प्रावधान के साथ संरक्षण और विकास के उपबंधों को लिखित में प्रावधान बना दिये ताकि लोकतांत्रिक सरकारें भी संविधान की मूल भावना के साथ छेड़–छाड़ ना कर सके और उसके अनुसार एक लोकप्रिय संसदीय प्रजातंत्र प्रारंभ हुआ।** जो विश्व के लिए एक आदर्श व्यवस्था के रूप में सिद्ध हो चुका है। हालाकि **डा0 भीम राव आम्बेडकर** ने यह भी कहा था कि **''किसी भी देश का संविधान चाहे कितना भी अच्छा हो यदि उसके क्रियान्वयन करने वाले बुरे होगें तो अच्छा संविधान भी कुछ नहीं कर सकता है।''** अतः भारत देश को संविधान की मूल भावना से चलाने वाले अपने जन प्रतिनिधी का चुनना मूलतः जनता का दायित्व है इसलिए डा0 भीम राव आम्बेडकर ने भारत के प्रत्येक व्यस्क नागरिकों को मताधिकार दिया, इतना ही नहीं, पीड़ित और आदिकाल से शिक्षा से वंचित समाज को दोहरे मताधिकार दिलाने के पक्षधर थे जो अपने प्रतिनिधि चुन सकें और संविधान की मूल भावना और अनुकूल विकास नीति को लागु करवाने मे सहभागी बन सकें जिसका भारतीय संसद में काबिज बहुतों ने विरोध कर दिया दोहरे मताधिकार का प्रावधान लागु नही हो सका।

छत्तीसगढ़ राज्य की स्थापना हुई और इसी के साथ इस क्षेत्र का विकास पूर्व की तुलना में तेज गति से प्रारंभ हुआ, परंतु यह एक विड़म्बना है कि प्राकृतिक संसाधनों से भरपूर यह प्रदेश प्रकृति का वरदान है तो दूसरी तरफ नक्सली समस्या इसके विकास में एक अभिशाप बनकर सामने आई है जिसे समाप्त करने के लिए नये छत्तीसगढ़ राज्य में सभी दलों की सरकार ने भरपूर प्रयास प्रारंभ किया जिसमें आंशिक सफलता भी प्राप्त हुई है अनेक तरह–तरह के प्रयोग किये जाने के बाद भी नक्सलवाद समय–समय पर सिर उठाते रहे हैं। विगत 05 वर्षों में इस क्षेत्र में सुरक्षा बलों की संख्या में वृद्धि करके इस अभिशाप को मिटाने का भरपूर प्रयास किया जा रहा है जिसमें पुलिस प्रशासन व सुरक्षा बल सबसे पहली पंक्ति में खड़े हैं और केन्द्र व राज्य सरकार की संयुक्त मुहिम लगातार प्रयास कर रही है कि छ.ग. में नक्सली उन्मूलन सफल हो और यह प्रदेश नक्सल मुक्त होकर विकास के लिए निरंतर आगे बढ़ते रहे। इस संबंध में पूर्व प्रधानमंत्री मनमोहन सिंह ने कहा था कि **''नक्सलवादी आंतरिक सुरक्षा के लिए देश के सामने अब तक की अकेली सबसे बड़ी चुनौती हैं।''** तब से केन्द्र सरकार और नक्सलवाद से ग्रस्त कई राज्यों ने ''इस सबसे बड़ी चुनौती'' का सामना करने के लिए कई योजनायें बनाये और समय–समय पर जीत हासिल करने के दावे भी किये कुछ दावों में यहाँ तक कहा गया कि अब इस संकट का अंत निकट है। लेकिन जब भी हमारे सुरक्षा तंत्र में इस तरह का आशावाद दिखाई देता है, भारत की कम्युनिस्ट पार्टी

(माओवादी) के कैडर एक और खूनी हमला कर देते हैं और उससे सरकारी दावों की उसी तरह धज्जियाँ उड़ जाती हैं जैसे माओवादियों द्वारा किए गए सुरंगी विस्फोटों और गोलीबारी में मासूम लोगों के चीथड़े उड़ते हैं। 25 मई 2013 को छत्तीसगढ़ की दरभा घाटी में हुए नरसंहार ने दुनिया को यही बताया है कि हालात जरा भी नहीं बदले। लेकिन वाम उग्रवाद के इस हमले की अहमियत कई कारणों से पिछलें हमलों की तुलना में बहुत अधिक है। सबसे पहले तो यह कि माओवादियों ने मुख्यधारा के राजनीतिक दलों के कुछ नेताओं पर यह पूर्व—नियोजित आक्रमण अभूतपूर्व तरीके से किया। यह सही है कि पहले आंध्र प्रदेश के पूर्व मुख्यमंत्री चंद्रबाबू नायडू बाल—बाल बचे किंतु जमशेदपुर, झारखंड मुक्ति मोर्चा के संसद सदस्य युनीज महतो नहीं बच पाए, लेकिन झीरम घाटी हमले में जो दुस्साहस दिखा वह गुरिल्ला रणनीति के एक अचूक और खतरनाक पहलू को दर्शाता है। दरअसल 25 मई झीरम घाटी की घटना से जो स्थिति पैदा हुई है वह राजनीतिक—प्रशासनिक और सुरक्षा के लिहाज से पहले से कहीं ज्यादा गंभीर और पेचीदा हैं। ऐसा इसलिए है कि दरभा घाटी, झीरम की घटना ने न सिर्फ उग्रवाम—विरोधी सुरक्षा तंत्र और प्रशासनिक स्तर पर इस तंत्र के मूल्यांकन की क्षमताओं पर सवालिया निशान लगा दिये हैं, बल्कि मुख्यधारा के राजनीतिक नेतृत्व के एक हिस्से और माओवादियों की साँठ—गाँठ को लेकर भाव पैदा कर दिया है। इसका नतीजा यह हुआ है कि कांग्रेस के नेतृत्व को इस घटना और खासकर साँठ—गाँठ वाले पहलू की अलग से जाँच कराना पड़ा। भले ही इस जाँच का काफी प्रचार किया गया हो, लेकिन जाँच के परिणाम इस उग्रवाम से निपटने के अस्पष्ट और ढुलमुल रवैयें के कारण नक्सलवाद से लड़ाई में शायद ही कोई बुनियादी परिवर्तन आया है? दरभा घाटी नरसंहार के इस वीभत्स हमले से कुछ ही महीने पहले इन तीनों सरकारी तंत्रों ने एक साथ यह प्रचारित करने की कोशिश की थी कि माओवादियों का इतना अधिक नुकसान हो चुका है कि वे ''बैकफुट'' पर आ गए हैं और फिर से आक्रमण करने की स्थिति में नहीं हैं। इस भ्रामक धारणा के खिलाफ कई विशेषज्ञों और विश्लेषकों ने चेतावनियां भी दी थी लेकिन उन्हें गंभीरता से नहीं लिया गया। जरा इस पर गौर करें कि राजनीतिक नेताओं और केंद्रीय गृह मंत्रालय के आला अफसरों ने पिछले कुछ महीनों में क्या—क्या कहा। दरभा हत्याकांड से सिर्फ 2 महीने पहले संसद की स्थाई समिति के सामने केंद्रीय गृह सचिव आर. के. सिंह ने दावा किया था कि ''छत्तीसगढ़ और झारखंड में स्थिति पूरी तरह उलट गई है और अब हम नक्सली गुटों को खदेड़ रहें है। ओडिशा में भी हम नक्सली गुटों को खदेड़ रहें हैं। गढ़चिरौली में भी स्थिति बिल्कुल उलट गई है और हम वहाँ से भी नक्सलियों को भगा रहे हैं। तात्कालिन यूपीए सरकार ने अपना रिपोर्ट कार्ड जारी किया तो उसमें भी यही कहा गया कि ''उग्रवाम से प्रभावित इलाकों में एक समन्वित कार्य—योजना लागू की जा रही है जिससे हिंसा में कमी आने के साथ विकास की भी राहें खुल रही है। इस मोर्चे पर खुद ही अपनी पीठ थपथपाने में सिर्फ कांग्रेस या यूपीए ही आगे नहीं थी बल्कि छत्तीसगढ़ में रमन सिंह के नेतृत्ववाली भाजपा सरकार भी उग्रवाम के खिलाफ उठाए गए अपने तथाकथित कदमों के आधार पर अपनी तारीफ कर रही थी। छत्तीसगढ़ के गृहमंत्री ननकी राम कँवर ने 15 अप्रैल, 2013 को दिल्ली में आतंरिक सुरक्षा पर मुख्यमंत्रियों की बैठक के दौरान कहा कि 'राज्य सरकार के विकास कार्यों और दूसरी पहलकदमियों का नतीजा यह हुआ है कि नक्सल समस्या पर लगाम लग गई है। इस तरह की घोषणाओं की वजह यह थी कि उन 10 महीनों के दौरान सुरक्षा—बलों ने माओवादी गतिविधियों को रोकने में कुछ सफलताएँ हासिल की थी। इनमें दिसंबर, 2012 से अप्रैल, 2013 के बीच सुरक्षाबलों द्वारा की गई कार्यवाईयाँ भी शामिल थीं जिनमें सबसे उल्लेखनीय कार्यवाईयाँ निम्न थी:— दिसंबर 2012 में माओवादी कम्युनिस्ट पार्टी की सेंट्रल कमेटी के सदस्य नर्मदा अक्का की मौत, मार्च, 2013 में बिहार—झारखंड—नॉर्थ और

छत्तीसगढ़ स्पेशल एरिया कमेटी के सचिव लालेश यादव और जय कुमार यादव के नेतृत्व में सक्रिय 10 माओवादी कैडरों की मौत और अप्रैल, 2013 में छत्तीसगढ़ के सुकमा इलाके में खम्माम–करीम नगर बारंगल डिविजनल कमेटी के प्रमुख माओवादी और कार्यकर्ताओं की मौत। अप्रैल, 2013 की अंतिम कार्रवाई को सुरक्षा तंत्र और नेताओं ने निर्णायक कदम के तौर पर किया। कहा गया कि माओवादियों की आखिरी उम्मीद यह थी कि वे छत्तीसगढ़ की सीमा से लगे तीन जिलों करीमनगर, खम्माम और वारंगल में अपनी कार्रवाई का नया दौर शुरू करके तात्कालिन आंध्रप्रदेश में फिर से अपनी जड़ें जमा लेंगे लेकिन उनकी उम्मीदों पर पानी फिर गया। इस कदम को केंद्रीय गृहमंत्रालय के निर्देशन में विभिन्न राज्यों की पुलिस इकाइयों द्वारा की गई ''कठोर कारवाई'' की सफलता के रूप में भी प्रचारित किया गया। लेकिन अंततः हुआ यह कि दरभा घाटी में जनसंहार हो गया जिसमें देश की मुख्यधारा के सबसे बड़ी पार्टी के कई वरिष्ठ नेता मारे गए। कांग्रेस और यूपीए सरकार ने इस घटना के बारे में दो स्तरों पर तत्काल प्रतिक्रिया की। एक तो सरकार ने नेशनल काउंटर टेररिज्म सेंटर (एनसीटीसी) का गठन करके सुरक्षा तंत्र को मजबूत करने के लिए समर्थन की माँग राज्यों से की। पाँच जून, 2013 को सुरक्षा के मुद्दे पर मुख्यमंत्रियों की राष्ट्रीय बैठक में प्रधानमंत्री मनमोहन सिंह और केंद्रीय गृहमंत्री सुशील कुमार शिंदे ने कहा कि वे एनसीटीसी के पहले प्रारूप में किए गए प्रावधानों को हल्का करने के लिए तैयार हैं ताकि उस पर विपक्ष की सहमति भी बन जाए। यह और बात है कि विपक्षी दलों की सरकार वाले राज्य इस पर सहमत नहीं हुए। पार्टी के स्तर पर देखें तो **'समाधान'** के नाम पर माओवादी गतिविधियों और उनका सामना करने के उपायों की पिटी–पिटाई कवायद ही देखने को मिली। इस बहस के सूत्रधार सुशील कुमार शिंदे, जयराम रमेश और किशोरचंद देव क्रमशः ग्रामीण विकास और आदिवासी मामलों के मंत्री रहे है और माओवाद ग्रस्त इलाकों की समस्याएँ इन मंत्रालयों को देखनी होती हैं लेकिन इस विचार–विमर्श में यह साफ हो गया कि तीनों के विचार अलग–अलग हैं। जयराम रमेश ने दरभा घाटी आक्रमण को आतंकवाद कहा, तो शिंदे की निगाह में वह ''आतंकवाद से भी बढ़ कर था''। लेकिन किशोरचंद्र देव की राय बड़ी बारीकी से अलग थी उन्होंने कहा कि बस्तर में हुए हमले को किसी भी तरह उचित नहीं ठहराया जा सकता और इसे आतंकवादी घटना जैसा माना जा सकता है लेकिन आतंकवाद कहना मुश्किल हैं। आतंकवाद के आशय कुछ अलग हैं और मैं इस शब्द के इस्तेमाल पर सहमत नहीं हो पाऊँगा। किशोरचंद्र देव ने यह भी कहा कि कॉरपोरेट घरानों और माओवादियों की मिली–भगत की भी गहराई से जाँच होनी चाहिए। बड़ी खनन कंपनियों और कुछ माओवादी गुटों की आपसी साँठगाँठ के आरोपों की जाँच जरूरी है। उन्होंने इन आरोपों की ओर भी ध्यान दिलाया कि ये कम्पनियाँ अपने हरकारों के जरिए माओवादियों को भारी धनराशि पहुँचा रहे हैं। कांग्रेस में ऐसी ही बहस पूर्व गृहमंत्री पी. चिदंबरम और कांग्रेस महासचिव दिग्विजय सिंह के बीच सन् 2010 में भी हुई थी जिसमें दिग्विजय सिंह ने चिदंबरम पर आरोप लगाया था कि वे माओवादियों को कुचलने के लिए सिर्फ फौजी उपायों पर जोर दे रहें है जबकि उन्हें सुरक्षात्मक कदमों के साथ आदिवासी समाज के विकास संबंधी मुद्दों को भी जोड़ना चाहिए था। विभिन्न स्तरों पर कई कांग्रेस कार्यकर्ताओं का मानना है कि नेताओं के इस वाक युद्ध के पीछे बुनियादी वैचारिक टकराहट छिपी हुई है। उनका कहना है कि आंध्र प्रदेश के विधायक एम शशिधर रेड्डी के नेतृत्व में कांग्रेस ने नक्सलवादी हिंसा पर टास्क फोर्स का गठन किया था जिसने अक्टूबर, 2004 में माओवादियों को बिना विचारधारा का और लोकतंत्र का विरोध करने वाला गुट कहा था और यह राय दी थी कि निरंतर विकास कार्य और अर्धविकसित समाज के दुःख–दर्द के समाधान से इस समस्या का अंत हो जाएगा। लेकिन अब स्थिति यह है कि माओवादियों को लोकतंत्र के लिए वैचारिक खतरे के रूप में देखने की

प्रवृत्ति बढ़ रही है। दिलचस्प यह है कि जून, 2011 में प्रधानमंत्री ने कहा था कि **"विकास ही लोगों का विश्वास जीतने का सर्वश्रेष्ठ उपाय हैं।"** उन्होनें यह भी बताया था कि माओवाद से ग्रस्त 60 जिलों में विकास कार्यों में तेजी आ रही है लेकिन इस घोषणा के दो साल बाद दरभा घाटी की घटनाओं के मद्देनजर गृहमंत्रालय का आकलन था कि छत्तीसगढ़, झारखंड और आंध्र प्रदेश में फैले हुए करीब 19 हजार वर्ग किलोमीटर का इलाका एक **"मुक्त क्षेत्र"** बन चुका है जहाँ भारतीय राज्य का कोई अस्तित्व नहीं है और जहाँ कोई सरकारी अधिकारी जाने का साहस नहीं करता। दरभा घाटी का हादसा उस समय हुआ जब खाद्य सुरक्षा विधेयक पर बहस गर्म थी। कांग्रेस के नेतृत्व वाली यूपीए सरकार इस विधेयक को पारित कराने के लिए बेकरार थी ताकि 2014 के अगले आम चुनाव लाभ हो लेकिन भाजपा के नेतृत्व में विपक्षी दलों ने कोयला आवंटन और दूसरे सरकारी घोटालों के मामले में संसद को ठप्प कर दिया। देश की करीब 80 फीसद आबादी को सस्ते दाम पर उपलब्ध कराने वाला खाद्य सुरक्षा बिल पारित हो जाता है तो उस पर तीन साल में 6 लाख करोड़ रूपए खर्च होने का अनुमान है। नोबेल पुरस्कार प्राप्त अर्थशास्त्री अमर्त्य सेन का कहना है कि इस विधेयक के पारित होने में देरी के कारण एक सप्ताह में लगभग एक हजार लोंगों की मृत्यु हो रही है। दुसरी ओर, विधेयक के आलोचकों की राय है कि इस अनुमानित राशि का आधा हिस्सा सरकारी लूट और भ्रष्ट व्यक्तियों के जेबों में चला जाएगा। लेकिन इन दोनों बातों से परे बुनियादी सवाल यह है कि आखिर आजादी के इतने वर्ष बाद भी 80 फीसदी भारतीय नागरिक सरकारी मद्द वाले भोजन के मोहताज क्यों बने हुए हैं? देश के कई इलाकों में आज भी पोषण सूचकांक अफ्रीका समेत विश्व के कई गरीब देशों से भी नीचे है। इस लिहाज से प्रस्तावित खाद्य सुरक्षा बिल भारतीय लोकतंत्र की विजय नहीं, बल्कि हमारे इतने वर्षों के आजादी पर एक कठोर आलोचनात्मक टिप्पणी है। इस परिपेक्ष में माओवाद का संकट फिर एक नया अर्थ ग्रहण कर लेता है। माओवाद बेशक एक बड़ी सुरक्षा चुनौती है लेकिन क्या हमारी चुनी हुइ सरकारों द्वारा इतने वर्षों में 80 फीसदी आबादी को जीने की मूलभूत सुविधाएँ मुहैया न करा पाना कहीं ज्यादा बड़ी सुरक्षा चुनौती नहीं है?

- अप्रैल 2011 : दंतेवाड़ा में नक्सली हमलों में सीआरपीएफ के 76 जवानों की हत्या।

- वर्ष 2013 : नक्सलियों ने सीआरपीएफ के ही एक जवान की हत्या कर उसके पेट में दो किलों का बम फिट कर दिया, जिसका खुलासा पोस्टमार्टम रिपोर्ट से हुआ।

- 25 मई, 2013 कांग्रेस के परिवर्तन रैली के काफिले पर नक्सलियों का हमला, जिसमें 30 सें अधिक लोग मारे गए तथा कई लापता हैं।

उपरोक्त नक्सलियों की क्रूरता की यह कुछ बानगी हैं। ऐसी ही अनेक रक्तरंजित घटनाएँ पहले भी हो चूकी है जिनमें मानवता भी कराह उठी है। अभी तक नक्सली सुरक्षा बलों की हत्या और अफसरों का अपहरण कर रहे थे किंतु छत्तीसगढ़ में पहली बार किसी राजनीतिक पार्टी के काफिले पर यह बर्बर हमला हुआ है **उनका हमला आतंकियों जैसा है।** वास्तविकता है कि नक्सलियों के खिलाफ कभी संगठित और निर्णायक अभियान चला ही नहीं है, सिर्फ बातें हुई हैं। कभी केंद्र–राज्यों में समन्वय नहीं बना तो कभी नक्सल–पीड़ित राज्य ही अभियान के तरीके पर एकमत नहीं हुए। इससे कोई केंद्रीयकृत कमान नहीं बन सका था जैसा अब जाकर आतंकियों के विरूद्ध बना है। नक्सल–पीड़ित राज्यों, उड़ीसा, आंध्र प्रदेश, पं. बंगाल, बिहार, झारखंड, उत्तर प्रदेश और छत्तीसगढ़ राज्यों के बीच समन्वय और भी ज्यादा मजबूत होना चाहिए। फलतः किसी राज्य में नक्सलियों के खिलाफ जब सघन कार्यवाई होती है तो वे जंगलों के रास्ते दूसरे राज्यों में जाकर छिप जाते हैं, जहाँ की सरकार

को उनके आगमन की पूर्ण जानकारी नहीं रह पाती इसीलिए उनके खिलाफ सीधे कार्यवाई नहीं हो पाता। इतना ही नहीं, केन्द्र सरकार भी नक्सलियों के खिलाफ सीधे कार्यवाई नहीं कर सकती क्योंकि कानून व्यवस्था राज्यों का विषय है केन्द्र की सीधी कार्यवाई को राज्य अपनी स्वायत्तता में हस्तक्षेप मानते हैं। आलम यह है कि नक्सल–पीड़ित राज्य नक्सल उन्मूलन के नाम पर धन केंद्र से लेते हैं किन्तु उनके खिलाफ अभियान अपनी सुविधा के अनुसार ही चलाते हैं। समस्या के उन्मुलन के प्रति साझा–संकल्पित दृष्टिकोण और बगैर केंद्रीकृत कमान के नक्सलवाद पर अकुंश नहीं लग सकेगा यह सच है।

25 मई 2013 की घटना के बाद नक्सलियों के सफाए के लिए सेना की तैनाती की माँग उठी हैं। इससे पहले दंतेवाड़ा में 76 अर्धसैनिक बलों के मारे जाने के बाद वायुसेना की मद्द लेने की बात हुई थी। हालांकि तब भी रक्षा मंत्री ए. के. एंटनी ने आंतरिक मामलों में सेना की तैनाती से इनकार किया था। तत्कालीन वायु सेना प्रमुख भी सहमत नहीं थे। इनका तर्क है कि यदि अपने नागरिकों के दमन के लिए सेना तैनात की जाती है तो इसका भारत की अंतरराष्ट्रीय छवि पर प्रतिकूल असर पड़ेगा। यह दलील कितना सार्थक है यह नीति निर्माता जानतें होंगे किंतु पिछले और अब के उदाहरण ही दलील को काटते हैं मसलन पश्चिम बंगाल में इंदिरा सरकार ने वर्ष 1968 में नक्सलियों के सफाए के लिए सेना का उपयोग किया था। फिर पंजाब में उग्रवादियों के सफाए के लिए उन्होने 1984 में **'ऑपरेशन ब्लू स्टार'** कराया था। असम–नागालैंड–मिजोरम–मणिपुर में उग्रवाद से निपटने के लिए सेना का इस्तेमाल हुआ है और हो रहा है। विरोध के बावजूद वहाँ से इसे हटाया नहीं जा रहा है। कश्मीर में सेना तैनाती का तीसरा दशक चल ही रहा है।

सरकार को अब यह समझ लेना चाहिए कि नक्सली किसी विचारधारा को लेकर नहीं लड़ रहें हैं। आदिवासियों के हित के सवाल अब उनके एजेंडे से गायब है। वह उन्हें अपनी ढ़ाल बनाकर खुलेआम वसूली कर रहे हैं। लोकतांत्रिक व्यवस्था में उनकी आस्था नहीं है। हथियारों के सहारे सत्ता पर काबिज होना चाहते हैं। ये उतने ही भटके हैं, जितने असम, नागालैंड, मणिपुर के उग्रवादी इसलिए नक्सलियों के खिलाफ वैसी ही कठोर कार्यवाई होनी चाहिए।

नक्सलियों के प्रति निर्णायक कार्यवाही के प्रति राजनीतिक पार्टियों की हिचक के पीछे उनके अपने राजनीतिक समीकरण हैं। इसके पहले उन्होने अपने शासन के दमन–शोषण के बिनाह पर नक्सलियों को जन्म दिया और फिर इन्हें अपने हित देखकर नक्सलवाद के प्रति उदासीन रहना उचित समझे, नक्सलियों ने भी बदले में उस सरकारी उदासीनता का लाभ उठाकर अपना आधार और आर्थिक साम्राज्य बढ़ाने में किये। आंध्र प्रदेश में एन. टी. रामाराव ने सत्ता तक पहुंचने के लिए नक्सलियों का महिमा मंडन किया था तो कांग्रेस ने वहाँ की विचारधारा नक्सलियों के प्रति नर्मरुख माना जा सकता है, वहीं मुख्यमंत्री राज शेखर रेड्डी ने नक्सलियों के प्रति कड़ा रूख अपनाया और इन्हें वहाँ से खदेड़ा। इसी तरह सिंगूर और नंदीग्राम आंदोलनों में ममता बनर्जी ने नक्सलियों के विरूद्ध सुरक्षा बलों की कार्यवाहियों का सदैव विरोध इस आधार पर किया कि नक्सलवाद उन्मूलन के नाम पर आम जनता की जायज मांगें तात्कालिन सी0 पी0 आई0 सरकार नहीं मान रही इस प्रकार नक्सल प्रभावित क्षेत्र के जनता की सहानुभूति प्राप्त कर सत्तासीन हुयीं, किंतु सत्ता में आने पर उन्हें हार्ड कोर नक्सलियों के विरूद्ध सुरक्षा बलों की कार्यवाही की अनुमति दिये और नक्सलियों को **जंगल महल क्षेत्र** खाली करना पड़ा, जिसमें नक्सली नेता **'किशन जी'** मारा गया।

दंतेवाड़ा में सीआरपीएफ जवानों की हत्या के बाद तत्कालीन **गृहमंत्री पी. चिदंबरम** ने नक्सलियों को आतंकी कहा था। उनकी कमर तोड़ने के लिए कारगर रणनीति बनाई थी जिसमें सुरक्षा बलों के सहारे नक्सली प्रभावित क्षेत्रों को पहले क्लीन करने, फिर प्रशासनिक दखल बढ़ाने और तब विकास करने की बात थी परंतु तत्कालीन गृहमंत्री पी. चिदंबरम की योजना पूर्णतः लागू नहीं हो पायी उस समय चिदंबरम की पहल जारी रहने दी जाती तो छत्तीसगढ़ की इतनी भयानक घटना नहीं होती। तब सरकार ने **नरेश चंद्र समिति** बनाई थी, जिसने नक्सल–पीड़ित इलाकों में सैन्य प्रशिक्षण केंद्र स्थापित कर फौजी मौजूदगी बढ़ाने को जरूरी बताया था ताकि स्थानीय लोगों में सुरक्षा का भरोसा जगे। इस रिपोर्ट पर सीसीएस को अंतिम फैसला लेना था किन्तु इसे कैबिनेट के एजेंडे में लिया नहीं जा सका। राष्ट्रीय समस्या बने नक्सलवाद के उन्मूलन के लिए केंद्र–राज्य सरकारों और राजनीतिक दलों को निहित एजेंडों से ऊपर उठकर केंद्रीकृत समन्वित राणनीति बनाने पर सहमत होने की जरूरत है।

नक्सली आन्दोलन से सम्बन्धित विभिन्न आयामों की समीक्षा करने पर हम अग्रलिखित तथ्य निष्कर्ष कर सकते हैं:–

प्रथमतः, समाज का कोई भी तबका चाहे वह किसी भी जाति या वर्ग का क्यों न हो, अपनी सामाजिक स्थिति बनाये रखने तथा उसे सतत उच्च बनाये रखने के लिए प्रयत्नशील रहता है। स्वाभाविक है कि उच्च सामाजिक स्थिति के लक्ष्य प्राप्ति की प्रतिद्वंदिता में अनिवार्य रूप से शोषण एवं द्वन्द्व होंगे। इसी शोषण एवं द्वन्द्व के माहौल में विभिन्न नक्सल नेताओं का अभ्युदय हुआ। शोषण एवं नक्सली सिद्धान्तों के प्रचार–प्रसार तथा उसके प्रभाव के कारण किसी व्यक्ति के नक्सली बनने की पृष्ठभूमि तैयार होती हैं। संक्षेप में, विशेषतौर पर ऊंची जातियों, बड़े भूमिपतियों या सामंतों द्वारा अपमानित किये जाने के कारण मजदूर, निम्न किसान तथा मध्यम परिवार का व्यक्ति बदले की आग में जलता हुआ नक्सली बनता है और नक्सली सिद्धान्तों का प्रभाव उसे वर्तमान व्यवस्था के प्रतिकूल मानसिकता बनाये रखने के लिए बाध्य कर देता है। इसके बावजूद नक्सलियों ने किसी निजी लाभ के लिए नहीं बल्कि एक विचारधारा के कारण हिंसा की है, इनमें से बहुतों का मानना है कि वर्तमान सामाजिक ढांचा में तबदीली लाये बगैर कोई महान् परिवर्तन नहीं हो सकता है। यह बिल्कुल सही है कि सहार एवं विक्रम प्रखण्ड के गांवों में नक्सलियों ने अनगिनत हत्याएं की है पर वे सब उन लोगों से अवश्य अच्छे हैं, जो मात्र चुनाव जीतने के लिए जाति विशेष का खूनी दल बना कर एक से दूसरे जातियों की गर्दन कटवाते हैं।

द्वितीयक, भूमि एवं मजदूरी, नक्सली आन्दोलन को गांवों में बढ़ाने में प्रमुख स्रोत रहे हैं। गैर मजरूआ तथा सरकारी जमीनों, हदबन्दी से फाज़िल भूमि पर कब्जा तथा मजदूरी को लेकर अध्ययन क्षेत्र के अधिकांश गांवों में नक्सली गतिविधियों में काफी सरगर्मी देखी गई। गांवों में इन्हीं कारणों के चलते नक्सली आन्दोलन को बढ़ावा मिला। यह वाकई आश्चर्यजनक बात है कि भूमिपतियों की अपनी खासी–बड़ी मात्रा में जमीन होते हुए भी अन्य जमीनों पर अवैध कब्जा है। यह मानसिकता नक्सली आन्दोलन की आग में घी का काम कर रही है।

तृतीयक, मार्क्स के अनुसार आर्थिक कारण की ऐसे आन्दोलनों के प्रभावी सूत्रधार है – छ.ग. के संदर्भ में पूरी तरह से उचित लगते हैं, शोषितों–पीड़ितों की भावनाओं को जब सामंतो, भूमिपतियों तथा प्रशासन के द्वारा ठेस पहुंचायी जाती है तब नक्सली खेमे में आश्रय लेने के सिवा उनसे पास कोई विकल्प नहीं रह जाता है। वस्तुतः नक्सल प्रभावित क्षेत्रों में सामाजिक संघर्ष गरीबी के कारण नहीं उभरे हैं, वरन् आत्मसम्मान तथा आधुनिक विचारों के कारण पनपे–बढ़े हैं।

चतुर्थ, नक्सली गतिविधियों छ.ग. सरकार की गलत मानसिकता की परिचायक है। नक्सली आन्दोलन के पीछे सामाजिक, आर्थिक तथा राजनीतिक कारणों की खोज के बजाय इसे सत्ता के लिए चुनौती के रूप में प्रचारित कर अन्याय, शोषण तथा वास्तविक मजदूरी के लिए लड़नेवाले मजदूरों, निम्न किसानों तथा युवकों को भी नक्सली या नक्सली समर्थक कहकर जेलों में बंद करके अपने रास्तें से सदा के लिए हटा दिया जाता है। जिस समाज में व्यवस्था राइफल, बन्दूक और लाठी के बल पर बनाई और टिकाई जाएगी, वहां व्यवस्था की हिंसा के बाद निश्चय ही सर्वहारा का जवाबी हिंसा पनपेगा।

पंचम, सर्वाधिक महत्वपूर्ण कारण जो इस समस्या के पीछे है, वह नक्सली सिद्धान्तों के प्रभाव के कारण मजदूरों, निम्न किसानों तथा मध्यम किसानों में आई जागरण से सम्बन्धित है। दूसरे अर्थों में ''नक्सली सिद्धान्त'' नक्सल प्रभावित क्षेत्रों में राजनीतिक चेतना का जन्म स्थल है। यदि किसी क्षेत्र में गरीबी, अन्याय, शोषण एवं उत्पीड़न है तो प्रभावित तबके के लोग चोर, डकैत, पेशेवर खूनी, तस्कर एवं अन्ततः राजनीति (यह आज की परिस्थितियों में आसान काम है) को अपना मोहरा बना सकते थे लेकिन उक्त सुविधा भोगी व्यवसाय के बजाय वे कंटकाकीर्ण एवं सदा अभाव में रहने वाला कार्य क्यों करते हैं? निश्चय ही नक्सली आदर्शों एवं नीतियों से प्रभावित होकर आम जनता की खुशहाली के लिए अपनी निजी खुशियों का वे परित्याग कर देते हैं।

अतः आर्थिक पिछड़ापन एवं नक्सली गतिविधियों की तीव्रता में कार्य–कारण सम्बन्ध दिखाई पड़ता है। ऐसा कहा जा सकता है कि सामाजिक ढ़ांचे के अन्तर्गत जितना ही अधिक आर्थिक पिछड़ापन होगा, नक्सली गतिविधि उतनी ही अधिक तीव्र होगी। इस आन्दोलन के प्रति आकर्षण नक्सली सिद्धान्तों व आदर्शों से प्रभावित होकर हुआ है, पर इलाके की अधिकांश निर्धन जनता ने बेहतर मजदूरी पाने के लिए इस आन्दोलन को समर्थन दिया है, समाज की सामंती व्यवस्था से तंग आकर नक्सलवाद की ओर प्रभावित हुए हैं। कुल मिलाकर आन्दोलन की जड़ में इलाके का आर्थिक पिछड़ापन है, लोगों की गरीबी, बेरोजगारी और आर्थिक विपन्नता हैं।

षष्ठम्, इस आन्दोलन में मध्यमवर्गीय किसानों का प्रवेश कम है। फलतः समाज के एक बहुसंख्यक तबके की सहानुभूति एवं समर्थन से यह संगठन वंचित रह जाता है। निम्न तबके के किसान तथा मजदूर, मध्यम किसानों को भी जमींदार मानते हैं, कृषि सम्बन्धी कार्यों में उनके साथ असहयोग करते हैं, जिससे वे बड़े किसानों के खेमें में चले जाते हैं और नक्सली आन्दोलन मात्र मजदूरों तथा निम्न तबके के किसानों का संगठन बन कर रह जाता है। परिणामस्वरूप इस आन्दोलन को आशातीत सफलता मिल पाना तो दूर की बात रही, प्रारंभिक सफलता भी संदिग्ध बनकर रह जाने की प्रबल संभावना दिख पड़ती है।

सप्तम, नक्सली आन्दोलन में अशिक्षितों का अधिकता भी एक गंभीर बाधा है। यह सच है कि इसका उच्च नेतृत्व कम पढ़ा–लिखा हैं जो आन्दोलन के पक्ष में पढ़े–लिखे लोगों को आकर्षित कर पाने की क्षमता नहीं रखता। इतना ही नहीं नक्सलियों का निम्न नेतृत्व तथा अनुयायी वर्ग उद्दण्ड तथा जिद्दी स्वभाव का है, उसमें धैर्य का सर्वथा अभाव है, क्रोध पर उसका नियंत्रण नहीं है तथा तर्क–वितर्क की योग्यता का सर्वथा अभाव होने के कारण तटस्थ जनता पर वह सामंत, भूमिपत्तियों का पिट्टू प्रतिक्रियावादी तत्व एवं कागजी भोर जैसे शब्दों का इनके लिए इस्तेमाल करते हुए उन्हें अपमानित भी करता है। जिससे समाज का पढ़ा–लिखा तबका डर एवं मजबूरी के चलते नक्सलियों की नीतियों, सिद्धान्तों को बगैर गुण–दोष पर विचार किये हुए चुपचाप स्वीकार करने में ही अपनी भलाई समझता है।

अष्टम, नक्सली आन्दोलन की सर्वप्रमुख उपलब्धि यह है कि इस आन्दोलन को खत्म नहीं किया जा सकता। जबरदस्त सरकारी दमन के बावजूद इस आन्दोलन का बने रहना ही इस बात का संकेत है कि नक्सल प्रभावित क्षेत्रों की जनता की आवश्यकता के संदर्भ में इस राजनीति का कितना ज्यादा औचित्य है। नित्य के समाचारपत्र इस आन्दोलन के हमारे समाज पर पड़े प्रभावों के गवाह हैं। जबतक भूमिहीनों का क्षोभ बना रहेगा, न्यूनतम मजदूरी की समस्या बनी रहेगी, जबतक इकाले का भूमिहीन आर्थिक रूप से स्वतंत्र और सक्षम नहीं होगा, समाज में खुनी संघर्ष का दौर चलता रहेगा – नक्सली आन्दोलन को खून की नदी में डूबोने से रोका नहीं जा सकता।

नवम, अध्ययन क्षेत्र के **सहभागिता अवलोकन** के बाद यह बात स्पष्ट हो जाती है कि समाज का दबा कुचला तबका अपने अधिकारों के प्रति जागरूक हुआ है। यह तबका सवर्णों की अपमानित करने की नीति के विरुद्ध उठ खड़ा हुआ है यह बात निराधार है कि आदिवासी, दमित वर्ग का मन बढ़ गया है। सच्चाई यह है कि वे अपने अधिकारों के प्रति पहले से ज्यादा सचेत एवं चेतनशील हुए हैं। नक्सल प्रभावित क्षेत्रों में घटित होने वाली बलात्कार, बलातश्रम और कानून व्यवस्था के नाम पर गैर कानूनी रास्ते अखित्यार करने के अमानवीय तरीके और घटनाएं तुरन्त बदले की भावना को जन्म देती है। भूमिपति अपनी बोली एवं सामंती मानसिकता को बदलने के लिए मजबूर हुए हैं तथा उनका पलायन शहरों की ओर जारी है।

यह ध्यान देने योग्य बात है कि गांवों के धनी परिवार घर छोड़कर, अपनी सम्पत्ति बेचकर शहरों में बस रहे हैं। इसके कई कारण हो सकते हैं। यथा, जमीन उनकी जीविका का एकमात्र साधन नहीं रहा है, शहरों में उनके बच्चों के लिए बेहतर शिक्षा की व्यवस्था है। आधुनिकीकरण के चमत्कारों ने भी उनपर अपना असर डाला है। लेकिन वास्तविकता यह है कि नक्सली आन्दोलन की गतिविधियां इतनी तीव्र है कि पूरा इलाका उसकी चपेट में आ गया है। जन–जीवन अस्त–व्यस्त हो गया है और शहर की ओर भागने की भगदड़ सी मच गई। वर्तमान व्यवस्था के अन्तर्गत भूमिपति, सामंत अपनी मानसिकता में परिवर्तन ला नहीं सकते और दूसरी ओर इस आन्दोलन ने सहार व विक्रम प्रखण्ड की निर्धन जनता में इतनी अधिक मात्रा में राजनीतिक चेतना का संचार किया है कि वे किसी भी कीमत पर अपने अधिकारों को छोड़ नहीं सकतें। इस प्रकार नक्सली आन्दोलन की उपलब्धि इस बात में है कि इसने पूरे सामाजिक ढ़ांचे को बदल डाला है। एक नये किस्म का राजनीतिक ध्रुवीकरण देहाती इलाकों में हो रहा है। जातिगत राजनीति अस्तित्व में 100 प्रतिशत है किंतु व्यवहार में इसे केवल अपने बयानों में नहीं लाने की राजनीति चरम पर है अतः समाज

मुख्यतः दो वर्गों में विभाजित ही है। इसमें दूसरा विभाजन भी है एक तरफ मजदूर, निम्न किसान, बेरोजगार नौजवान, अनाथ तथा दुर्बलतम वर्ग और दूसरी तरफ है भूमिपति, ठेकेदार एवं सारी सुख–सुविधाओं का उपभोग करने वाले चन्द लोग हैं। अब प्रश्न यह है कि क्या नक्सली आन्दोलन का निदान ढूंढ़ा जा सकता है अथवा नहीं, बहरहाल कुछ उपायों की चर्चा की जा रही है, जो नक्सल आन्दोलन को हिंसक रास्ते आख्तियार करने से रोकने में सहायक साबित हो सकते हैं :–

नक्सलवादी गतिविधियों की जड़ में भूमि सम्बन्धी अनियमितता एवं असमान सामंतवादी परम्परा है। सामाजिक समानता इस समस्या का सर्वोत्तम निदान है, जो सरकारी भूमि सम्बन्धी उचित नीति निर्धारण से हो सकता है। भूमिपतियों के पास अपनी उपलब्ध जमीन के होते हुए अवैध भूमि का दखल है यह प्रवृत्ति घातक है। इसके लिए भूमि सुधार की नीति को सही ढंग से कार्यन्वित करना होगा तथा कमजोर वर्ग के लोगों को कानूनी संरक्षण सही एवं उचित समय पर देना होगा। न्यायालय की प्रक्रिया को जटिल और लम्बा न कर शीघ्र निष्पादन की व्यवस्था कराना होगा। समाज के कमजोर तबकों की मांगों पर सरकार तथा प्रशासन द्वारा नक्सलवादी गतिविधियों को बढ़ने का चस्का न लगाया जाये। न्यूनतम मजदूरी, कुटीर उद्योगों की स्थापना, प्रत्येक व्यक्ति को रोजगार, हर खेत को पानी, फसल बीमा योजना, गैर मजरूआ जमीनों का भूमिहीनों के बीच वितरण तथा कब्जा दिलाना, गरीब बच्चों के लिए विद्यालयों की स्थापना, जहां उन्हें मुफ्त का आहार भी दिया जाय, पक्की सड़क, प्रत्येक पंचायत में स्वास्थ्य केन्द्र, बिजली की गारंटी, पुलिस एवं भूस्वामियों के अत्याचारों पर रोक लगा कर इस आन्दोलन को ध्वस्त किया जा सकता है।

अतः संक्षिप्त में नक्सलवाद उन्मूलन हेतु और प्रभावी सुझाव यह हो सकते हैं, क्रमवार सुझाव ....

प्रथम, अभिजात्य वर्गीय शोषण नक्सलवाद का कारण है। अधिकतर मामलों में ऊंची जातियों, बड़े भूमिपतियों या सामंतों द्वारा अपमानित, शोषित व्यक्ति बदले की भावना से नक्सल गतिविधियों में लिप्त हुआ है। अतः समाधान के लिये शोषित वर्गों के आत्मसम्मान, आर्थिक, सामाजिक हितों का अनिवार्य संरक्षण–संवर्धन के साथ–साथ वर्तमान सामाजिक ढाँचा में तबदीली लाये वगैर कोई महान् परिवर्तन नहीं हो सकता है।

द्वितीय, भूमि सुधार, वनोपज एवं मजदूरी के मूल्य निर्धारण की समस्या नक्सली आन्दोलन को बढ़ाने में सहायक रहे हैं। गांवों में इन्हीं कारणों के चलते नक्सली आन्दोलन को बढ़ावा मिला। यह वाकई आश्चर्यजनक बात है कि भूमिपतियों की अपनी खासी–बड़ी मात्रा में जमीन होते हुए भी अन्य जमीनों पर अवैध कब्जा है भूमि सुधार एवं न्यायोचित वनोपज मूल्य निर्धारण एवं न्यूनतम मजदूरी निर्धारण स्थानीय जनता को उल्लेखनींय रूप से नक्सलवाद से विमुख कर सकती है इसे अनिवार्य स्तर पर लागू करना चाहिए।

तृतीय, मार्क्सवाद, नक्सलवादी आंदोलन का सूत्रधार है – छ.ग. के संदर्भ में पूंजी का पर्याय उपज/वनोत्पाद रहा है, वस्तुतः नक्सल प्रभावित क्षेत्रों में संघर्ष केवल गरीबी के कारण ही नहीं उभरे हैं अपितु सामाजिक आत्मसम्मान तथा आधुनिक विचारों के अभाव के कारण पनपे–बढ़े हैं। ऐसे क्षेत्र में मौलिक अधिकारों का दायरा बढ़ाया जाना चाहिए।

चतुर्थ, नक्सली समस्या **'सत्ता को चुनौती'** के रूप में प्रचारित एवं इसका रोकथाम पुलिस समाधान पर निर्भर और सिमित है। दंडात्मक कार्यवाही के साथ–साथ पुलिस सहित प्रशासन तंत्र में सुधार भी उतना ही आवश्यक है। जैसे– भारतीय पुलिस का नाम 'भारतीय नागरिक पुलिस' किया जाना चाहिए एवं इसका 'मूल उद्देश्य नागरिक सुरक्षा' होनी चाहिए।

पंचम, क्षेत्र के प्रभावित जनता का नक्सली आन्दोलन के प्रति आकर्षण लोकतांत्रिक व्यवस्था के प्रति आकर्षण से कहीं ज्यादा है। संविधानिक अधिकारों को लागू और प्रचारित करना। सहभागी नेतृत्व बढ़ाई जाये (5वीं / 6वीं अनुसूची / क्षेत्रीय परिषदें एवं पेशा कानून लागू की जानी चाहिए)

षष्टम्, इस आन्दोलन में मध्यम वर्गीय किसान, मैदानी क्षेत्र के मजदूर / कामगार का प्रवेश कम हैं परन्तु यही वह वर्ग है जो 'लोकतांत्रिक बने रहने' या नक्सलवाद को बढ़ाने की क्षमता रखते हैं। **'नक्सल समाधान के लिए मध्यम वर्गीय किसान मजदूर को लोकतांत्रिक व्यवस्था और योजनाओं से हर हाल में जोड़कर रखा जाना चाहिए क्योंकि इस आंदोलन को बौद्धिक सहायता यहीं से मिलती है।'**

सप्तम, नक्सली आन्दोलन में **'अशिक्षितों का आधिक्य'** एवं इसका **'उच्च नेतृत्व कम पढ़ा–लिखा है।'** अतः जागरूकता अभियान से कल्याणकारी राज्य की महत्ता को प्रचारित कर प्रभावित जनता को शिक्षित किया जाना चाहिए।

अष्टम, नक्सली आन्दोलन भारत में सर्वाधिक समय तक चलने वाला आंदोलन है हालांकि वर्तमान स्थिति में यह आंदोलन कमजोर है, जो निसंदेह ही **'लोकतांत्रिक व्यवस्था की जीत'** है अतः लोकतांत्रित संस्थाओं का अंतिम स्तर तक स्थापित किया जाना चाहिए। लोकतांत्रित संस्थाओं के अस्तित्व स्वीकार कर इसके खात्मे के प्रयत्न करने के बजाय प्रभावित क्षेत्रों के एच.आर. मैपिंग आधारित मौलिक शिक्षा का विकास, स्थानीय भाषा, बोली एवं अधारभूत कौशल विकास के साथ मानव विकास पर बल दिया जाना चाहिए।

नवम, सरकारी तंत्र में सुधार और सामाजिक विकास नितांत आवश्यक है। औपनिवेशिक उद्देश्यों के लिए निर्मित प्रशासन तंत्र बिना सुधार के लोकतांत्रिक देश में कभी सफल नहीं हो सकता इस बात को समझना होगा, सहभागिता अवलोकन से स्पष्ट होता है कि लोग अपने अधिकारों के प्रति पहले से ज्यादा चेतनशील हुए हैं।

दशम, दुर्गम क्षेत्र के निवासियों, आदिवासियों, पीड़ित और दमित वर्ग या समाज के रहवासियों जो पढ़े– लिखे व्यक्तियों, सामाजिक चिंतकों, स्थानिय पत्रकारों या ऐसे दुर्गम क्षेत्र में पदस्थ निचले स्तर के सरकारी कर्मचारियों और सामाजिक कार्यकर्तायों की नक्सल समस्या के समाधान हेतु विचार को या ऐसे क्षेत्रों के विकास नहीं होने के कारणों कि सारगर्भित शब्द को पहचान दिया जाये, ऐसे क्षेत्रों के निवासियों की आवाज शासन–प्रशासन में काबिज उच्च स्तर तक न पहुंचना या राज्यीय, राष्ट्रीय और अंतराष्ट्रीय तक न पहुंचना है, इसीलिए ऐसे नागरिकों और क्षेत्रों के अनुकूल सरकारी नीतियाँ बन ही नहीं पाती या जो नीतियां बनीं है या विकास योजनाएं बनीं है उनका कियान्वयन, निगरानी और पर्यवेक्षण हो ही नहीं पाता तो मुख्य मुद्दा

यह है कि उनकी आवाज नीति–निर्माता तक कैसे पहुचें ? उनकी आवाज पत्र–पत्रिकाओं मे छपने, टी0वी0 फिल्मों, समाचार चैनलों में दिखने–दिखाने या सोशल मिडिया मे स्थान पाने को ही लोग इसका सामान्य अर्थ लगाते हैं, तो क्या इन सब जगह स्थान मिल जाने से भी क्या ऐसे दुर्गम क्षेत्रों के लिए अनुकूल सरकारी नीतिया बन जायेंगी? उतर होगा नहीं। उन्हीं स्थानीय आवाजों और विचारों को सरकारी नीति निर्माताओं के प्राथमिकता देने और नीति निर्माण कर लागु करने पर ही यह तय होगा। अर्थत राज्यों के विधानसभा, विधानमंडल और केन्द्र के लोकसभा, राज्यसभा में उन मुद्दों को उठाने वालों की संख्या इतनी ज्यादा हो कि वह आवाज संसद और विधानमंडल में उठ कर संसदीय नियमों से पारित हो सके इसके बिना तो किसी आवाज की सुनवाई का कोई मतलब ही नहीं है। तो इसका समाधान है कि उचित क्षमता वाले ऐसे क्षेत्र के लोग उचित संख्या में संसद और विधानमंडल पहुंचे किंतु भारत के परिवेश में ऐसे दूरगामी क्षेत्र और वहाँ की जनता उतनी ज्यादा सख्यां में है नहीं कि एक राज्य में बहुमत प्राप्त कर लेंवें और अनुकूल नीति निर्माण कर सकें तो इसका एक मात्र समाधान यह है कि ऐसे क्षेत्रों को चिन्हांकित कर राज्यों का पुनर्गठन किया जाये जैसे कि यदा–कदा दण्डकारण्य प्रदेश की मांग छत्तीसगढ़ में या देश के अन्य भागों में जैसे गोड़वाना प्रदेश, राजस्थान में भील प्रदेश जैसे क्षेत्रीयता और वहाँ कि समस्या को आधार मानकर राज्यों का पुर्नगठन किया जाना चाहिए ताकि वे अपने क्षेत्र और परिस्थिति के अनुकूल अपनी संख्या के प्रतिनिधि बल के द्वारा सरकारी नियम कानून और योजना बनाकर क्रियान्वित कर सकें। सतही अर्थ में इस दशवें सुझाव को आदर्शात्मक या गैर संवैधानिक माना जा सकता है क्योंकि राज्यों के पुर्नगठन के लिये संविधान में निश्चित और न्यूनतम संख्या बल और प्रतिनिधि होने चाहिए जैसे निर्बंधन हैं किंतु भारत में सिक्किम और गोवा जैसे उदाहरण भी मौजूद हैं जिनमें इन संवैधानिक प्रावधानों में शिथिलता लाई गयी है और भारत का संविधान पूर्ण राज्य, अर्द्ध राज्य जैसे दिल्ली जिसका सामान्य प्रशासन दिल्ली सरकार किंतु पुलिस प्रशासन केन्द्र सरकार के पास है उसी प्रकार से क्षेत्रीय परिषदों और केन्द्रशासित प्रदेशों जैसे पूर्व के 07 केन्द्रशासित प्रदेशों के तर्ज पर जम्मु और कश्मीर राज्य में धारा 370 हटाकर जम्मु, कश्मीर और लद्दाख तीन नये केन्द्रशासित प्रदेश बनाये गये हैं। उपरोक्तनुसार संविधान में सबकुछ प्रावधान और शिथिलतायें है जिसको क्षेत्र के समस्याओं और रहवासियों को केन्द्र बिंदु मानकर उपरोक्त कोई भी कदम उठाया जा सकते हैं या उन विशेष क्षेत्रों के रहवासियों के जायज मांग या आवाज को पहचान दी जा सकती है।

अंततः–

"लोकतांत्रिक राज व्यवस्था में भिन्न–भिन्न विचारधाराओं का सह–अस्तित्व रहता ही है और इन विभिन्न विचारधाराओं का सह–अस्तित्व ही सच्चे लोकतंत्र का आधार है, ऐसे में किसी भी एक विचारधारा के समूलनाश का सिद्धांत अप्रासांगिक और आदर्शात्मक लक्ष्य ही कहलायेंगें अतः समस्या समाधान हेतु मानव संसाधन मापकरण (H.R. Mapping) कर लोकहितकारी योजना निर्माण एवं प्रभावी प्रशासनिक सुधार लागू करते रहना ही लोकतांत्रिक प्रक्रिया का अनिवार्य तत्व है।"

डा0 विनोद कुमार टण्डन

अध्याय—13
परिशिष्ट

''जब हम परेशानियों में फॅसे होते हैं तो हमें अहसास होता है कि एक छुपा हुआ साहस हमारे अंदर है जो हमें तब ही दिखाई देता है जब हम असफलता का सामना कर रहे होते हैं।''

डा0 ए0 पी0 जे0 अब्दुल कलाम

नक्सली आतंक के सन्नाटे को चीर रही बूटों की थाप

दिक्कत | कहीं कानून व्यवस्था की समस्या होती है। कहीं स्थानीय लोग विरोध करते हैं। एनएमडीसी को भी काम करने में परेशानी

छग सहित कई राज्यों में नक्सली बड़ा रोड़ाः वित्तमंत्री

पंकज कुमार पाण्डेय, नई दिल्ली

आर्थिक सुधारों के अगले चरण की ओर बढ़ रही सरकार

बजट सत्र में पास होगा खाद्य बिल

दैनिक भास्कर 24.03.2013

दैनिक भास्कर 09.01.2014 — रायपुर

छत्तीसगढ़ | ओडिशा में सितंबर 2013 को हुई सेंट्रल कमेटी के मेंबरों की बैठक में हुआ था विवाद

नक्सली दो फाड़, गुड्सा ने किया सरेंडर!

नया संवाददाता

पैसों और वर्चस्व को लीडरों में खींचतान

नक्सलियों के मोस्ट वांटेड टॉप लीडर

गुड्सा एसपी तीके चौबे की हत्या का भी प्रमुख आरोपी

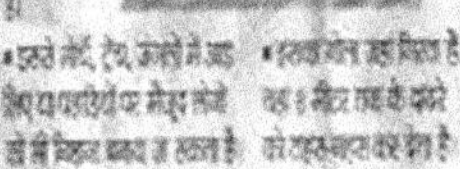

झीरम हमले में नक्सली लूट ले गए यूबीजीएल, हेलिकॉप्टर तक गिरा सकते हैं

नक्सली हमले का और बढ़ा खतरा, चार यूबीजीएल नक्सलियों के पास

क्या है यूबीजीएल

कितना घातक है यह हथियार

नक्सली भी घबराते हैं इससे

रायपुर, मंगलवार, 4 दिसंबर, 2012

नक्सली समस्या के समाधान पर दिल्ली में गंभीर मंथन

ग्राउंड रियलटी पर एनालिसिस

...तो नहीं रहता नक्सलवाद

नक्सल पीड़ित बच्चों के लिए खुलेंगे स्कूल

अच्छी खबर जिले में तीन आवासीय विद्यालय खुलेंगे, राजीव गांधी शिक्षा मिशन से कलेक्टर के पास पहुंची प्रोजेक्ट की फाइल

दैनिक भास्कर

नक्सल पीड़ित बच्चों को अच्छी शिक्षा देने के उद्देश्य से राजीव गांधी शिक्षा मिशन तीन विद्यालय खोलने जा रहा है, जहां उन बच्चों को रहने-खाने की सुविधा के साथ क्वालिटी एजुकेशन भी मिलेगा। उन स्कूलों में स्कूल छोड़ चुके बच्चों को भी रखेंगे। ऐसे तीन आवासीय विद्यालय खोलने की योजना है, जिसकी फाइल अब कलेक्टर के पास है।

तीनों आवासीय स्कूल पूरी तरह से हाइटेक होंगे, जिसमें कम्प्यूटर शिक्षा की सुविधा भी होगी। बच्चों के लिए हास्टल भी बनाए जाएंगे। इसमें केवल जिले के ही नहीं बल्कि पूरे प्रदेश के नक्सल पीड़ित बच्चों

को स्थान मिलेगा। विद्यालय में घुमंतु बच्चों को लाने के लिए अनुदेशक और अन्य कर्मचारियों की नियुक्ति की जाएगी। शासन की योजनानुसार एक विद्यालय में 100 बच्चों के हिसाब से तकरीबन 300 छात्र-छात्राओं का दाखिला होगा। फिलहाल जब तक विद्यालय के लिए भवन निर्माण नहीं हो जाता, स्कूल का संचालन किसी शासकीय स्कूल में होगा। भवन के लिए क्षेत्र के शासकीय स्कूलों का निरीक्षण किया जा रहा है।

शिक्षा के अधिकार कानून में 6 से 14 वर्ष के बच्चों को मुफ्त और अनिवार्य शिक्षा का प्रावधान है, लेकिन कई नक्सल पीड़ित बच्चे आज भी शिक्षा से वंचित हैं। उन्हें चिह्नित कर आवासीय विद्यालयों

में लाया जाएगा। शासन ने 2012-13 के बजट में इसका प्रावधान भी रखा है। फिलहाल विद्यालयों के लिए डोंगरगढ़, गेंदा टोला और राजनांदगांव का चयन किया गया है। डीपीसी डॉ. सुनील महाकालकर ने स्कूल की प्रोजेक्ट फाइल कलेक्टर अशोक अग्रवाल के पास भेज दिया है। जिले में यह पहला मौका है, जब नक्सल पीड़ित बच्चों के लिए तीन विद्यालय एक साथ खोले जाएंगे। विद्यालय खोलने के लिए शासन से पैसा भी प्राप्त हो चुका है।

एक विद्यालय में पढ़ने वाले छात्र।

> हां, नक्सल पीड़ित, घुमंतु और स्कूल छोड़ चुके बच्चों के लिए जिले में तीन आवासीय विद्यालय खोलने की स्वीकृति मिल गई है। संबंधित फाइल जिलाधीश के पास भेजी जा चुकी है। "
>
> **सुनील महाकालकर, डीपीसी**

72 लाख में बनेगा भवन

एक आवासीय विद्यालय भवन निर्माण की लागत राशि 72 लाख रुपए अनुमानित है। इसमें हास्टल और कक्षाओं का निर्माण किया जाएगा। 15 सितंबर तक भवन निर्माण के लिए जमीन निर्धारित कर एजेंसी को कार्य सौंपने की तैयारी है। फिर जल्द का पूरा करने पर जोर रहेगा।

दैनिक भास्कर 03.01.2014 राजनांदगांव

खेमेबाजी हुई पर पार्टी ने किया दरकि...

औपचारिकता पूरी कर तत्काल नाम का हुआ ऐलान

...जोगी खेमे की आदिवासी नेतृत्व की मांग नहीं मानी गई, पहले से फाइनल हो चुके थे...

पद मिलते ही ... हमले पर गरज...

राज्य में नए सिरे से पार्टी को खड़ा करने की...

पार्टी का निर्णय स्वीकार्य - रेणु

नक्सलियों से अब कोई बात नहीं, होगा पलटवार: राजनाथ

छत्तीसगढ़ समेत अन्य नक्सल प्रभावित राज्यों से निपटने के लिए खास कमांडो फोर्स बनाएगा केंद्र

गृहमंत्री ने गृह सचिव और डीजीपी की बैठक ली

दैनिक भास्कर 24.06.2014

बैठक की अहम बातें

इन राज्यों के मुख्य सचिव व डीजीपी आए

सुरक्षाकर्मियों के लिए

1. ...
2. ...
3. ...
4. ...
5. ...

नक्सलियों के लिए

1. ...
2. ...
3. ...
4. ...
5. ...

हमलों के बाद.. मृतकों के घरों में कोहराम, दरभा में सन्नाटा

मुख्य सचिव ने डीजीपी के साथ बीजापुर का दौरा किया, दरभा नहीं गए

मौत के बाद दर्द और आंसुओं का सैलाब

शहीद परिवारों को मिलेंगे 32-32 लाख, परिवार के एक सदस्य को नौकरी

15 दिन बाद होने वाली थी शादी

छह माह की गर्भवती है पत्नी

दैनिक भास्कर 14.04.2014 — छत्तीसगढ़

झीरमकांड की जांच | एनआईए ने सर्वाधिक जिलों के पुलिस अफसरों को नाम पते और फोटो भेजी

40 संदेही नक्सलियों के नाम खुले

महारतनधारियों के बाद झीरम का डोसा

नक्सलियों के कई गांवों से उलझन

अभी और भी खौफनाक चेहरे देखने हैं

झीरम के आरोपी 29 दिनों की न्यायिक रिमांड पर

---

11 मार्च को झीरम में हुए हमले में मारे गए थे 15 जवान और एक व्यापारी

नक्सलियों के आतंक का विरोध, बंद को प्रदेश का मौन समर्थन

सड़कें हो गईं सूनी, चहल-पहल भी नहीं दिखी

एक दिन पहले रायपुर के चौक का ऐसा था नजारा

दंतेवाड़ा और बचेली से पांच हार्डकोर नक्सली पकड़े गए

झीरम हमला प्लान कर रास्तों पर बम लगाने वाले गिरफ्तार

- एनएमडीसी और उद्योगों पर हमले, हत्याओं का आरोप भी
- हमले में पटेल, कर्मा समेत मारे गए थे 28 लोग

गिरफ्तार नक्सलियों में डॉक्टर और उपसरपंच भी

विश्व तम्बाकू मुक्त दिवस (31 मई) पर विशेष

कई चीजों पर प्रतिबंध चाहता है डब्ल्यूएचओ

शुभारंभ | जगदलपुर वासियों को सौगात, दौड़ी दुर्ग एक्सप्रेस ट्रेन

हैदराबाद, दिल्ली से जुड़ेगा बस्तर

पीपीपी से राज्य में ऐसी रेल लाइन के निर्माण करने पर जोर

नक्सलियों को मुख्य धारा में लाने की पहल

यह तस्वीर है नक्सली खौफ का पर्याय बन चुके बस्तर के बीजापुर की। नक्सलियों को मुख्य धारा में लाने के लिए पुलिस की ओर से डीआईजी ऑफिस के पास यह बोर्ड लगाया गया है। भास्कर ने इसकी सच्चता जानने की कोशिश की तो बोर्ड पर लिखा पहला मोबाइल नंबर बंद मिला। दूसरे नंबर पर एक पुलिस वाले ने कॉल रिसीव किया। हालांकि उन्होंने इस संबंध में कोई जानकारी नहीं दी। यह जरूर कहा कि हां, आत्मसमर्पण कराने के लिए ही यह बोर्ड लगाया गया है।

नक्सली हिंसा और कर्मा पर हमले को लेकर सरकार को घेरा

पटेल व चौबे ने किया जवाब-तलब, कर्मा की सुरक्षा और पुख्ता करने का ऐलान

भास्कर न्यूज | रायपुर

राज्य में बढ़ती नक्सली हिंसा और पूर्व नेता प्रतिपक्ष महेंद्र कर्मा पर हुए हमले को लेकर प्रदेश कांग्रेस अध्यक्ष नंदकुमार पटेल और नेता प्रतिपक्ष रविंद्र चौबे ने विधानसभा में राज्य सरकार को घेरा। राज्य सरकार की ओर से बताया गया कि कर्मा को जेड प्लस श्रेणी की सुरक्षा दी गई है। उनकी सुरक्षा को और पुख्ता किया जाएगा।

पटेल और चौबे ने ध्यानाकर्षण के माध्यम से यह मामला उठाया। उन्होंने आरोप लगाया कि प्रदेश में आम आदमी के साथ-साथ अतिविशिष्ट व्यक्ति, मंत्री, सांसद और विधायक भी सुरक्षित नहीं हैं। नक्सलियों का आतंक और कार्यक्षेत्र लगातार बढ़ता जा रहा है। राज्य सरकार लोगों के जान-माल की

सुरक्षा नहीं कर पा रही है। प्रदेश के आधे से अधिक जिले नक्सल प्रभावित हैं। उन्होंने कर्मा के साथ साथ महिला एवं बाल विकास मंत्री लता उसेंडी के बंगले पर हुए हमले का उल्लेख करते हुए कहा कि नक्सलियों के हौसले बुलंद हैं। कर्मा की सुरक्षा गंभीर होने के बावजूद पुलिस ने उदासीनता बरती। हमले के दिन कर्मा का काफिला रवाना होने

के पहले सुरक्षा में एडवांस पार्टी भी नहीं भेजी गई थी। गांव में दो कंपनियां तैनात करने की बात की जा रही थी लेकिन वहां पर मात्र 15 पुलिस कर्मी ही तैनात हैं।

अपने जवाब में गृह विभाग से संबद्ध संसदीय सचिव विजय बघेल ने कहा कि राज्य में अतिविशिष्ट व्यक्तियों और अन्य जनप्रतिनिधियों को आवश्यकतानुसार सुरक्षा मुहैया कराई गई है। इससे पहले भी श्री कर्मा पर हमले हो चुके हैं। नक्सलियों की विचारधारा का विरोध करने के कारण नक्सली उनको अपना विरोधी मानते हैं। इस कारण उन्हें जेड प्लस श्रेणी की सुरक्षा उपलब्ध कराई गई है। उनके निवास स्थित ग्राम में सीआरपीएफ तथा छत्तीसगढ़ सशस्त्र बल की एक-एक कंपनी तैनात की गई है।

इधर, मोदी माओवाद छोड़ने को कह रहे उधर नक्सली किरंदुल में ट्रक जला रहे

कोंडागांव से भाजपा का चुनावी शंखनाद, मोदी ने कहा- माओवाद के रास्ते विकास संभव

भास्कर न्यूज | कोंडागांव

नक्सलियों ने फूंके 15 ट्रक और एक जेसीबी, मालगाड़ी भी गिराई

नक्सली व आतंकी एक समान : जयराम

एजेंसी | रांची

केंद्रीय ग्रामीण विकास मंत्री जयराम रमेश ने कहा कि वे लातेहार जैसी घटनाओं को अंजाम देने वाले नक्सलियों को आतंकवादी या उग्रवादी मानते हैं। वे रांची से करीब 200 किमी दूर सारंडा के जंगलों में स्थित नक्सलियों के गढ़ दीघा गांव में राष्ट्रीय ध्वज फहराने आए थे। लातेहार में छह जनवरी को हुए नक्सली हमले में सुरक्षा बलों सहित 14 लोगों की मौत हो गई थी। नक्सलियों ने एक

जयराम रमेश

मृत सीआरपीएफ जवान के शरीर में बम लगा दिया था।

रमेश ने कहा कि नक्सलियों ने जिस तरह मृत सीआरपीएफ जवानों के शरीर में बम और आईईडी लगाए उससे उनकी बर्बरता साफ सामने आ गई। रमेश ने यह भी कहा कि झारखंड राजनीतिक हस्तक्षेप और प्रशासनिक कमजोरी के कारण ही बर्बाद हुआ है। इसकी वजह से केंद्रीय योजनाओं का उचित कार्यान्वयन नहीं हो पाता। जनता लाभ से वंचित रह जाती है।

उन्होंने कहा कि अपने मंत्रालय से जुड़ी मनरेगा समेत अन्य योजनाओं में उन्होंने स्वयं देखा कि राज्य के मंत्री लगातार राजनीतिक हस्तक्षेप कर रहे थे। बार-बार समझाने पर भी नहीं माने तो उन्होंने केंद्र से मिलने वाली राशि रोक देने की धमकी तक दी।

छत्तीसगढ़ राज्य के सुकमा जिले में नक्सलवाद एवं पुलिस प्रशासन : एक अध्ययन

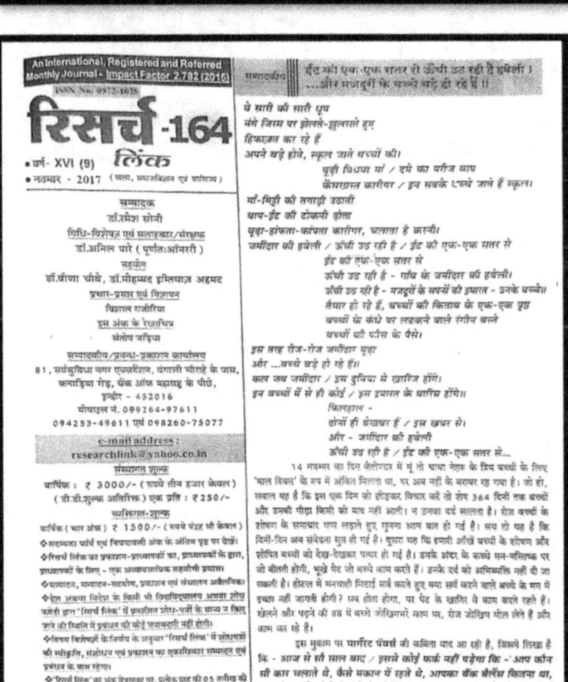

और कोन्टा) को शामिल किया गया है। यह जिला सघन वन से परिपूर्ण है।

सुकमा जिले के छिंदगढ़ तहसील में दुरमा जल प्रपात और ग्राम नेतानार में शबरी नदी किनारे शिव मंदिर भी दर्शनीय है। नवगठित सुकमा जिले के कुल भौगोलिक क्षेत्रफल 03 लाख 33 हजार 530 हेक्टेयर है। इसमें 27 हजार 776 हेक्टेयर का वन क्षेत्र भी शामिल है। नये जिले में 43 ग्राम पंचायतें, तीन नगर पंचायत के रूप में सुकमा, कोन्टा और दोरनापाल शामिल है। जिले में एक हजार 25 आँगनवाड़ी केन्द्रों का भी संचालन किया जा रहा है। वर्ष 2011 की जनगणना के अंतरिम आँकड़ों के अनुसार नये सुकमा जिले की कुल जनसंख्या लगभग दो लाख 49 हजार 841 है। इनमें से एक लाख 22 हजार 447 पुरूष एक लाख 27 हजार 393 महिलाएँ शामिल हैं। सुकमा जिले में 725 प्राथमिक शालाओं सहित 212 मिडिल, 19 हाईस्कूलों, 12 हायर सेकेण्डरी स्कूल, दो कालेज, 101 आश्रम शालाओं और 25 छात्रावासों का संचालन किया जा रहा है। सुकमा जिले में 03 पुलिस अनुविभागीय कार्यालय 14 थाना एवं 02 पुलिस चौकी संचालित है, इसके साथ ही सुरक्षा बलों की 11 वाहिनियों की 44 कंपनियों के द्वारा सुरक्षा व्यवस्था की गई है।

सुकमा जिला बनाने से पूर्व 06 अप्रैल वर्ष 2010 में नक्सलियों के द्वारा देश के बलों को जिला–सुकमा के थाना चिंतागुफा के अंतर्गत ग्राम ताड़मेटला में केन्द्रीय बल पर हमला करते हुए 76 जवानों को शहीद किया था। वर्ष 2010 मई में थाना गादीरास के ग्राम कसंगावरम के पास में सिविल दरा को निशाना बनते हुए कुल 26 लोगों की हत्या की थी। वर्ष 2014 में थाना चिंतागुफा में ग्राम करसालपाड़ में सुरक्षा बलों के ऊपर हमला किया था, जिसमें 14 जवान शहीद हुए थे। इन घटनाओं के बावजूद सुकमा जिले में पुलिस प्रशासन के द्वारा अपनी जिम्मेदारियों का सफलतापूर्वक निर्वाहन करते हुए केन्द्र एवं राज्य शासन की महत्वाकांक्षी योजनाओं को धरातल पर अमल करवाने में अपनी अहम भूमिका निभा रही है।

सुकमा जिले में नक्सली वारदात के प्रभाव का आकलन इसी बात से किया जा सकता है कि यहाँ के कलेक्टर एलेक्स पॉल मेनन का नक्सलियों द्वारा अपहरण करके केवल राज्य सरकार ही नहीं, बल्कि केन्द्र सरकार को भी सकते में ला दिया था। जिन्हें नक्सलियों से मुक्त करने के लिए राज्य सरकार को एन.जी.ओ. के माध्यम से एड़ी–चोटी का जोर लगाना पड़ा था।

अध्ययन विषय का राजनीतिक प्रशासनिक महत्व :

छत्तीसगढ़ राज्य के अस्तित्व में आने के पश्चात् यहाँ जिला प्रशासन को विरासत स्वरूप नक्सल उन्मूलन की जिम्मेदारी मिली। 2012 में सुकमा जिले के अस्तित्व में आते ही पुलिस प्रशासन के द्वारा अपने कार्यवाही में तेजी लाते हुए जिले में सुरक्षा व्यवस्था में सुधार करने के लिए राज्य पुलिस एवं अर्धसैनिक बलों के माध्यम से सुकमा जिले में विशिष्ट एवं आम नागरिकों की सुरक्षा व्यवस्था को मजबूत किया गया। छ.ग. राज्य में नक्सल उन्मूलन के लिए सुकमा जिले में जिला प्रशासन व राज्य एवं केन्द्र सरकार के द्वारा कानून व्यवस्था एवं पुर्नवास नीति लोकतांत्रिक कार्य आदि विभिन्न योजनाओं के माध्यम से इसे दूर करने का प्रयास किया जा रहा है।

शोध कार्य का पुनरावलोकन :

डॉ. विनोद कुमार गजभिये (2004) ने छ.ग. में नक्सलवाद समस्या के प्रसार के कारण नक्सलवादी घटना के साथ–साथ इस पर पुलिस प्रशासन के सुरक्षा की चुनौतियाँ विषय पर कार्य किया है।

अरूण आदित्य (2004) ने अपने अध्ययन में बताया कि, नक्सलवाद हिंसा में बढ़ावा देती हताशा के अंतर्गत नक्सलवाद छ. ग. में प्रसार का कारण नक्सलवादी घटना के साथ–साथ आंध्रप्रदेश के तेलंगाना क्षेत्र में इसका संघर्ष चलता आ रहा है।

अध्ययन के उद्देश्य :

(1) नक्सलियों की मनोदशा का अध्ययन कर वर्तमान स्थिति ज्ञात करना।

(2) नक्सलवाद तथा पुलिस प्रशासन का तुलनात्मक अध्ययन करना।

अध्ययन की परिकल्पना :

(1) स्थानीय नागरिकों की आर्थिक एवं सामाजिक स्थिति नक्सलवाद को जन्म देती है।

(2) पुलिस प्रशासन व नक्सलवाद की प्रतिस्पर्धा से मानव के अधिकारों का हनन होता है।

अध्ययन की पद्धति :

प्राथमिक स्रोत : अध्ययन क्षेत्र के चयनित उत्तरदाताओं से प्राप्त अनिमा के आधार पर दैव निदर्शन प्रणाली के माध्यम से शोध विषय का अध्ययन किया गया है।

द्वितीयक स्रोत : द्वितीयक स्रोतों के अंतर्गत शोध विषय से संबंधित प्रकाशित पत्र-पत्रिकाएँ, पुस्तकें, लेख तथा इंटरनेट के माध्यम से जानकारी प्राप्त की गई है।

निष्कर्ष :

वर्तमान परिप्रेक्ष्य में राज्य सरकार द्वारा नक्सली उन्मूलन के लिए अनेक प्रयासों में सबसे महत्वपूर्ण प्रयास के रूप में आत्मसमर्पण करने वाले नक्सलियों को अनेक जनकल्याणकारी योजनाओं का लाभ दिया जा रहा है जिसमें खेती के लिए जमीन मढ़ी धनराशि, शासकीय नौकरी, मातहत परिवार के सदस्यों को रोजगार एवं उनकी सुरक्षा प्रदान करने एवं नक्सली गतिविधियों में लिप्त रहने वाले नवयुवकों को धमादान करके समाज की मुख्यधारा में जोड़ने का अनुकरणीय प्रयास सफल हो रहा है। इस कार्यवाही से प्रेरित होकर हजारों नक्सलियों ने जिन पर लाखों का इनाम था सामूहिक रूप से आत्मसमर्पण प्रारंभ कर दिया है, जो नक्सली उन्मूलन के लिए एक शुभ संकेत है।

संदर्भ :

(1) पांडे, गिरीश कांत (2005) : दण्डकारण्य में नक्सली संघर्ष एकेडमिक ऑफ द एकेडमिक सोसायटी ऑफ व विएना स्टडिज आलुप-2, रायपुर छ.ग.।

(2) ह्यूमन राइट फोरम डिसप्लेसमेंट एण्ड प्रिवेंशन द बार ऑफ सोसायटा रिपोर्ट, 2006, छ.ग.।

(3) बस्तर का मुक्ति संग्राम, हिंदी ग्रंथ अकादमी, 1955 भोपाल म.प्र.।

(4) जोहरी, जे.सी. (1982) : नक्सलाइट पोलीटिक्स इन इंडिया, पीपुल्स पब्लिशिंग हाउस, नई दिल्ली।

(5) गजभिये, डॉ विनोद कुमार (2004) : छ.ग. में नक्सलवाद समस्या एवं पुलिस प्रशासन की भूमिका, शोध ग्रंथ रायपुर छ.ग.।

164 RESEARCH

Research Link, November - 2017 ● RNI Reg. No. MP/HIN/2002-7041
Monthly Referred Journal ● Postal Reg. No. MP/IDC/121N/2014-16

Since March 2002, 16th Year of Journey— Creating History

प्रवीण कुमार, कमाण्डेंट सी. आर0 पी0 एफ0

संजय महादेवा, अतिरिक्त पुलिस अधीक्षक सूकमा

पत्रकार गण सुकमा एवं बॉलीवुड फिल्म न्युटन के कलाकार श्री मंगल कुंजाम

श्री किशोर कुमार कमाण्डेंट व विनीत कुमार द्वि0क0अ0, सी0 आर0 पी0 एफ0

नक्सल उन्मूलन पर शोध के लिए सीआरपीएफ के डिप्टी कमांडेंट विनोद को पीएचडी

'छत्तीसगढ़' संवाददाता

कोंटा, 24 सितंबर। राज्य में नक्सल मोर्चे पर तैनात रहे सीआरपीएफ के डिप्टी कमांडेंट विनोद कुमार टंडन को राजनीति विज्ञान में पीएचडी की उपाधि मिली है। उन्होंने छत्तीसगढ़ में नक्सल उन्मूलन पर पुलिस प्रशासन की भूमिका का विश्लेषण करते (सुकमा जिले के विशेष संदर्भ में) शोध पूरा किया है।

डॉ. अलका मेश्राम प्राचार्य शासकीय कला और वाणिज्य खातकोंसर महाविद्यालय वैशाली नगर भिलाई के निर्देशन तथा डॉ. डीएन सूर्यवंशी, सेवानिवृत्त प्राचार्य एसआरसीएस कला एवं वाणिज्य महाविद्यालय दुर्ग के सह पर्यवेक्षण में उन्होंने अपना शोध पूरा किया।

गौरतलब है कि श्री टंडन दंतेवाड़ा में भी लंबे समय तक पदस्थ रहे। 2004 बैच के प्रथम श्रेणी के सहायक कमांडेंट के रूप में सीधे नियुक्त अधिकारी है। वर्तमान में सीपीआरपीएफ डिप्टी कमांडेंट के रूप में ओडिशा में सेवारत हैं।

12 जुलाई 1981 को बलौदाबाजार जिले के जैतपुर सरसींवा जन्मे विनोद ग्रामीण परिवेश में पल-बढ़ने के बावजूद उच्च शिक्षा प्राप्त की। वे रामेश्वरी देवी एवं सेवानिवृत्त ग्रामीण कृषि विस्तार अधिकारी भागवत टंडन के बेटे है।

प्राइमरी शिक्षा गरियाबंद जिले के फिंगेश्वर में, माध्यमिक शिक्षा पटेवा महासमुंद में, स्नातक छत्तीसगढ़ महाविद्यालय रायपुर और लोक प्रशासन विषय पर पंडित रविशंकर शुक्ल विवि से स्नातकोत्तर की डिग्री हासिल की, इसके अलावा यूजीसी नेट जेआरएफ की परीक्षा भी उन्होंने उत्तीर्ण की।

श्री टंडन ने शोध केंद्र एसआरसीएस कला एवं वाणिज्य महाविद्यालय दुर्ग से अपना शोध पूरा किया। 30 जुलाई को मौखिक परीक्षा में भाग लेने के बाद उन्हें पीएचडी की डिग्री से नवाजा गया।

उन्होंने अपने शोध के लिए चुनौतीपूर्ण विषय का चयन किया, जो न केवल वास्तविक समय की जानकारी के साथ तथ्यात्मक डेटा एकत्रित करने में जोखिम भरा है बल्कि सैन्य बलों में सेवारत अधिकारियों की पेशेवर क्षमता के लिए एक उपकरण भी है।

वर्ष 2005 में बेसिक प्रशिक्षण उपरांत देश के उग्रवाद ग्रस्त राज्यों मणिपुर, त्रिपुरा, ओडिशा, जम्मू एवं कश्मीर में उन्होंने अपनी सेवाएं दी। सोलह साल की सेवा अवधि में 9 साल देश के सर्वोत्तम माओवाद ग्रस्त इलाके में भी अपनी सेवाएं दीं। जिसके चलते उन्होंने अपने शोध विषय के रूप में वर्तमान में देश की आंतरिक सुरक्षा के लिए चुनौती बने नक्सलवाद जैसे गंभीर मुद्दे को चुना। जिसमें इस गंभीर समस्या के निवारण को लेकर उपयोगी विचार, सुझाव भी शोध में सामने आए हैं।

दंतेवाड़ा@ सीआरपीएफ अधिकारी विनोद टण्डन ने छत्तीसगढ़ राज्य में नक्सलवाद के उन्मूलन में प्रशासन कि भूमिका का विश्लेषण (सुकमा जिले के संदर्भ में) पीएचडी करने में सफलता हासिल की। विनोद टण्डन 2004 बैच में सीधी भर्ती में सीआरपीएफ में सहायक कमांडेंट है जो कि वर्तमान में ओड़ीसा राज्य में अपनी सेवाएं दे रहे हैं।

विनोद टण्डन 2005 के बाद से उन्होंने देश अलग अलग जगहात, आतंकवात जैसे मणिपर, त्रिपरा

CRPF officer's PhD thesis explores reasons for Maoist expansion

CRPF deputy commandant Vinod Tandon has completed his PhD from Raipur-based Ravi Shankar university. As a regular scholar, he attained PhD degree, analysing the 'Role of police administration in the eradication of Naxalism in south Chhattisgarh'. After having engaged for 9 years of his service for anti-Maoist operation in Chhattisgarh and Odisha, Tandon has come out with some hard-hitting ground realities. His research work revealed how the police and security forces work in conflict zone, faulty practices in policing and expansion of Maoists in Bastar.

डॉ.विनोद ने नक्सलवाद विषय पर अपना शोध सम्पन्न किया

सरसींवा। डॉ विनोद टंडन ने शोध शीर्षक के लिए नक्सलवाद को मुख्य विषय के रूप में चुना और देश की इस भयानक समस्या को दूर करने के लिए कई उपयोगी विचार सामने आए। छत्तीसगढ़ के ग्राम-जैतपुर (सरसींवा), ब्लॉक बिलाईगढ़ जिला- बलौदा बाजार में जन्मे विनोद कुमार टंडन जो वर्तमान में सीआरपीएफ में डिप्टी कमांडेंट के रूप में कार्यरत हैं ने पं. रविशंकर शुक्ला विश्वविद्यालय रायपुर (छ.ग.)से पत्राचार अध्ययन के माध्यम से अपने शोध का अध्ययन किया और 30 जुलाई, 2021 को मौखिक परीक्षा में भाग लेने के बाद अंततः पीएच.डी. डिग्री प्राप्त की।टंडन ने अपने शोध का एक बहुत ही चुनौतीपूर्ण विषय चुना है जो न केवल वास्तविक समय की जानकारी के साथ-साथ तथ्यात्मक डेटा एकत्र करने में खतरनाक है बल्कि बल में सेवारत ऐसे साहसी अधिकारियों की पेशेवर क्षमता के लिए एक उपयोगी उपकरण भी है।टंडन ने छत्तीसगढ़ राज्य में नक्सलवाद के उन्मूलन में पुलिस प्रशासन की भूमिका का विश्लेषण (सुकमा जिले के विशेष में) पर अपना शोध डॉ. अलका मेश्राम प्राचार्य, के कुशल मार्गदर्शन में किया है।

नाम	:– डा0 विनोद कुमार टण्डन
जन्म	:– 12 जुलाई 1981
स्थान	:– रायपुर, छत्तीसगढ़
माता	:– श्रीमती रामेश्वरी देवी
पिता	:– श्री भागवत प्रसाद
शिक्षा	:– लोकप्रशासन विषय से स्नातकोतर एवं (UGC) NET-JRF, नक्सलवाद उन्मूलन में पुलिस प्रशासन की भूमिका (जिला–सुकमा छ.ग. के विशेष संदर्भ में)" शीर्षक पर (Ph.D.)

वर्तमान पदस्थापना :– द्वितीय कमान अधिकारी के रूप मे केन्द्रीय रिर्जव पुलिस बल मे सेवारत।

कार्य अनुभव :– देश के विभिन्न उग्रवाद ग्रस्त उतर–पूर्वी राज्यों जैसे मणिपुर, असम और नागालैण्ड, आंतकवाद ग्रस्त जम्मु–कश्मीर तथा नक्सल प्रभावित क्षेत्र छत्तीसगढ़, ओडिसा में अपनी सेवायें दी जिसमे से नौ वर्ष का कार्यकाल छत्तीसगढ़ के अति नक्सल प्रभावित जिला सुकमा और दंतेवाड़ा की थी। छत्तीसगढ़ मे तैनाती के दौरान कार्य अनुभव और छत्तीसगढ़ के रहवासी होने के कारण नक्सलवाद उन्मूलन के प्रयास और इस पर पुलिस प्रशासन की भूमिका और वर्तमान परिदृश्य पुस्तक लेखन का कार्य पूर्ण किये।